U0749838

城市道路建设质量标准化管理

王伟业　俞先富　余建民　徐旭炯 编著

浙江工商大学出版社
ZHEJIANG GONGSHANG UNIVERSITY PRESS

·杭州·

图书在版编目(CIP)数据

城市道路建设质量标准化管理 / 王伟业等编著. —
杭州 : 浙江工商大学出版社，2019.6
ISBN 978-7-5178-3187-7

Ⅰ. ①城… Ⅱ. ①王… Ⅲ. ①城市道路－道路施工－
标准化管理 Ⅳ. ①U415

中国版本图书馆CIP数据核字(2019)第066957号

城市道路建设质量标准化管理

王伟业　俞先富　余建民　徐旭炯　编著

责任编辑	张春琴	
封面设计	林朦朦	
责任印制	包建辉	
出版发行	浙江工商大学出版社	
	（杭州市教工路198号　邮政编码310012）	
	（E-mail：zjgsupress@163.com）	
	（网址：http://www.zjgsupress.com）	
	电话：0571-88904980，88831806（传真）	
排　　版	杭州彩地电脑图文有限公司	
印　　刷	杭州恒力通印务有限公司	
开　　本	710mm×1000mm　1/16	
印　　张	22	
字　　数	349千	
版 印 次	2019年6月第1版　2019年6月第1次印刷	
书　　号	ISBN 978-7-5178-3187-7	
定　　价	45.00元	

本书编辑委员会

序　言

　　随着我国经济水平的飞速提升，各大城市也在不断发展，城市道路作为城市建设的一个重要部分，是整个城市的交通脉络，是城市生活和社会发展的基础，它对改善整个城市的交通环境起到了非常关键的作用。城市道路建设具有投资额大、涉及面广、带动作用强等特点，与广大市民的生产和生活密切相关，对社会各项事业的发展具有重要的促进作用，受到人们的重点关注。

　　随着市政道路工程项目的不断规模化，在道路工程建设和道路建成投入使用过程中的质量管理与控制要求也在不断提高，它直接关系到工程项目的经济效益与社会效益，直接关系到城市交通的整体运行情况。市政道路工程建设包括众多建设项目，其每个环节都影响着工程质量。加强质量管理必须从各个环节出发，以环节质量的管理促进工程整体质量的提升。参与工程建设和运行的各方，建设项目的主管部门，建设、设计、施工、监理和运行养护单位等，需要明确并落实各自的质量责任，加强设计施工管理，做到设计规范、合理，施工工序严格按照设计要求完成，加强监理单位的科学监理，使建设项目科学决策、精心设计、精心施工、精心养护，共同提高城镇道路工程的建设和养护质量。

　　近年来，由于受到各方面因素的影响，市政道路工程普遍存在质量问题。这不但浪费政府资源，而且威胁着人民群众的生命与财产安全。就目前市政道路工程建设情况来看，有许多问题亟待解决。本书针对市政道路建设项目的主管部门，建设、设计、勘察、施工、监理、养护单位等各方主体，明确其承担的质量责任，规范其质量行为，并提出各个环节的质量控制技术要求。

　　《建设工程质量管理条例》全面规定了业主的质量责任和义务。业主是建设工程投资人，在工程质量安全管理制度和责任体系中，应全面落实各方主体的质量安全责任，特别是业主本身的首要责任和勘察、设计、施工单位的主体责任。业主项目法人代表业主全面负责工程项目建设，并对工程质量承担终身责任。

城市道路的设计要跟上城市整体发展的脚步，道路设计的重点就是掌握该地区城市环境建设的需求，并结合实际对城市道路进行合理规划，要站在整体角度考虑设计方案，系统性地把一条路与整个城市的规划联系起来。目前，道路设计中存在的问题主要有：道路设计时没有结合当地的实际情况，设计不合理；道路工程设计的配套设施不完善，道路工程规划设计存在偏差；设计过于死板，缺乏灵活性和机动性；有些道路的路基不稳定，存在安全隐患。因此，系统、规范、合理的设计对道路建设至关重要。

城市道路的施工环节与施工质量密切相关。施工前准备工作不足，急于开工；施工作业面狭窄；工程施工时由于多头管理，相关单位之间关系复杂，难以协调；施工工段小，造成工程衔接处质量难以控制；工程偷工减料，原材料以次充好。这些都是施工过程中城市道路工程质量低劣的主要原因。因此，施工企业除了加强对施工技术人员的技术培训，提高他们的技能，还要对他们加强职业道德教育，提高相关人员的质量意识，激发他们工作的主动性、积极性。

《2016—2020年建筑业信息化发展纲要》确立了"十三五"期间建筑业信息化发展目标："全面提高建筑业信息化水平，着力增强BIM、大数据、智能化、移动通信、云计算、物联网等信息技术集成应用能力，建筑业数字化、网络化、智能化取得突破性进展，初步建成一体化行业监管和服务平台，数据资源利用水平和信息服务能力明显提升，形成一批具有较强信息技术创新能力和信息化应用达到国际先进水平的建筑企业及具有关键自主知识产权的建筑业信息技术企业。"这个纲要明确了建筑业推进信息化的具体方向，对勘察设计、施工、工程总承包等不同类型企业分别提出了信息化建设的要求。企业要积极研究BIM、物联网等技术的创新应用，只有赢得技术优势，才能赢得未来发展。2016年11月5日，国家住房和城乡建设部发布了新版《城镇道路养护技术规范》（CJJ 36—2016），对信息化管理提出了要求。

城市道路养护市场化，引入养护企业合理竞争，已成为未来城市道路发展的必然趋势，这对于城市交通的发展，保障城市经济和人民群众的切身利益有重大的意义。2000年以来，杭州市道路养护进行了数轮体制改革，实行了管养分离。养护管理市场化既需要开放资本市场、作业市场、经营市场，又要调整原有的管理体制、机制，形成全新的管养格局。养护管理市场化，既要推进管养分离，也要增加资金投入，加强考核监管，同时，还要严格招投标管理。"多位一体"的管养模式，将管养项目分为设备、设施两类，并将设备中的"系统运行、设备维护、检验检测、智能管理"合为一体，将设施中的"市政、亮灯、绿化、环卫"合为一体，通过市公共资源交易平台，招标引进专业养护企业。

本书的编写参考和引用了诸多同行学者的著作、论文和相关标准规范，以及国家法规政策，并在编写过程中得到了相关单位领导和诸多同行的指导和帮助，本书的出版还得到了杭州萧宏建设环境集团有限公司的大力帮助，在此谨向他们致以诚挚的谢意！由于笔者水平有限，文中若有不当之处或错误，恳请读者批评指正。

编著者

2018年6月

目　　录

§0 绪 论

　　不同时代的道路建设活动体现出不同时代人类的工程思维和工程观。鲁迅先生曾慨叹道："其实地上本没有路，走的人多了，也便成了路。"这句话虽然表达的是鲁迅先生对人生的思考，但同时也准确、科学地概括了道路的起源和发展特点。人类的社会、经济生活创造了道路，道路的产生又促进社会发展和人类进步。因此，道路建设活动中有着丰富的哲学思想。

0.1　道路建设活动的起始

0.1.1　历史道路建设活动

　　自我们的祖先过上定居生活开始，以住地为中心的道路交通历史便开始了。传说亚述帝国曾修筑从巴比伦辐射出去的道路；非洲古国迦太基曾率先修筑了有路面的道路。

　　我国道路建设历史悠久。史书记载，在距今4000年前的新石器时代晚期，在役使牛马为人类运输的过程中，驮运道便形成了，同时，出现了原始的临时性的简单桥梁。黄帝统一华夏，曾以"横木为轩，直木为辕"发明了舟车，开启了我国的道路交通，故黄帝被尊称为"轩辕帝"。《古史考》记载："黄帝作车，任重致远。少昊时略加牛，禹时奚仲驾马。"武王姬发灭商后，在镐京（今陕西西安附近）和洛邑（今河南洛阳）之间修建了一条宽阔平坦的大道，号称"周道"，并以洛邑为中心向东、北、南和东南修建不同等级的道路。古语"周道如砥，其直如矢"表明那时的"周道"形态平坦而壮观。

　　秦始皇将"车同轨"与"书同文"视为一统天下之大政，当时以咸阳为中心，有着向各个方向辐射的道路。道路的路面宽度约为50步，路基高出两侧地面，以利排水，并用铁锤把路面夯实；每隔三丈种一株青松，作为行道树；除路中央三丈供皇帝专用外，两边还开辟了人行道；每隔10里建一亭，作为区段的治安管理所、行人招呼站和邮传交接处。

著名的丝绸之路是一条横贯亚洲的陆路交通干线，也是中国同印度、古希腊、罗马以及埃及等国进行经济和文化交流的重要通道。

宋和辽金时期，道路建设开始进入城市道路建设发展阶段，城市布局实现了街和市的有机结合，城市道路成为组织生产、安排生活、搞活经济、物资流通所必需的车辆、行人交通往来的路径，是城市与城外道路连接的交通枢纽。

至唐代，城市出现了公共交通车，当时称之为油壁车。到了南宋时期，在京城临安（今浙江杭州），人们把这种油壁车的车身加长，车上设了车厢，厢壁有窗，窗有挂帘，车厢内铺有绸缎褥垫，很是讲究，可供六人乘坐观光。临安也算是世界上较早推出公交车的城市了。

清朝奠定了近代中国的疆域。这个时期道路建设只有量的变化，没有什么质的突破，但朝廷还是把驿路划分为三个等级：一是"官马大路"，由北京向外辐射，主要通往各省城；二是"大路"，自省城通往地方各重要城市；三是"小路"。"大路"和"官马大路"同属国家级官道。

0.1.2 现代道路建设活动

最早采用科学方法改善道路施工条件的是法国工程师特雷萨盖，通过他的努力，筑路技术向科学化和现代化迈出了第一步。在拿破仑执政期间，法国建成了闻名于世的道路网，因而特雷萨盖被法国人尊为现代道路建设之父。自19世纪后期发明汽车、充气轮胎以来，道路设计、施工、使用和维修等方面的技术标准不断提高，形成了道路工程建设的初级理论和方法。

我国近代道路建设起步较晚。1912年才修筑第一条汽车公路——湖南长沙至湘潭的公路。1941年完成的滇缅公路，全长155 km，是我国最早建造的用沥青浇筑路面的公路，也是我国公路机械化施工的开始。直至1949年底，全国公路通车里程仅80000 km。

中华人民共和国成立后的30年间，尽管我国国民经济发展经历波折，但公路建设仍基本保持增长。至1978年底，全国公路通车里程达到890000 km，平均每年增加30000 km，比中华人民共和国成立之初增长了10倍。但我国的城市化水平较低，城市道路建设缓慢。

改革开放之后，全国公路基础设施建设的步伐加快，到2011年底，全国已建成通车的公路总里程达到4055400 km，其中高速公路已达到85000 km，仅次于美国，位居世界第二。此外，我国城市化建设也在飞速推进，国家统计局数据显示，从2004年至2014年，我国城市实有道路从223000 km增加到336000 km，年均增长率4.25%。近年来，全国各地城市都以提高城市路网的连通性和可达性为目标推出了一系列城市道路建设项目，如加强城市次干路、支路网、街巷微循环系统等工程建设，打通断头路，科学配置绿道、步行道、自行车道及公交专用道等，优化居住小区出入口道路设施建设，并进一步强化城市干支路网、快速路网和干线公路的衔接，这些举措均提高了道路通行能力。

我国道路建设虽然取得较大发展，但与发达国家相比还存在较大差距。道路总量、面积、密度都相对偏低，城市道路的供需矛盾仍很突出，城市道路交通拥堵、安全和环保等问题也有待我们进一步解决。

0.1.3 杭州城区道路建设活动

为贯彻落实《国务院关于加强城市基础设施建设的意见》（国发〔2013〕36号），杭州市政府加强基础设施建设。至2017年，杭州"四纵五横"快速路网基本建成，主次干路网同步匹配；断头路明显减少，重点片区支路、街巷微循环形成；主城与副城及组团等联系通道全面建成，主副城内外通达、便捷高效的一体化骨架路网体系形成。

（1）杭州城区道路路网建设

2001年至2010年间，杭州老城区道路里程年均增长6.5%，道路面积年均增长12.6%，但路网结构仍呈现明显的纺锤形结构，即"中间大，两头小"，主干道路网密度很大，而快速路、次干道、支路的路网密度相对要小得多。这种路网结构的弊端是路网整体容量小，集散能力弱，道路承载功能层次不清，各级道路不能各司其职，主干道承担了过多的交通功能，极易发生拥堵。

至2014年10月，杭州城市快速路建成171 km，路网密度为5.36 km/km²，满足《城市道路交通规划设计规范》（GB 50220—95）的下限，尚未形成快速路网络，次干路密度偏小，支路系统性差，现状路网交通功能有待提高。

至2015年底，杭州主次干道累计建成474 km，占规划总长的87%，快速路网总里程增加至182 km，"四纵五横"快速路及主城区路网骨架基本形成。其间，河道综保工程新建沿河步行道、自行车道60 km；至2017年，贯通100 km沿河步行道、自行车道，并在重要河道上逐步提升、完善精品线路。

资料显示，截至2015年，城区部分道路建设项目不能移交、不能正常投入使用的累计有414个，主要原因是建设手续不完备。由此看来，城市交通建设应制定科学合理、高起点的交通专项规划，坚持"先规划，后建设"原则，同时加强部门协作，简化审批流程，优化移交程序，以实现可持续发展。

（2）路网系统建设更趋完善

自2013年以来，杭州市在市委、市政府的正确领导下，坚持规划、建设、管理"三位一体"统筹推进，特别是2015年以来，有关部门以G20杭州峰会保障为中心，以科学管理、严格管理为重点，统筹协调，加强协作，全力推进道路交通建设，努力缓解城市交通拥堵。

一是以G20杭州峰会为契机，加快交通基础设施建设。主城区快速路网系统更趋完善，路网容量和通行效率得到较大提高。至2015年底城市快速路网形成后，吸流效应明显，地面道路高峰断面流量同比下降0.6%。例如风景优美、设计颇为人性化的紫之隧道，以及石祥路、东湖快速路、紫金港隧道等，它们作为杭州"四纵五横"快速路网的重要组成部分，大大缓解了主城区的交通压力。

二是按照"先中心、后外围"的原则，推进人行立体过街设施建设，要在交通拥堵节点单独建设，或结合地铁建设。除随路建设外，还结合河道整治，建设了一批沿河步行道、自行车慢行道。

三是围绕全力保障G20杭州峰会，市交警局制定了《加强道路交通组织和管理工作方案》，通过优化人行横道，实施禁左（掉头）、严谨配时、消除"四头"（转头、掉头、断头、结头）等一系列交通组织优化和严管措施，进一步提升通行效率。

微波检测监控平台的数据显示，2015年杭州市早、晚高峰拥堵指数分别为4.6和5.0，与2014年相比，道路拥堵情况有所缓解。

0.2 城市道路建设的基本属性

城市道路建设作为城市建设中的一个重要部分，具有投资额大、涉及面广、带动作用强等特点，是城市生活和社会发展的基础条件，与广大市民的生产和生活密切相关，对社会各项事业的发展具有重要的推动作用。

0.2.1 道路工程建设特征及功能

（1）城市道路工程建设特征

城市道路工程建设需要根据城市总体规划、中长期专项规划和年度建设计划来安排，只有做好规划、勘察、设计、施工和验收等环节，才能完成这项建设任务。由此可见，道路建设的每个环节都体现了系统科学的思想，如将道路建筑看作一个整体，相关部门作为要素，各要素之间便形成了相互协作的关系。

（2）城市道路的功能

一是交通设施功能。交通设施功能是指在城市活动产生的交通需求中，对应道路交通需求的交通功能。交通设施功能又可分为长距离输送功能和沿路进出集散功能。

二是公用空间功能。城市道路（包括广场、停车场）作为城市环境必不可少的公用空间，除了采光、日照、通风及景观作用以外，还为电力、通信、自来水、热力、燃气、排水等地下管线提供布设空间。

三是防灾救灾功能。道路的防灾救灾功能包括避难场地作用、防火带作用、消防和救援通道作用等。

四是形成城市平面结构功能。通常干线道路形成城市骨架，支路则形成街区、邻里街坊，城市的发展以干道为骨架，然后以骨架为中心向四周延伸。

0.2.2 城市道路的基本属性

（1）公共产品属性

我们生活在城市之中，除具有私人需求以外，还具有普遍意义上的社会性公共需求，即我们的个人生活、活动必须依赖一定的社会公共环境，如城市环境、国家国防、社会治安等等，这些产品也是私人生活中必不可少的，但我们不能通过市场行为直接购买到，仅能获得它们提供的服务，而不能得到它们的产权，市场在这里失灵。它们的生产必须依赖一定的组织，通常由政府来生产这些产品，这些产品就是公共物品。

美国经济学家保罗·萨缪尔森认为："公共物品是指那种不论个人是否愿意购买，都能使整个社会每一个成员获益的物品。"我们认为，公共物品就是指私人不愿意或无法生产而由政府提供的产品和服务。它有两个显著的特征：第一，共同消费性，即非竞争性。一件公共物品，供某人消费时，其他人也可以消费等量的同类物品，而不需要增加生产公共物品的成本，即公共物品提供者不需再生产这件产品供其他人消费。如甲、乙两人有同样的出行方向，可同时在同一条道路上行走，享受由政府提供的道路通行服务，政府不必为其中一人另修建一条道路。第二，非排他性。即难以排除或无法排除其他人从公共物品中获取益处。同一件公共物品，不仅可供占有者使用，而且无法排除占有者以外的其他人使用。例如，一个人欣赏、享用公共绿地的景色，这个人无法排除另一人也来公共绿地欣赏景色。道路产品具有非排他性，但受特定的路面宽度限制，某车在使用道路的特定路段时，就排斥其他车辆同时占有这一路段，否则会产生拥堵现象。因此，道路产品的非排他性是不充分的。同时，其又具有非竞争性。表现为：一是在道路上行驶的车辆，它的通行速度并不是由某人的出价决定的，一旦发生拥堵，无论出价高低，它都会被堵塞在那里；二是当道路未达到设计的车流量时，增加一定量的车，其行驶的道路边际成本为零，但若达到或超过设计能力，变得非常拥堵时，需要成倍投入资金以拓宽道路，它无法以单辆汽车来计算成本。这一特性决定了道路建设活动及道路本身不是纯公共产品，它具有非竞争性，是一种非排他性不充分的准公共产品。

显然，道路作为准公共产品其本质特征就是社会公益属性。主要表现在：一是服务功能的基础性，二是服务对象的公共性，三是服务效益的社会性。

（2）商品属性

商品是为交换而生产的劳动产品，它具有使用价值和价值两个因素或两种属性。使用价值是商品的自然属性，价值是商品的社会属性。

道路作为国家经济发展的基础设施，它的使用价值是显而易见的。随着市场经济的发展，道路在促进商品流通，加快自然资源的开发和利用，促进道路沿线经济的发展，满足社会公共运输需要，提高整个社会经济效益等方面发挥着越来越大的作用。道路作为人类通过劳动所形成的有特定用途、具有一定物质形态的劳动产品，其中凝结着大量社会必要劳动，这些社会必要劳动构成道路的使用价值，而且随着道路等级的提高，其使用价值会愈来愈大。这说明道路工程具有商品的属性。

0.2.3　建筑工程中蕴含着丰富的哲学思想

工程是现代社会的直接生产力，工程活动是人类社会存在和发展的实践活动，而道路工程作为这样的实践活动，与哲学有着密切的联系。

（1）哲学是诸多主客体联系的思想纽带

中国工程院院士徐匡迪在《树立工程新理念，推动生产力的新发展》一文中指出："工程问题显然不是单纯的技术问题，重大的工程问题中必定有深刻、复杂的哲学问题。工程需要哲学支撑，工程师需要有哲学思维。"同为中国工程院院士的汪应洛在《工程科学与工程哲学》一文中也指出："每一类科学活动都有它相应的哲学问题，工程科学也是如此。"

事实上，道路工程建设者在从事工程建设活动的过程中，也在自觉或不自觉地运用工程理念进行工程决策，探寻工程项目各要素的平衡点，以取得道路工程建设项目的效益最大化。因此，哲学在道路工程活动中是客观存在的，并且是诸多主客体发生联系的主要思想纽带。

（2）运用哲学思想指导工程活动

随着经济的发展和人类社会的进步，工程建设规模日益扩大，工程对自然、社会的影响也促使人们对传统工程建设理念进行反思和追问。因此，在社会对工程建设提出更高要求以及哲学对工程建设的指导作用越来越明显的形势下，工程对哲学的需求也显得越发急迫。

由于工程具有内在的哲学特性，哲学作为工程师提高对工程理解的手段而发挥着实际作用。就如麻省理工学院教授布希亚瑞利（Louis L.Bucciarelli）在其专著《工程哲学》（*Engineering Philosophy*）中指出的，哲学能够帮助工程师进行设计，尽管工程师很少认为自己需要哲学，但缺少了哲学思想，工程将非常不完备。美国哲学家还指出，工程就是哲学，通过哲学，工程将更加成为"工程自身"。

中国工程院院士殷瑞钰在《工程与工程哲学》一文中指出，工程决策（特别是重大工程决策）的正确与否不仅影响地方和地区的发展，而且会对全局发展产生影响，影响社会发展的进程，甚至影响人类的未来和命运。现实和形势都需要我们把工程问题提升到哲学高度来认识，并要求对已有的工程进行理性反思，对工程的规律和特点进行探讨。这是时代的要求，意义重大而深远。

0.3 国内外道路工程类型

0.3.1 国外道路工程类型

国外的道路分类与我国的略有不同，根据2013版的《道路功能分类》，美国联邦公路局（FHWA）首次将城市地区和农村地区的道路系统进行了统一，将美国的道路划分为干线道路系统、集散道路系统和地方道路系统三大类。加拿大的城市道路功能分类思想与美国较为相似，其道路大体上可划分为干线道路、集散道路和地方道路三类，只是在具体类别的划分上与美国有所不同，具体可分为快速路、城市干道、集散道路和地方道路。

0.3.2 国内道路工程类型

（1）公路

按功能分类，公路根据使用任务、功能和适应的交通量划分为五个等级。

高速公路。高速公路是指具有特别重要的政治、经济意义，专门供汽车分向分车道行驶并全部控制出入的干线公路，分为四车道、六车道、八车道三种类型。一般能适应将各种汽车折合成小客车的年平均昼夜交通量25000辆以上。

一级公路。一级公路为连接重要政治、经济中心，通往重点工矿区、港口、机场，专供汽车分道行驶并部分控制出入的公路。一般能适应将各种汽车折合成小客车的年平均昼夜交通量为15000～30000辆。

二级公路。二级公路为连接政治、经济中心或大矿区、港口、机场等地的公路。一般能适应将各种车辆折合成中型载重汽车的年平均昼夜交通量为3000～7500辆。

三级公路。三级公路为沟通县以上城市的公路。一般能适应将各种车辆折合成中型载重汽车的年平均昼夜交通量为1000～4000辆。

四级公路。四级公路为连接县、乡（镇）、村的公路。一般能适应将各种车辆折合成中型载重汽车的年平均昼夜交通量为双车道1500辆以下，单车道200辆以下。

按使用性质分类，根据在政治、经济、国防上的重要意义和使用性质，公路可划分为五个行政等级。

国家公路（国道）。国家公路是指具有全国性政治、经济意义的主要干线公路，包括重要的国际公路、国防公路，连接首都与各省省会、自治区首府、直辖市的公路，连接各大经济中心、港站枢纽、商品生产基地和战略要地的干线公路。

省公路（省道）。省公路是指具有全省（自治区、直辖市）政治、经济意义，连接各地市和重要地区以及不属于国道的干线公路。

县公路（县道）。县公路是指具有全县（县级市）政治、经济意义，连接县城和县内主要乡（镇）、主要商品生产和集散地的公路，以及不属于国道、省道的县际公路。

乡公路（乡道）。乡公路是指主要为乡（镇）村经济、文化、行政服务的公路，以及不属于县道以上公路的乡与乡之间及乡与外部联络的公路。

专用公路。专用公路是指专供或主要供厂矿、林区、农场、油田、旅游区、军事要地等与外部联系的公路。

（2）城市道路

城市道路按在道路网中的地位、交通功能以及对沿线的服务功能等，分为快速路、主干路、次干路和支路四个等级。

快速路。快速路布置在市域内，其形式为中央分隔、全部控制出入、控制出入口间距，为单向双车道或多车道，并设有配套的交通安全与管理设施的城市道路。

快速路具有很强的交通功能，交通容量大，行车速度快，服务于市域范围长距离及对外交通，其主要交通特点是连续流，其基本路段不受出入口合流、分流、交织车流的影响。

主干路。主干路为连接城市各主要分区，以交通功能为主的城市道路。主干路与快速路共同构成城市道路交通骨架。主干路的交通特点是间断流，交叉口采用信号灯控制，机动车和公共汽车优先通行，同时也需考虑非机动车和行人交通的通行和穿越。通常，主干路上宜设置公交专用车道。

次干路。次干路与主干路结合组成干路网，并以集散交通功能为主，兼有服务功能。次干路作为城市内各分区的联络干道，其交通特点是既要汇集支路的交通，又要疏解来自主干路和部分快速路的出入交通。同时，公交线路大量布置在次干路上，加之有较多的非机动车和行人交通的汇集，增加了交通复杂程度。

支路。支路与次干路和居住区、工业区等的内部道路相连接，是解决局部地区交通问题，并以服务功能为主的城市道路。支路交通特点是以汽车低速通行、自行车通行和行人通行为主。发达的支路网络能大大减轻城市干路交通的压力，确保干路畅通。处于商业繁华地段的支路可设为步行街。支路是城市道路中密度最大的道路，因此，支路除考虑机动车通行外，还应充分考虑非机动车和行人的通行，以保证城市道路系统的通达性和可达性功能。根据规范要求，城市一般区域的支路密度应达到 $6\sim8$ km/ km^2，中心地区、商业集中地区的支路网密度宜为 $10\sim12$ km/km^2。

人行道。道路人行道（简称人行道或步行道）是指道路中用侧石、护栏及其他类似设施加以分隔的供行人通行和附设公共设施的部分，或指城市道路两侧专供行人通行的部分，包括附设的行人通行带、公共设施带和行道树带。其中，行人通行带是供行人安全、正常行走的通行空间，即行人交通系统范围内供行人通行的有效宽度，公共设施带是指人行道上可设置公共设施和行道树的区域。

人行道作为城市道路的组成部分，是城市中普遍存在的步行空间，它的质量改善对于推动城市步行化建设有着重要意义。其主要功能应满足步行交通的需要，为行人提供安全、自由行走的空间，同时减少行人对车行交通的干扰，并承担一定的商业及休闲功能。

近年来，随着城市化进程的迅速推进，城市道路人行道及其公共设施的设计、施工及运行维护遇到了很多新问题，难以满足行人需要。与车行道相比，显然"车行优先"，步行交通不受重视。表现在：现有人行道设计、施工及验收规范中相关规定少而零散，且不易实施；铺装质量不能满足使用要求；人行道宽度不足，缺乏安全保障；人行道被占用，缺乏有效管理，忽视"行人路权"；公共设施设置不规范、不统一，影响市容及通行。

为此，住房和城乡建设部、发展改革委、财政部于2012年发布《关于加强城市步行和自行车交通系统建设的指导意见》（建城〔2012〕133号），指出城市道路建设要优先保证步行和自行车出行。依据专项规划，新建及改扩建城市主干道、次干道，要设置步行道和自行车道；城市支路和居住区道路中要设置步行道。

（3）居住区道路系统

居住区道路系统按照《城市居住区规划设计规范》（GB 50180—93）可分为居住区道路、小区路、组团路和宅间小路四级。各级道路的宽度主要根据交通方式、交通工具、交通量及市政管线的敷设要求而定，对于重要地段，还要考虑环境及景观的要求做局部调整。

居住区道路是整个居住区内的主干道，要考虑城市公共电车、汽车的通行，两边应分别设置非机动车道及人行道，居住区道路的最小宽度不宜小于20 m。

小区路的路面宽为6～9 m，小区级道路以非机动车与人行交通为主，不能引进公共电车、汽车交通，一般采用人车混合行方式。

组团路的路面宽为3～5 m，组团路是进出组团的主要通道，路面人车混行，一般按一条自行车道和一条人行道双向计算，路面宽度为4 m。在用地条件有限的地区，最低限度为3 m。

宅间小路的路面宽不宜小于2.5 m，作为进出住宅的最末一级道路，这一级道路平时主要供居民出入，基本是自行车及人行交通，并要满足清运垃圾、救护和搬运家具等需要，按照居住区内部有关车辆低速缓行的通行宽度要求，轮距宽度为2～2.5 m。所以，宅间小路路面宽度一般为2.5～3 m，最低宽度为2 m。

（4）绿道

绿道是以自然风景和人工风景为基础，通过构建规格适宜的风景道、园路等人工廊道，可供行人和自行车进入的线形绿色开放空间。绿道由绿廊系统和人工系统构成，其中绿廊系统是慢行道两侧由植物群落、水体等构成的具有一定宽度的绿化景观生态廊道，人工系统由慢行道、驿站、标识和节点构成。绿道通常分区域绿道、城市绿道、社区绿道。

区域绿道（省级）是指连接城市与城市，对区域生态环境保护和生态支撑体系建设具有重要影响的绿道。区域绿道宜沿城镇外围的自然河流、小溪、山脊线设立。在区域绿道内宜设综合慢行道，铺面宽度一般为3.0～3.5 m。

城市绿道是指连接城市内重要功能组团，使居民区与城市各功能区有机联系，对城市生态系统建设具有重要意义的绿道。城市绿道应集中在城区，依托人文景区、公园广场和沿城镇道路及河道绿带设立，在城市绿道内可单独设步行道，步行道的铺面宽度一般为1.5～2.5 m。

社区绿道是指连接社区公园、小游园和街头绿地，主要为附近社区居民服务的绿道。社区绿道内应单独设步行道，步行道的铺面宽度一般为1.5～2.0 m。

§1 现代工程项目建设管理综述

现代工程项目建设正在朝着大型化、规模化、现代化的方向发展，项目的复杂程度较之以往呈指数级增加，在建设投资力度不断增大的情况下，要保证工程项目建设达到预期目标，必须对工程项目的投资、质量、进度进行更严格的监控和管理。在当前信息社会和知识经济中，工程项目管理、工程项目总承包管理、工程项目标准化及信息化管理已经成为现代工程项目管理的主流模式。

1.1 现代工程项目管理

1.1.1 工程项目管理概述

工程项目管理是指运用系统的理论和方法，对建设工程项目进行的计划、组织、指挥、协调和控制等专业化活动。

1.1.1.1 相关概念

（1）工程项目

工程项目又称为建设项目、基本建设项目、投资建设项目或建设工程项目。《建设工程项目管理规范》（GB/T 50326—2017）根据工程项目的特征将其界定为：为完成依法立项的新建、扩建、改建等各类工程而进行的、有起止日期的、达到规范要求的一组相互关联的受控活动，包括策划、勘察、设计、采购、施工、试运行、竣工验收和考核评价等。也有学者认为，工程项目是以一个工程技术系统建设和（或）运行为任务的过程。

（2）工程项目的基本特征

任何工程项目作为总体来说是单一性的，不重复的，即使形式极为相似的道路工程，仍然存在地质、水文和路基承载力的变化，以及材料、建造时间、项目组织等方面的不同。但其又具有共性，主要包括四个方面的基本特征。

特征一：总是受时间、资金和资源的约束。它不像一般的工业产品，可以拿到市场交换，它只能在现场根据现有的条件进行作业。因此，通过投标、竞争、定约、成交来选择设计、施工单位，就成为建设工程一种特有的方式，也就是事先对这项工程项目的工期、造价和质量提出要求，并要求在实施过程中对工程项目质量进行必要的监督管理。

特征二：经历着从提出项目建议书、决策、实施、使用到终止使用等过程。这个过程也可分解成几个阶段性周期，如对于业主来说就是全周期，对于施工单位来说，则从工程项目开工建造至交付使用算是一个周期，也称为工期。

特征三：从设计、施工到固定设备安装，每一个步骤都需要很多性质完全不同的工种。作为一项系列工程，只有安排计划、协作配合，才能进行现场施工作业。

特征四：建成后都具有特定的使用功能，以满足不同的需求，因而其建设的目的是明确的。这个目的在项目策划阶段就应明确，并在以后的实施阶段逐步实现。

（3）现代工程项目管理

工程项目管理是运用系统的理论和方法，对建设工程项目进行的计划、组织、指挥、协调和控制等专业化活动。所谓现代项目管理是指运用各种知识、技能、方法与工具，为满足或超越项目有关各方对项目的要求与期望所开展的各种管理活动。

1.1.1.2 现代工程项目的管理模式

（1）工程项目管理的组织

工程项目管理组织是实施或参与项目管理工作，且有明确的职责、权限和相互关系的人员和设施的集合，包括发包人、承包人、分包人和其他有关单位为实现项目管理目标而建立的管理组织。

（2）工程项目管理周期及主要内容

项目管理周期是指建设单位自有投资意向开始至项目建设完毕并投入使用运营管理的整个寿命周期。这个周期包括启动阶段、制订计划阶段、建设阶段和收尾阶段。

启动阶段工作包括评估，投资机会选择与决策分析，发起项目，授权启动项目，任命项目经理，组建项目团队，确定项目利益相关者。

制订计划阶段工作包括制订项目计划，确定项目范围，配置项目人力资源，制订项目风险管理计划，确定项目概预算，制订项目质量保证计划，确定项目沟通计划，制订采购计划。深入研究场址地质状况，获取土地使用权；拆迁、安置、补偿；规划设计及建设方案制订；施工现场的初步平整；安排资金以及签订有关委托合作协议。

建设阶段工作主要包括实施项目，跟踪项目，控制项目。

收尾阶段工作包括项目移交评审，项目合同收尾，项目行政收尾；考核建成后的项目是否达到或超过原先提出的项目使用功能和效益。

（3）现代工程项目管理模式

现代工程项目管理模式是由九个专项管理内容构成的一个整体。这个整体又分成三个子系统：一是由项目造价、工期和质量管理构成的项目目标管理子系统；二是由项目人力资源管理、采购管理和沟通管理构成的项目资源管理子系统；三是由项目范围、风险和集成管理构成的项目综合管理子系统。其中，目标管理子系统是项目管理的核心和保障对象，资源管理子系统是项目资源保障和配置的手段，综合管理子系统是项目风险和集成管理的工具。正是这种有机构成和科学配置使得现代项目管理模式的管理质量和效果都远远超越了传统项目管理模式。

因此，现代项目管理最重要的特征就是项目范围、风险与集成这三项综合性的专项管理。

1.1.1.3 现代工程项目管理的发展趋势

（1）发达国家工程项目管理特征

工程建设项目管理作为国外咨询市场的一个重要组成部分，无论是政府项目投资，还是组织和个人项目投资，项目管理企业都深入参与项目全过程。国外的工程建设项目管理重视以下六个方面内容。

一是重视体系控制。根据项目管理生命周期特征，把项目从管理上分成若干个可控制的步骤，并把每个流程设计成若干个子流程，针对每个子流程制订实施和控制步骤，预先制订专家方案，努力使管理工作量化到指标。

二是重视目标项目管理。这里所说的目标是指项目管理中围绕这个总体目标制订的在管理中体现出来的控制目标，这个目标就是项目建设过程中要实现的价值或者要控制的风险，这样的目标要具体到时间和预算的框架中，根据管理者的建议做出正确的决策。

三是重视交流。通常把交流分为内部交流和外部交流。内部交流指项目管理团队与建设单位之间的交流。外部交流指项目管理团队和政府、行业、项目未来的消费者及社会大众的交流。要针对每个交流环节制订交流方案，设立交流的控制流程，并明确资讯传递和存储的方法，使这些方案都能围绕项目建设的总体规定。

四是重视评价。评价是指对项目管理过程的回顾和审计，通过这样的评价来保证项目在可控制的目标下运营。

五是重视风险管理。风险作为项目管理目标最具破坏性的因素，一直是项目管理中要重点控制的对象。一般先对风险进行识别和评估，再针对每个风险因素提出应对措施，同时对风险可能造成的损失和管理成本进行预算，列入项目预算成本。

六是重视价值。这里所说的价值管理并不是指对项目的预算开展管理控制，而是指通过管理给建设项目带来额外的管理价值。

（2）我国工程项目管理发展方向

为适应现代市场经济体制的发展，近年来，我国不少工程建设项目都委托专业的建设项目管理企业代为管理，采用的是代建制的方法。实践证明，代建制是控制建设规模、建设工期和建设投资行之有效的管理方法。代建制对防范和降低政府投资风险，最大限度地发挥政府调节手段，最大限度地实现政府投资效益有积极的意义。然而，由于代建制在我国是一个新生事物，缺乏足够成熟的理论依据和实践经验，因此客观上还可能存在一些问题。

一是"建设"和"使用"没有真正分离的问题。实行代建制的目的之一就是要解决"建设、监管、使用"多位一体的矛盾，但在代建制的实施过程中，有些项目的"建设"和"使用"并没有实现真正的分离。这在一定程度上影响了代建单位对项目的管理，也影响了代建单位的积极性和主动性，进而影响项目的顺利实施。

二是实施代建制时监管机构的"责、权、利"不明确。在许多地方，由于对代建工作实施监管的具体主管部门不明确，因此无法对代建单位的招投标、签订代建合同等工作实施必要的监控。这样，如果在项目具体实施的过程中出现问题，就无法及时发现和纠正，为将来项目的顺利实施埋下隐患。

三是代建费收费不合理问题。绝大多数地方在实施代建制的相关文件中没有明确设置代建费收费下限和严格的标准，导致各代建单位在投标中出现无序竞争的现象，使代建费一降再降。例如，某个项目代建单位中标的代建费仅占项目总投资的0.7%。由于没有担保、保险等相应的配套保障措施，这种做法很可能会将代建单位的风险转嫁到对项目的管理水平上。

四是代建单位的项目管理水平有待进一步提高。一方面表现在代建单位在项目上的人员配备不足；另一方面表现在部分代建项目人员素质和能力低下，特别是对于建筑功能的专业性要求较强的代建项目，代建单位缺乏专业人才的现象比较突出。

1.1.2 工程项目范围管理

工程项目范围管理应以确定并完成项目目标为根本目的，通过明确项目有关各方的职责界线，以保证项目管理工作的充分性和有效性。

1.1.2.1 工程项目范围的确定

（1）工程项目范围的定义

工程项目范围是指项目各过程的总和，或指组织为了成功完成工程项目并实现工程项目各项目标所必须完成的各项活动。一般工程项目的范围既包括产品范围，又包括项目范围。

产品范围，指在项目的可交付成果（即产品或服务）中所具有的性质和功能，是指项目的对象系统的范围，如完成的单位工程、单项工程、建设项目，或它们的特征、功能及其测量评价结果的具体化。

项目范围，是指为了实现项目的目标，完成最终可交付工程而必须完成的所有工作的总和，即项目的行为系统的范围。项目范围也称工作范围，即为使客户满意而必须做的所有工作，它包括项目的最终产品或服务，以及为实现该产品或服务所必须做的各项具体工作。

由此可见，工程项目范围的定义要以组成它的所有产品或服务范围的定义为基础。一般来讲，产品范围的定义就是对产品要求的衡量，项目范围的定义在一定程度上就是产生项目计划的基础。因此两种范围的定义要紧密结合，以保证项目结果能够最终交付一个或一系列满足特别要求的产品。

反之，如果确定不了项目范围，项目就无法启动，对项目的计划、进度、工期等的管理也就无从谈起，意外的变更也会不可避免地出现，项目的进程和节奏就会被打断，进而产生返工、窝工、误工、费用上升甚至项目不能完成等一系列问题。

（2）项目范围管理的对象

项目范围管理的对象应包括为完成项目所必需的专业工作和管理工作。其中，专业工作是指专业设计、施工和供应等工作；管理工作是指为实现项目目标所必需的预测、决策、计划和控制工作。另外，还可以分为各项职能管理工作，如进度管理、质量管理、合同管理、资源管理和信息管理等。

（3）确定项目范围的依据

从过程上来讲，项目范围管理主要包括启动、范围计划、范围定义、范围核实、范围的变更与控制等内容。其首要任务是界定项目包含且只包含所有需要完成的工作，而所做的工作又都是为了实现项目（或项目一部分）的目标。

因此，项目范围的确定应在项目管理实施前，相关组织应明确界定项目的范围，提供项目范围说明文件，并将其作为进行项目设计、计划、实施和评价的依据。确定项目范围依据下列资料：项目目标的定义或范围说明文件；环境条件调查资料；项目的限制条件和制约因素；同类项目的相关资料。

在上述提出的项目计划文件、设计文件、招标文件和投标文件中通常包括对工程项目范围的说明。此外，在项目实施过程中，项目范围会随着项目目标的调整、环境的改变、计划的调整而变更。这种变更将导致工期、成本、质量、安全和资源供应的调整。所以，建设工程项目在编制计划、进行质量安全风险分析时，应预测项目范围变更的可能性及其影响的程度，并制定相应的对策措施。

1.1.2.2　工程项目结构分析

工程项目结构分析内容包括项目分解、工作单元定义和工作界面分析。首先，项目应逐层分解至工作单元，形成树状结构图或项目工作任务表，进行编码。这项分解要求内容完整，不重复，不遗漏；每一个工作单元只能从属于一个上层单元；明确每个工作单元的工作内容和责任者，并要求工作单元之间的界面清晰；从而使项目分解有利于项目实施和管理，便于考核评价。

其次，工作单元是项目分解结果的最小单位，根据其定义，工作单元应包括工作范围、质量安全要求、费用预算、时间安排、资源要求和组织责任等内容。总而言之，项目分解的目的是落实职责、实施、核算和信息收集等工作。

而工作界面分析应满足以下三方面的要求：第一，工作单元之间的接口合理，必要时对工作界面进行书面说明；第二，在项目的设计、计划和实施中，注意界面之间的联系和制约；第三，在项目的实施中，应注意变更对界面的影响。由于大量矛盾、争执、损失都发生在工作界面上，加上界面的类型很多，如目标系统界面、技术系统界面、行为系统界面、组织系统界面及环境系统界面等，因此，对上述这些界面都应进行精心的设计。

1.1.2.3　工程项目范围控制

（1）项目范围的变更识别与修正

项目组织按照项目的范围和项目分解结构文件进行项目的范围控制，以保证项目系统的完备性。通常，在项目实施过程中需经常检查和记录项目实施状况，对项目任务的范围（如数量）、标准（如质量）和工作内容等的变化情况进行控制。

项目范围的变化往往涉及目标变更、设计变更、实施过程变更等，实施项目范围的变更控制，也就是指在项目生命周期的整个过程中，需要对变更进行识别、评价和管理，对已批准的工作分解结构所规定的项目范围进行修正。项目范围变更应符合以下要求：一是项目范围变更要有严格的审批程序和手续；二是范围变更后应调整相关的计划；三是对重大的项目范围变更，应出具影响报告。

（2）项目范围变更控制的任务

一般情况下，项目的范围计划不可能不出现任何改变，因此，变更是必然的，关键是要正确地认识范围变更，这样才能适应不断变化的环境。从另外一个角度看，它为项目管理者提供了一次重新计划项目、纠正不足和改进管理的机会。但是，变更一旦失去控制，就会不断地产生意料之外的风险。所以，项目范围变更控制的主要任务有三项：一是对造成范围变化的因素施加影响，以保证变化是有益的；二是判断范围变化已经发生；三是当实际变化发生时对变化进行管理。

同时，范围变更控制必须与其他控制过程，如时间控制、成本控制、质量控制等结合起来，并制订范围变更的控制计划，规范范围变更控制的流程。

1.1.3　工程项目质量管理理论

工程项目质量管理是为保证工程项目的质量特性，满足工程项目的要求而进行的计划、组织、指挥、协调和控制活动。其目的是以尽可能低的成本，按既定工期完成一定数量的符合质量标准要求的建设工程。

1.1.3.1　工程项目质量的基本概念

（1）工程项目质量的定义及内涵

工程项目质量是一个广义的质量概念，它由工程实体质量和工作质量（或称质量行为）两部分组成。其中，工程实体质量代表的是狭义的质量概念，可描述为"实体满足明示或隐含需要能力的特性之和"，ISO 9000系列标准对产品质量的定义是"产品质量是一组固有特性满足要求的程度"。表示满足要求的情形通常有两种，一种是明示的，另一种是隐含的。明示的是指在合同、标准、规范、图纸等文件中已经做出的明确的规定；隐含的是指顾客或社会对实体的期望，是指那些"人们所公认的、不言而喻的、不必做出规定的需要"，如道路满足车辆、行人最起码的通行功能即属于"隐含需要"。

由此可见，质量不仅可以指实体，即产品质量，也可以指某项活动或活动过程、某项服务的工作质量，还可以指质量管理体系的运行情况，是可用定性或定量指标加以衡量的一系列质量属性。其主要内容可包括适用性、经济性、安全性、可信性、可靠性、维修性、美观性以及与环境的协调性等满足社会需要的使用价值及其属性。

工程实体质量通常称为工程质量，与建设工程的构成相呼应。作为一种特殊的产品，它具有一般产品共有的质量属性。工程质量通常分为工序质量、分项工程质量、分部工程质量、单位工程质量和单项工程质量等质量层次单元。

工作质量也称为各建设主体单位的质量行为，是指为了保证和提高工程质量而从事的组织管理、技术控制、材料选用等方面工作的实际水平。按照工程建设实施阶段的不同，它具体区分为决策、计划、勘察、设计、施工、监理、检测和养护等各不同阶段的工作质量。

就工程质量和工作质量两者的关系而言，前者是后者的作用结果，后者是前者的必要保证。

（2）工程项目质量的特点

一是影响质量的因素多。建设工程项目的形成是个动态过程，在项目形成的不同阶段、不同环节，影响质量的因素很多，涉及质量目标策划、决策过程中各种客观因素和主观因素，其中包括人的因素、技术因素、管理因素、环境因素和社会因素。如在道路范围内的地形、地质、水文，以及道路工程设计、施工技术、材料、筑路机械、管理措施等等，均可直接影响工程建设项目的质量。

二是设计质量问题呈上升态势。资料显示，在全国近年发生的工程质量事故中，由设计引发的质量问题占40.1%。由此可见，设计工作质量已成为引发工程质量问题的重要因素之一，控制设计质量也成为工程质量管理的一个十分重要的环节。

质量问题的发生呈现偶然性、系统性的特点。现实中城市道路工程往往采取半机械化施工方式，因现场线长、点多，配套设施复杂，很难按规范化、标准化要求进行施工。在这种情况下，尽管各建设主体和质量监管机构加大了质量管控的力度，但诸多工程项目的质量仍受偶然性、系统性因素的影响。出现这种情况，大部分是由于道路工程建设活动的各项工作内容和工作结果的要求皆不相同，所参与人员的专业背景各不相同，那么，工程质量控制的对象、环节、过程也都会不同，发生质量问题的概率由此增大，质量控制的难度也相应加大。

（3）项目质量与各阶段之间的关系

工程项目实施应依次经历由建设程序所规定的不同阶段，每个阶段都对工程质量起到非常大的作用，也就是说，工程项目质量的形成主要贯穿于可行性研究、建设项目的决策、勘察设计、施工和竣工验收中，其质量管理包含在需求识别阶段、质量目标定义阶段和质量目标实现阶段。

对于项目可行性研究阶段的质量控制，首先是要确定工程项目质量管理的总体要求。决策阶段的质量管理是在项目可行性研究的基础上，通过科学决策，确定工程项目应当达到的质量目标及水平。这属于关系本工程项目质量水平的需求识别阶段。

勘察设计阶段的质量管理是通过工程设计将质量目标进一步细化，从设计方案技术上确认是否可行，经济上是否合理，路基结构是否安全可靠，公共设施是否配套，这些都将决定项目建成后道路的质量安全和使用功能是否符合质量目标的要求。这属于工程项目质量目标定义阶段。

施工和验收阶段的质量管理，施工阶段主要是根据设计文件和图纸的内容要求通过施工活动而形成工程实体的过程。在这连续的过程中，项目质量的管理是要确保工程合同及设计方案所要求的最终工程实体的质量。而组织竣工验收是验证工程质量的实际水平是否与设计确定的质量目标水平相符。这两个阶段的内容是连贯的，同属质量目标实现阶段。

（4）项目质量的影响因素

人是工程项目质量活动的主体。人的质量意识和控制质量的能力是关系工程项目质量的最重要的因素。这一因素集中反映在人的素质上，人的思想意识、文化教育、技术水平、工作经验及身体状况等，都直接或间接地影响工程项目的质量。因此，如果单从质量控制的角度看，就要从人的资质条件、生理条件和自身行为等方面进行控制。

我们从项目决策和施工实施两个阶段来分析项目质量的影响因素。众所周知，我们在进行项目总体决策的同时，也从总体上明确了项目的质量控制方向和总体质量水平。施工措施正确与否、施工水平高低直接影响施工质量的好坏，还对施工的进度和投资产生影响。因此，工程项目的施工方案应从技术、组织、管理、经济等方面进行分析论证，其目的是确保工程项目的质量，加快施工进度，降低成本。

工程材料、机具设备、施工环境等影响因素。工程材料是工程实体的组成部分，因大部分工程材料作为地方建材，目前其成本愈来愈高，质量问题愈来愈多，对其进行质量控制也显得愈来愈重要。因而，工程材料质量控制的关键是对材料采购和进场质量检验进行严格把关。

影响工程项目质量的另一个因素是机具设备的选用。正确使用机具设备，实现项目质量目标，也早已成为大家的共识。工程项目施工环境的影响因素主要包含三个方面，即工程技术环境、工程管理环境和劳动环境。工程技术环境一般指工程地质、水文、气象等；工程管理环境指质量保证体系、质量管理制度等；劳动环境指劳动组合、劳动工具或机具设备设置、作业面等。它们对工程项目质量的影响，表现出复杂而多变的特点。

1.1.3.2　项目质量管理的基本要求

项目质量管理是通过建立项目质量管理系统来实现的。根据这项要求，参与质量管理活动的项目部应结合自身特点和质量管理需要，按照PDCA循环（质量环）原理，持续改进，建立、完善质量管理系统并形成相应的质量管理标准文本。

（1）项目质量管理的原则

为了成功地领导和运作一个组织，需要采用一种系统和透明的方式进行管理。

原则一：质量第一。建设工程项目质量不仅关系到工程的适用性和建设工程项目的投资效果，而且关系到人民群众的生命财产安全。所以，应坚持"百年大计，质量第一"的原则，在工程建设中始终把"质量第一"作为工程项目质量管理的基本原则。

原则二：以人为核心。人是工程建设的决策者、组织者、管理者、操作者，工程建设中各方主体人员的工作水平、责任意识等都直接或间接地影响工程项目质量。因此，工程质量管理必须以人为核心，重点关注人的素质和人的行为，充分激发人的积极性和创造性，以人的工作质量保证工程质量。

原则三：预防为主。应事先对影响质量的各种因素加以控制，如果出现质量问题后再进行处理，则已造成不必要的损失。所以，工程项目质量管理工作的重点是做好事先控制和事中控制，以预防为主，加强对过程和中间产品的质量检查、控制。

原则四：坚持质量标准。质量标准是评价产品质量的尺度，工程项目质量是否符合规定的质量标准要求，应通过质量检验来判别，符合质量标准要求的才是合格的，不符合质量标准要求的就是不合格的，必须返工处理。

（2）三项基本原理

第一项：PDCA循环原理。PDCA循环是工程项目质量管理的基本原理，包括计划（plan）、实施（do）、检查（check）、处置（action）四个阶段的管理内容，并以计划和目标控制为基础，通过不断循环，使质量得到持续改进，质量水平得到不断提高。每一阶段的具体内容要求如下。

计划阶段，需明确目标并制订实现目标的行动方案。

实施阶段，计划行动方案的交底和按计划规定的方法与要求进行工程作业技术活动。

检查阶段，对计划实施过程进行各种检查，包括作业者的自检、互检和专职管理者的专检。

处置阶段，对质量检查中所发现的质量问题，及时进行原因分析，采取必要的措施，予以纠正，保持质量形成过程的受控制状态。

第二项：三阶段控制原理，即工程质量事先、事中、事后构成一个有机控制系统。这个控制系统，实质上也就是PDCA循环的具体化，并在每一次滚动循环中不断提高控制力，达到质量管理或质量控制的持续改进。每一阶段的具体要求如下。

事先控制。强调质量目标的计划预控，以及按质量计划进行质量活动前，对准备工作状态的控制。

事中控制。对质量活动中的自我行为进行约束，通过第三方进行监督控制，包括企业内部、监理和政府质量监督部门的监控。

事后控制。对质量活动结果进行评价认定，对质量偏差进行纠正。

第三项：三全（TQM）原理。三全原理也称为全面质量管理原理，是指全面、全过程和全员参与的质量管理。每一项控制内容要求如下。

全面质量控制。对各参与主体的工程质量与工作质量进行全面控制。业主、监理单位、勘察单位、设计单位、施工总包方、施工分包方、材料设备供应商等，任何一方、任何环节的疏忽或质量责任不到位都会对建设工程质量产生负面影响。

全过程质量控制。根据工程质量的形成规律，从源头抓起，全过程推进。工程建设全过程主要包括：项目策划与决策过程、勘察设计过程、施工采购过程、施工组织与准备过程、检测设备控制与计量过程、施工生产检验试验过程、工程质量的评定过程、工程竣工验收与交付过程、工程回访维修服务过程。

全员参与质量控制。在确定质量目标之后，组织和动员全体员工通过质量控制系统参与质量控制，发挥自己的角色作用。全员参与工程项目的质量控制是工程项目各方面、各部门、各环节工作质量的综合反映。其主要工作包括以下几个方面：一是抓好全员的质量教育和培训；二是制定各部门、各类人员的质量责任制，明确任务和职权，各司其职，密切配合，以形成一个高效、协调、严密的质量管理工作系统；三是开展多种形式的群众性质量管理活动，充分发挥广大职工的聪明才智和当家做主的主人翁精神，采用多种措施激发全员参与的积极性。

（3）项目质量管理的策划

项目管理组织应进行质量策划，制定质量目标，规定实施项目质量管理体系的过程和资源，编制针对项目质量管理的文件。也就是说，针对这一系列质量管理活动，各相关企业应事先进行策划，明确质量管理的目的、职责、步骤和方法。同时在保证提供资源的前提下，按照策划的结果开展质量管理活动。为了增强质量管理活动的有效性，应对其过程和结果采取适宜的方式进行必要的检查、监督，并通过不断改进质量管理活动的方法，提高质量管理水平。

（4）项目质量管理的程序

项目管理组织通过对人员、机具、设备、材料、方法、环境等要素的过程管理，满足发包人及其他相关方的要求以及建设工程技术标准和品质的要求，实现项目建设过程、成品和服务的质量目标。为此，项目质量管理应按下列程序实施：进行质量管理策划，确定质量管理目标；编制质量管理计划；实施质量管理计划；总结项目质量管理工作，并提出持续改进的要求。

其中，项目管理相关组织包括建设单位，总承包、勘察、设计、监理、施工、检测等企业，也就是实施或参与项目管理工作，且有明确的职责、权限和相互关系的人员及设施的集合。具体可以是发包人、承包人、分包人和其他有关单位为完成项目管理目标而建立的管理组织。

1.1.3.3　项目质量控制与处置

项目质量控制指在工程项目质量目标的指导下，通过对工程项目各阶段的资源、过程和成果所进行的计划、实施、检查及监督的过程，以判定它们是否符合有关质量标准。根据质量管理的相关理论，质量控制与质量管理的区别在于：质量控制是质量管理体系中的一部分，执行全过程质量控制的目的就是保证工程项目质量的适用性、可靠性、安全性。

（1）质量控制的定义及内容

质量控制是指为达到质量要求而采取的作业技术和活动。而质量要求需要转化为可用定性或定量的规范表示的质量特性，以便于质量控制执行和检查。

质量控制主要控制过程的输入、过程中的控制点以及输出，同时也包括各个过程之间接口的质量。总之，建设工程项目质量控制贯穿质量形成的全过程、各环节，要防止这些环节的技术、活动偏离有关规范，使其恢复正常，达到控制的目的。其主要内容包括：确定控制对象，例如勘察过程、设计过程及施工过程中的某一道工序等；详细说明控制对象应达到的质量要求；制定具体的控制方法，例如施工方案、监理大纲等；明确所采用的检验方法，包括检验手段；实际进行质量检验。

（2）项目质量控制方法

工程项目质量控制是指为达到工程项目质量要求所采取的作业技术和活动。其中，工程项目的质量要求主要体现在工程合同、设计文件、技术规范规定的质量标准内容中。工程项目质量控制就是为了保证工程达到工程合同、设计文件、技术规范规定的质量标准而采取的一系列措施、手段和方法。

按工程实施主体不同，工程项目质量的主要控制方法包括如下三种。一是业主的质量控制与工程建设监理单位的质量控制，这是外部的、横向的控制。通常由工程建设监理单位依据国家法律、法规，以及合同文件、设计图纸对工程项目施工质量进行控制。二是政府监督机构的质量控制，这是外部的、纵向的控制。三是承建商方面的质量控制，这是内部的、自身的控制。

（3）项目质量控制过程

决策阶段的质量控制。要控制工程项目的质量，就要按照建设项目的顺序依次控制各阶段的工程质量。首先是项目决策阶段的质量控制，要保证选址合理，使项目的质量要求和标准符合业主的建设意图，并与投资目标相协调；同时使建设的项目与所在地区环境相协调，为项目的长期使用创造良好的运行条件和环境。

设计阶段的质量控制。工程设计阶段应作为重点的质量控制阶段。在该阶段，业主要选择好的设计单位，并通过设计招标，组织设计方案竞赛，从中选择能保证设计质量的设计单位。设计的质量控制包括以下过程：设计策划、设计输入、设计活动、设计输出、设计评审、设计验证、设计确认、设计变更控制。

设计阶段质量控制的目的是保证各部分的设计符合决策阶段确定的质量要求；保证各部分设计符合有关技术法规和技术标准的规定；保证各专业设计部分之间的协调；保证设计文件、图纸符合现场施工的实际条件，应能满足施工的要求。

施工阶段的质量控制。施工阶段是形成工程实体进行质量控制的关键阶段。这个阶段业主应实行招投标制度，认真审核投标书中关于保证工程质量的措施和施工方案，择优选择承建商，并严格监督承建商按设计图纸和质量验收规范进行施工，这对保证工程项目的最终质量具有重大意义。对施工阶段的质量控制应包括：施工目标实现策划、施工过程管理、施工改进、产品（或过程）的验证和防护。

其间，检验和监测装置的控制主要是确定装置的型号、数量，明确工作过程，制定质量保证措施等。

（4）项目质量控制系统

项目质量控制系统是针对工程项目而建立的，与企业质量管理体系有很大区别。项目质量控制系统运行的工作重点是把工程项目质量控制系统设为两个层次。第一个层次是业主和工程总承包企业，这个层次应分别对相应范围内的质量控制系统进行设计。第二个层次是设计、施工、监理等企业，在第一个层次的框架内，按各自的工作职责进行质量控制系统的设计，这样的设计，能使总体框架更清晰、具体，落到实处。同时，把质量控制总目标分解到各个责任主体，采用合同条款的形式进行约定，并由各个责任主体制订质量控制方案，确定控制措施及方法。项目质量控制系统可按控制对象、实施主体及管理职能进行分类。

第一类按质量控制对象划分，包括工程勘察设计、工程材料设备、工程施工安装及工程竣工验收四个子系统。

第二类按实施主体划分，包括业主、总承包企业、勘察设计单位、施工企业、监理企业及材料供应企业六个项目质量控制系统。

第三类按管理职能划分，包括质量控制计划系统、质量控制网络系统、质量控制措施系统、质量控制信息系统四个子系统。

1.2 现代工程项目总承包管理

工程总承包是国际通行的建设项目组织实施方式。大力推进工程总承包，有利于提升项目可行性研究和初步设计深度，实现设计、采购、施工等各阶段工作的深度融合，提高工程建设水平；有利于发挥工程总承包企业的技术和管理优势，促进企业做优做强，推动产业转型升级，服务于"一带一路"倡议。

1.2.1 工程项目总承包概述

1.2.1.1 有关工程总承包的政策解读

2016年，住房和城乡建设部出台了《关于进一步推进工程总承包发展的若干意见》（以下简称《若干意见》）。《若干意见》以问题为导向，针对工程总承包模式、工程总承包企业的基本条件、工程总承包项目经理的基本要求、转包及违法分包界限、工程总承包企业的义务和责任、工程总承包项目的监管手续办理条件等关键环节明确了政策要求，提出了意见和措施。

《若干意见》的主要政策内容包括以下五个方面。

一是倡导优先采用工程总承包模式。《若干意见》明确，建设单位在选择建设项目、组织实施方式时，应当本着质量可靠、效率优先的原则，优先采用工程总承包模式。政府投资项目和装配式建筑应当积极采用工程总承包模式，并根据项目特点，在可行性研究、方案设计或者初步设计完成后，按照确定的建设规模、建设标准、投资限额、工程质量和进度要求等进行工程总承包项目发包。

二是明确工程总承包企业的基本条件和工程总承包经理的基本要求。根据《若干意见》，建设单位可以依法采用招标或者直接发包的方式选择工程总承包企业。工程总承包企业应当具有与工程规模相适应的工程设计资质或者施工资质，相应的财务、风险承担能力，同时具有相应的组织机构、项目管理体系、项目管理专业人员和工程业绩。工程总承包项目经理应当取得工程建设类注册执业资格或者高级专业技术职称，担任过工程总承包项目经理、设计项目负责人或者施工项目经理，熟悉工程建设相关法律法规和标准，同时具有相应工程业绩。

三是明晰转包和违法分包界限。《若干意见》对转包和违法分包进行了界定。《若干意见》明确，工程总承包企业可以在其资质证书许可的工程项目范围内自行实施设计和施工，也可以根据合同约定或者经建设单位同意，直接将工程项目的设计或者施工业务择优分包给具有相应资质的企业。同时，工程总承包企业应当加强对分包的管理，不得将工程总承包项目转包，也不得将工程总承包项目中设计和施工业务一并或者分别分包给其他单位。工程总承包企业自行实施设计的，不得将工程总承包项目工程主体部分的设计业务分包给其他单位。工程总承包企业自行实施施工的，不得将工程总承包项目工程主体结构的施工业务分包给其他单位。

四是工程总承包企业全面负责项目质量和安全。《若干意见》明确了工程总承包企业的义务和责任：工程总承包企业对工程总承包项目的质量和安全全面负责；工程总承包企业按照合同约定对建设单位负责，分包企业按照分包合同的约定对工程总承包企业负责；工程分包不能免除工程总承包企业的合同义务和法律责任，工程总承包企业和分包企业就分包工程对建设单位承担连带责任。

五是明确监管手续办理条件。《若干意见》要求，按照相关法规规定进行施工图设计文件审查的工程总承包项目，可以根据实际情况按照单体工程进行施工图设计文件审查。住房和城乡建设主管部门可以根据工程总承包合同及分包合同确定的设计、施工企业，依法办理建设工程质量、安全监督和施工许可等相关手续。工程总承包企业自行实施工程总承包项目施工的，应当依法取得安全生产许可证；将工程总承包项目中的施工业务依法分包给具有相应资质的施工企业完成的，施工企业应当依法取得安全生产许可证。工程总承包企业应当组织分包企业配合建设单位完成工程竣工验收，签署工程质量保修书。

1.2.1.2 工程总承包的几种形式

（1）工程总承包的模式

工程总承包是指工程总承包企业受业主委托，按照合同约定对工程建设项目的设计、采购、施工、试运行等实行全过程或若干阶段的承包。建设单位一般采用设计—采购—施工（E-P-C）/交钥匙总承包、设计—施工总承包（D-B）、设计—采购总承包（E-P）、采购—施工总承包（P-C）等工程总承包方式。建设单位也可以根据项目特点和实际需要，按照风险合理分担原则和承包工作内容采用其他工程总承包模式。

城市道路建设作为政府投资工程应完善建设管理模式，推行工程总承包制，完善招标投标、施工许可、竣工验收等相关配套制度，并按照总承包总负责的原则，落实工程总承包单位在工程质量安全、进度控制、成本管理等方面的责任。

（2）工程总承包的优势

工程总承包是工程建设项目管理的新模式，它的优点是项目的最终价格和工期具有更大的确定性，业主承担的风险大大减小，能有效缩短项目建设周期。具体讲，如果把设计、采购、施工三者有机结合在一起，则能较好地回避设计与施工分离的矛盾，使其目标一致、行动一致。同时也可以有效地解决设计与施工的衔接问题，减少采购与施工之间的中间环节，最大限度达到缩短工期、节约投资的目的。

这种新模式优势明显，同时它对总承包商的能力要求也非常高，可以肯定，它将是企业项目管理能力、工程技术人才能力、协调沟通能力、融资能力的综合体现。因此，为了保障项目顺利实施，提高投资效益，须采用现代项目控制与管理技术，对项目建设的安全、质量、进度、费用、合同和信息等进行全面控制与管理。

（3）项目总承包的发包形式

根据《若干意见》精神，业主在选择工程建设项目、组织实施方式时，应当本着质量可靠、效率优先的原则，优先采用工程总承包模式，并对工程总承包项目实施全过程管理，督促总承包企业履行合同义务。同时，业主根据自身资源和能力，既可自行对工程总承包项目进行管理，也可以委托项目管理单位，依照合同对工程总承包项目进行管理。项目管理单位可以是本项目的可行性研究、方案设计或者初步设计单位，也可以是其他工程设计、施工或者监理等单位，但项目管理单位不得与工程总承包企业具有利害关系。

总承包项目发包阶段，业主方可根据项目特点，在可行性研究、方案设计或者初步设计完成后，按照确定的建设规模、建设标准、投资限额、工程质量和进度要求等进行发包。可依法采用招标或者直接发包的方式选择工程总承包企业。而评标可以采用综合评估法，评审的主要因素包括工程总承包报价、项目管理组织方案、设计方案、设备采购方案、施工计划、工程业绩等。工程总承包项目的合同可以采用总价合同或者成本加酬金合同，合同价格应当在充分竞争的基础上合理确定，合同的制订可以参照住房和城乡建设部、工商总局联合印发的建设项目工程总承包合同示范文本。

（4）总承包企业的基本条件

工程总承包企业应当具有与工程规模相适应的工程设计资质或者施工资质，以及相应的财务、风险承担能力，同时具有相应的组织机构、项目管理体系、项目管理专业人员和工程业绩。

承接工程总承包任务后，总承包企业可以在其资质证书许可的范围内自行实施设计和施工，也可根据合同约定或者经建设单位同意，直接将设计或者施工业务择优分包给具有相应资质的企业。仅具有设计资质的企业承接工程总承包项目时，其施工业务应依法分包给具有施工资质的企业；仅具有施工资质的企业承接工程总承包项目时，其设计业务应依法分包给具有设计资质的企业。

总承包企业不得将工程总承包项目转包，也不得将工程总承包项目中设计和施工业务一并或者分别分包给其他单位。自行实施设计的工程总承包企业，不得将工程主体部分的设计业务分包给其他单位。自行实施施工的工程总承包企业，不得将工程主体结构的施工业务分包给其他单位。

总承包企业的项目经理应具有工程建设类注册执业资格或者高级专业技术职称，曾担任工程总承包项目经理、设计项目负责人或者施工项目经理，熟悉工程建设相关法律法规和标准，同时具有相应工程业绩。

1.2.2 工程总承包管理的内容与程序

1.2.2.1 工程总承包管理的内容

工程总承包管理应包括项目部的项目管理活动和工程总承包企业职能部门参与的项目管理活动。项目部主要负责组织、协调和控制，保证合同项目目标的实现；职能部门主要负责支持和保证。

工程总承包项目管理的范围由合同约定。根据合同变更程序提出并经批准的变更范围，也列入项目管理的范围。其主要管理内容包括：任命项目经理，组建项目部，进行项目策划并编制项目部计划；实施设计管理，采购管理，施工管理，试运行管理；进行项目范围管理，进度管理，费用管理，设备材料管理，资金管理，质量管理，安全、职业健康和环境管理，人力资源管理，风险管理，沟通与信息管理，合同管理，现场管理，项目收尾等。

如果上述部分工程或服务分包给分包人完成，则包括对分包人的管理。

1.2.2.2　工程总承包管理的程序

根据合同的约定、项目特点和企业项目管理体系的要求，项目部应制定所承担项目的管理程序，并在执行项目管理程序中，使每一个管理过程都体现计划、实施、检查、处置的持续改进。

工程总承包项目的基本程序应体现工程总承包项目生命周期发展的规律。其基本程序如下。

项目启动：在工程总承包合同条件下，任命项目经理，组建项目部。

项目初始阶段：进行项目策划，编制项目计划，召开开工会议；发表项目协调程序，发表设计基础数据；编制设计计划、采购计划、施工计划、试运行计划、质量计划、财务计划和安全管理计划，确定项目控制基准等。

设计阶段：编制初步设计或基础工程设计文件，进行设计审查；编制施工图设计或详细工程设计文件。

采购阶段：采买，催交，检验，运输，与施工方办理交接手续。

施工阶段：做施工前的准备工作，现场施工，竣工试验，移交工程资料，办理管理权移交，进行竣工结算。

试运行阶段：对试运行进行指导与服务。

合同收尾阶段：取得合同目标考核合格证书，办理决算手续，清理各种债权债务；缺陷通知期限满后取得履约证书。

项目部应对设计、采购、施工、试运行各阶段的活动进行统筹安排。

1.2.2.3　工程总承包管理组织的相关规定

工程总承包企业应建立与工程总承包项目相适应的项目组织，行使项目管理职能，并实行项目经理负责制。建设项目工程总承包宜采用"项目管理目标责任书"的形式，明确项目目标和项目经理的职责、权限和利益。具体要求如下。

项目经理应根据工程总承包企业法定代表人授权的范围、时间和《项目管理目标责任书》中规定的内容，对工程总承包项目，自项目启动至项目收尾，实行全过程、全面管理。

工程总承包企业承担建设项目工程总承包，宜采用矩阵式管理。项目部由项目经理领导，并接受企业职能部门的指导、监督、检查和考核。

工程总承包企业在组建项目部时，应依据项目合同确定的内容和要求，对其进行整体能力的评价。

项目部在项目收尾完成后由工程总承包企业批准解散。

1.2.3 工程总承包项目的质量管理

工程总承包企业应按照《质量管理体系要求》（GB/T T19001—2016）建立涵盖工程总承包项目全过程的质量管理体系，规范工程总承包项目的质量管理。

1.2.3.1 工程总承包项目的质量管理计划

项目质量管理应贯穿项目管理的全部过程，坚持用"计划、实施、检查、处置"循环工作方法，持续改进管理过程中发现的质量缺陷，并按照项目质量管理目标的要求，编制项目质量管理计划，监督检查项目质量管理计划的执行情况。具体项目质量管理计划编制内容如下。

项目部应在项目策划过程中编制质量管理计划，经审批后作为对外质量保证和对内质量控制的依据。

项目质量管理计划应体现从资源投入到完成工程质量，直至最终检验和试验的全过程质量管理与控制要求。其编制依据应包括：合同中规定的工程质量管理各项指标及其验收标准；项目实施计划；相关法律、法规，技术标准、规范；工程总承包企业质量管理体系文件及其要求。

项目质量管理计划应由质量管理人员负责编制，经项目经理批准发布。

项目质量管理计划编制的主要内容，包括项目的质量目标、质量指标、质量要求；项目的质量管理组织与职责；项目的质量保证与协调程序；项目应执行的标准、规范、规程；实施项目质量目标、质量指标和质量要求应采取的措施。

1.2.3.2 工程总承包项目的质量控制

项目的质量控制应对项目所有输入的信息、要求和资源的有效性进行控制，确保项目质量输入正确、有效。

（1）项目质量控制的主要内容

工程总承包项目的实施存在设计与采购等六个方面的接口关系，每个方面需重点控制的质量内容如下。

在设计与采购的接口关系中，其质量实施过程应重点控制的是：请购文件的质量；报价技术评审的结论；供货厂商图纸的审查和确认。

在设计与施工的接口关系中，其质量实施过程中应重点控制的是：施工向设计提出的要求与施工可行性分析的协调一致性；设计交底或图纸会审的组织与成效；现场提出的有关设计问题的处理和设计变更对施工质量的影响。

在设计与试运行的接口关系中，其质量实施过程应重点控制的是：设计应满足试运行的要求；试运行操作原则与要求的质量；设计对试运行的指导与服务的质量。

在采购与施工的接口关系中，其质量实施过程应重点控制的是：所有设备材料运抵现场的进度与状况对施工质量的影响；现场开箱检验的组织与成效；与设备材料质量相关问题的处理对施工质量的影响。

在采购与试运行的接口关系中，其质量实施过程应重点控制的是：试运行所需材料及备件的确认；在试运行过程中出现的与设备材料质量相关问题的处理对试运行结果的影响。

在施工与试运行的接口关系中，其质量实施过程应重点控制的是：施工计划与试运行计划的协调一致性；机械设备的试运转及缺陷修复的质量；试运行过程中出现的施工问题的处理对试运行结果的影响。

（2）项目质量评价及不合格品的控制

质量管理人员应在项目经理领导下，负责项目的质量管理工作。主要负责检查、监督、考核、评价项目质量计划的执行情况，验证实施效果并形成报告。发现质量问题时，质量管理人员应及时召开质量分析会，并制定整改措施。

验证中若发现不合格品，应按不合格品控制程序规定对其进行标识、记录、评价、隔离和处置，防止非预期的使用或交付。以上不合格品的记录或报告，应传递到有关部门，相关责任部门应进行不合格原因的分析，制定纠正措施，防止今后出现同样或类似的不合格品。若虽按纠正措施纠正，但经过验证效果不佳或未完全达到预期的效果，应重新分析原因，进行下一轮PDCA循环。

1.2.3.3 工程总承包项目的质量改进

项目部所有人员均应收集和反馈项目的各种质量信息，并实施质量信息管理和质量管理改进制度，通过质量信息的收集和分析，确定改进的目标，制定并实施质量改进措施。其中，质量管理改进活动应包括质量方针和目标的管理、信息分析、监督检查、质量管理体系评价、纠正与预防措施等。

（1）质量信息的收集、传递、分析和利用

首先，明确为正确评价质量管理水平所需收集的信息及其来源、渠道、方法和职责。所需收集的信息内容包括：法律、法规、标准规范和规章制度等；工程建设相关方对工程总承包企业和分包企业的工程质量和质量管理水平的评价；各管理层次工程质量管理情况及工程质量的检查结果；工程总承包企业质量管理监督检查结果；其他工程总承包企业的经验教训；质量回访和服务信息。

通常在适合的阶段，工程总承包项目部应总结质量管理策划结果的实施情况，并将其作为质量分析和改进的信息予以保存、利用。对上述需要收集的质量信息进行分析，应使用有效的分析方法，同时判断质量管理状况和质量目标实现的程度，识别需要改进的领域和机会，必要时须采取改进措施。其分析结果应包括：工程建设方对工程质量、质量管理水平的满意程度；与工程总承包项目要求的符合性及项目实施过程中质量控制的有效性；工程产品的特性及质量趋势；等等。

（2）质量管理改进

质量管理改进是指项目部对质量管理系统的分析和评价，提出改进目标，制定和实施改进措施，跟踪改进的效果；分析工程质量及在质量管理过程中存在或潜在的问题、原因，采取适当的措施，并验证措施的有效性。

又可根据质量管理分析、评价的结果，确定质量管理创新的目标及措施。具体做法如下。

项目部定期召开质量分析会，对影响工程质量的潜在原因，采取预防措施，并定期评价其有效性。

工程总承包企业应按合同约定或国家有关规定，对保修期（缺陷通知期限）内发生的质量问题提供保修服务。

工程总承包企业应收集并接受工程建设方意见，及时获得工程项目运行信息，做好回访工作，并把回访纳入企业的质量改进活动中。

1.3 现代工程项目标准化管理

现代工程项目标准化管理的意义就是围绕工程建设项目，以管理标准为基础，借鉴类似的管理模块管理工程项目，从而实现从人管理转变为制度管理。

1.3.1 工程项目标准化管理概述

对工程项目进行标准化管理，逐步形成相应的标准化管理体系，并将可持续发展的先进理念融入其中，促进工程建设的可持续发展。

1.3.1.1 基本概念

（1）标准

国际标准化组织对标准的定义：标准是一个由公认机构制定和批准的文件，它对活动或活动结果规定了规则、导则或特性值，供共同和反复使用，以实现在预定结果领域内最佳秩序的效率。

国际电工委员会对标准的定义：经由共同协定商讨得出一致性结论而制定出的文件，该文件是对某种活动或者它的结果所规定的共同使用的以及重复使用的一些规则或导则以及特性，它必须由公认机构批准，其具体目的是在一定范围内获得最佳秩序。

（2）标准化

标准化是指对实际或潜在问题做出统一规定，供共同和重复使用，以在相关领域内获得最佳秩序的效益活动，其中标准化活动由制定、发布和实施标准构成。

标准化管理是指在管理实践中，通过制定和实施统一标准以获得最佳管理秩序和管理效益。

（3）工程项目标准化管理

工程项目标准化管理是指工程建设企业在自身参与的工程项目中实施的标准化管理。具体来讲，工程项目标准化管理是指工程建设企业在工程项目建设管理实践中，通过制定和实施统一标准，以获得最佳管理秩序和管理效益的活动。城市道路工程施工标准化管理是工程建设单位在工程施工中，通过对工程施工的各个环节、各项内容制定和实施统一标准，以获得最佳的建设品质与建设效益的活动。

（4）"泰勒制"管理

"泰勒制"管理可以使作业标准化、规范化，可以有效提高生产效率，其核心是强调精细化、标准化、数量化管理，其特点是在工业生产中，从每一个工人抓起，从每一件工具、每一道工序抓起，在科学实验的基础上，设计出最佳的工位设置、最合理的劳动定额、最适合的劳动工具以及标准化的操作方法。

1.3.1.2 工程项目标准化管理的重要意义

据报道，中国是世界上每年新建建筑量最大的国家，但是平均建筑寿命只能持续25～30年，而欧美发达国家则超过了70年。短寿的建筑每年消耗大量资源并产生数以亿计的建筑垃圾和大量温室气体，阻碍了我国的"低碳"进程，给人类的生存环境带来了巨大威胁。

上述问题的产生，既有工程项目实施过程中的技术原因，也有管理的原因。按照"利益相关者理论"，在工程项目实施时各利益相关方对工程项目总体目标的期望是对立统一的。一方面，不同利益相关方所追求的目标不一致。对于建设项目，业主的目标是质量好、风险低、投资少、工期短，社会效益与经济效益最大化；而承包商的目标是经济效益最大化而不是整体利益最大化。另一方面，各利益相关方追求的目标又具有统一性，任何相关方目标的实现要以建设项目的顺利完成为前提。这就需要采取有效措施克服工程建设项目面临的长期性、复杂性、多方协调性等困难，追求多重目标的统一性。工程项目管理标准化，可以通过相应标准的制定、采用和实施，充分体现各利益相关方对工程项目的期望，并在此过程中使各方达成一致意见，从而实现管理环境的公平与和谐。

工程项目管理中存在的执行能力低、控制水平差等问题是工程项目各参建单位共同面临的薄弱环节。一方面，工程建设投资主体、管理模式的多样性导致了业主管理水平和技术能力的不稳定性，进而造成了业主实现工程项目目标的不确定性；另一方面，施工单位以承接的工程任务量、施工效益作为内部主要的评价指标，这与市场低价中标形成了矛盾。此外，促进精品工程建设的外部环境和长效机制一直缺失。例如，处于一线的施工人员多为农民工（非专业工人），而技术人员则以刚毕业的大学生为主。这些人员缺乏系统培训，也很难获得相应知识，他们无法快速掌握工程项目管理的方法，很难完成稳定的精品工程。工程项目管理标准化是将好的工程项目管理经验进行总结并形成标准，便于从业人员在工程实践中借鉴和参考，以提高工程从业人员的执行能力和对项目的控制水平。

1.3.1.3　工程质量管理标准化工作的内容

《住房城乡建设部关于开展工程质量管理标准化工作的通知》强调，要以提高工程质量为目标，以工程项目为重点，以施工现场为中心，以对质量行为和工程实体质量控制评价为基本手段，落实参与各方的主体责任，健全质量管理体系，提高现场管控能力，统筹规划，强化管理，分步实施，分类指导，样板引路，以点带面，大力推行工程质量管理标准化工作。

（1）工作目标

工程质量管理标准化工作的总体目标是通过大力推行工程质量管理标准化，促使施工企业自觉贯彻工程质量有关法律、法规、标准和规范，建立健全包括日常质量管理、施工现场质量过程控制等在内的每个环节、每个流程、每道工序的责任制度、工作标准和操作规程，实现质量行为规范化、质量管理程序化和工程实体质量控制标准化，促进质量管理体系有效运转，建立完善自我约束、持续改进的工程质量管理长效机制。

（2）标准化管理工作内容

一是管理行为标准化。严格遵守市政工程建设法律法规，严格执行强制性标准，在工程管理中查找薄弱环节，健全管理制度，优化管理流程，把技术标准、管理标准、作业标准落实到施工全过程，使工程进度合理，质量管理严格，安全措施到位，档案资料收集齐全、规范。

二是设计要求标准化。按建设单位提出的市政工程标准化要求和实际交通管理要求，设计单位进行主体工程和辅助生产设施的设计，规范图纸设计，图审机构按标准化要求进行审查把关。推行半成品、成品标准化，推行预制构件（含中小跨径桥梁的预制梁）工厂化生产。

三是工地建设标准化。按照市政工程施工标准化管理的要求，重点抓"三集中"，按照标准化要求设立各类拌和站、预制加工场地和材料存放场地，实现混合料（混凝土）集中拌制、钢筋集中加工、标准构件工厂化集中生产，施工现场实行封闭规范管理。按照标准化要求建设施工驻地、监理驻地及施工便道，配备辅助生产设施，改善生产生活环境，减少施工干扰，提高施工管理效率。配备施工现场安全防护设施、安全标识及其他各类临时设施，消除隐患，文明施工。

四是施工工艺标准化。按照有关规范标准，细化道路、桥梁、隧道、城市轨道交通、园林绿化、地下管线等各项工程的施工工艺标准化要求，优化施工工艺，严格工艺管理，提高施工效率和实体工程质量。加强道路工程填筑材料以及摊铺、压实工艺控制。加强桥梁工程桩基清孔、预应力张拉等工艺控制，推广使用预应力智能张拉设备和智能循环压浆设备。推广使用隧道工程湿喷工艺。

五是过程控制标准化。建立工艺操作首件分析制度，评点分析经验和问题，提出改进措施。落实材料进场报验制度。抓好原材料、混合料、半成品和成品构（配）件、实体工程质量的自检和抽检，做到检测项目完整齐全、检测频率符合要求、检测数据真实可靠。加强对隐蔽工程、关键工序的过程控制和验收，确保工程各项指标抽检合格率达到规范要求。对施工现场进行视频监控，隧道掌子、桥梁施工现场、梁片预制场等施工现场配备远程监控系统。推行隧道工程超前地质预报以及岩土工程第三方监测制度。

六是施工机具设备和模板标准化。重点落实关键机械、设备和模板的进场检验、审查、审批制度，特别是桥梁及构造物工程模板、架桥机和起重机械设备，隧道工程二衬台车、砼喷射设备，水泥砼、沥青砼及各种混合料拌和设备，碎石加工设备及各种砼、混合料摊铺设备等。推广使用专业厂家生产的架桥设备。

（3）有关要求

从开工到竣工验收，工程质量管理标准化工作贯穿工程施工的全过程，其主要内容是责任主体质量行为标准化、工程实体质量控制标准化和监督管理标准化。

在质量行为标准化方面，要按照"体系健全、制度完备、责任明确"的要求，对施工企业和现场项目部应该承担的质量责任和义务做出相应规定，主要包括企业、项目部管理机构设置和人员配备，质量管理制度建立、落实，施工方案策划、实施及现场布置，技术交底、教育培训，作业挂牌、质量标识、成品保护，以及工程资料管理等。

在实体质量控制标准化方面，要按照"质量标准样板化、方案交底可视化、操作过程精细化"的要求，在对建筑材料、构配件和设备进场质量控制、施工工序控制、质量验收控制的全过程中，对主要分项工程或关键工序的操作要点以及管理要求等做出相应规定。在施工现场设立主要建筑材料和钢筋安装、模板支护等关键部位样板展示区，使操作层了解标准化施工工艺、具体措施和质量标准，对照样板进行技术交底，实施标准化施工管理。

在监督管理标准化方面，要按照《责任主体质量行为抽查清单（试行）》《强制性标准抽查清单（试行）》开展随机巡查、抽查，按照管理标准规范监督程序，加强监督管理工作。

一是建设单位要严格执行国家有关法律法规和规范标准，确定科学的工期、合理的造价，支持施工企业开展工程质量管理标准化工作，为工程质量标准化工作提供保障。

二是施工现场要成立以项目经理为组长的工程质量管理标准化工作组，工作组负责标准化管理方案的制订、计划安排、指挥调度、协调推进和检查验收等工作。

三是工程监理要认真履行职责，严格审核施工组织设计和质量管理标准化实施方案，做到"事前预控、事中监控、事后验控"的"三控"管理，对施工企业质量管理标准化工作实施全方位、全过程监理。

推行标准化管理是一项长期工作，应高度重视，切实加强组织领导，制定推行措施，负责督促落实。工程建设各方主体的主要负责人作为本单位推行标准化管理的第一责任人，工程建设各方主体的项目负责人作为项目推行标准化管理的第一责任人，要认真学习研究标准化，了解标准化要求，掌握标准化做法，要亲自抓，具体抓，一级抓一级，一级对一级负责。

细化市政工程建设标准化的具体要求，编制设计要求标准化指导意见；健全管理行为标准化、工地建设标准化、施工工艺标准化、过程控制标准化、施工机具设备和模板标准化等考核标准，积极推进市政工程建设标准化工作，并按照考核标准要求，真正把标准化管理落实到每一个工程项目、每一个建设环节、每一道施工工序、每一个施工节点，贯穿项目建设全过程。

按照考核标准，建设单位要建立针对施工、监理、设计单位的季度考核机制，主管部门要建立针对建设单位的季度考核机制，明确具体考核及奖惩办法；将对施工、监理单位的考核结果纳入施工、监理单位的信用综合评价系统，将信用综合评价与招投标挂钩；将对建设单位的考核结果进行通报，表扬先进，鞭笞落后。

要建立合同约束机制，深入推进标准化工作。对新开工项目，建设单位必须把标准化的内容和要求列入招标文件和合同文件，同时将因推行标准化而增加的建设费用列入工程量清单，并单独计量支付，强制执行，杜绝随意压缩合同工期；对已开工项目，建设单位要按标准化的要求梳理存在的问题，明确整改要求；对合同文件未明确的事项，可采取补充合同或奖励方式，给予一定的经济补助，促进设计、施工单位推行标准化。

要加大宣传力度，利用多种形式，在市政工程行业中广泛宣传推行标准化管理的重要性、紧迫性以及奖惩措施和办法。

1.3.1.4　相关政策背景

2014年，住房和城乡建设部发布《关于落实国家新型城镇化规划 完善工程建设标准体系的意见》（简称《意见》）。该《意见》指出工程建设标准化是国家经济建设和项目投资的重要制度和技术依据，是依法治国、加快完善市场经济体制的需要。

《意见》提出要抓好空间规划、区域规划以及城镇设施规划，加快推进城乡设施建设、城镇管理、绿色生态、资源节约、文化遗产保护方面的标准编制。通过夯实工程建设标准化这个基础，明确构建新型城镇化标准体系的目标和重点任务，为新型城镇化建设保驾护航。

《意见》提出，根据资源环境承载能力构建科学合理的城镇化宏观布局，推动新型城市建设；加强城市消防、防洪、排水防涝、抗震等设施和救援救助能力建设，提高城市建筑灾害设防标准；严格质量管理，强化设计、施工、监理和建筑材料等全流程质量管控。

2014年住房和城乡建设部发布《关于进一步加强工程建设标准 实施监督工作的指导意见》（简称《指导意见》）。该《指导意见》的目的是进一步加强工程建设标准实施监督工作，推动标准全面有效实施，充分发挥标准在落实国家方针政策、保证工程质量安全等方面的引导约束作用。

《指导意见》明确了建设行业标准实施的重点目标和任务，并借鉴高强钢筋推广应用、无障碍环境建设等经验做法，标准先行，加强政策引导、技术服务、督促协调，建立部门合作、专家支撑、上下联动的机制，充分发挥重点标准实施的试点、示范和引领作用。同时，按照《实施工程建设强制性标准监督规定》（建设部令第81号）的规定，建立工程建设标准化管理机构和相关监管机构共同参与、协同配合的工作机制，以强制性标准为重点，制订年度监督检查计划，开展标准实施情况专项检查或抽查，实现标准监督检查工作常态化。

建立标准实施信息反馈机制。广泛收集建设活动各方责任主体、监管机构和社会公众对工程建设标准实施的意见、建议，及时进行分类整理，提出处理意见；定期开展综合分析，重点对标准制定提出建议，形成标准制定、实施和监督的联动机制。

推动标准实施监督信息化工作。在有条件的地区或行业，开展标准实施监督信息化工作试点，利用信息化手段，在标准实施过程和关键环节，探索标准实施的达标判断、实时监控、责任绑定和追溯；在节能减排、工程质量安全、环境保护等重点领域，对已实施标准的先进性、科学性、协调性和可操作性开展评估。

2016年，住房和城乡建设部印发《关于深化工程建设标准化工作改革的意见》。出台该意见的目的是加大标准供给侧改革，完善标准体制机制，建立新型标准体系。

其目标是按照政府制定强制性标准、社会团体制定自愿采用性标准的长远目标，到2020年，适应标准改革发展的管理制度基本建立，重要的强制性标准发布实施，政府推荐性标准得到有效精简，团体标准具有一定规模。

其任务是加快制定全文强制性标准，逐步用全文强制性标准取代现行标准中分散的强制性条文，并改变现有标准由政府单一供给模式，对团体标准制定不设行政审批；鼓励具有社团法人资格和相应能力的协会、学会等社会组织主动承接政府转移的标准，制定新技术和市场缺失的标准，供市场自愿选用；为了缩小中国标准与国外先进标准的技术差距，要求标准的内容结构、要素指标和相关术语等适应国际通行做法，提高与国际标准或发达国家标准的一致性。

1.3.2 工程项目管理标准化的基础理论

管理是人类组织生产劳动的重要活动，伴随着劳动分工和社会合作日益增强，管理在人类生产劳动中的作用越来越重要。与人类的其他活动相比，管理过程面临更多的重复性事物及概念，与标准化存在更多密切关系。

1.3.2.1　工程项目管理标准化的内涵

工程项目管理作为一种特殊的管理活动，本质上是一种过程控制，是对工程项目目标进行控制的管理过程。与一般意义上的项目相比较，工程项目通常具有以下特点：第一，涉及面广；第二，需要多专业集成；第三，参与建设的协作单位多；第四，质量要求高；第五，信息沟通复杂，影响面广。因此，工程项目管理标准化的内涵界定需要体现工程项目的特征。

（1）工程项目管理标准化的界定

相关研究资料表明，工程项目管理标准化是把工程项目管理活动中各参与单位的工作内容、工作流程、职责义务和程序安排等相关对象进行标准化提炼，并参照现有各类管理标准，通过编制、实施和完善相关管理标准，建立起具有广泛适用性的管理体系，并在工程项目管理活动中付诸实施，以获得最佳秩序。

（2）工程项目管理标准化的内容组成

工程项目管理标准化的组成主要是指标准化的分类和相应的标准分类。通常将工程项目管理标准化分为两类，即正式标准化和非正式标准化。

标准化通常是通过由政治意图或者行政程序制定的标准来实现的，这些标准包括企业标准、行业标准、地方标准、国家标准和国际标准。就工程项目管理而言，这些标准是可以相互转化的。以企业标准为例，企业标准可经由相关部门进一步确定，可成为行业标准、地方标准、国家标准；而企业标准在制定过程中也会参照国家标准、行业标准。

非正式标准化是指采用没有发起人和机构的标准，或者并未通过政府部门备案的标准。非正式标准化包括采用惯例、最佳实践、行业协会规范和其他并未经过权威部门发布但仍被广泛采用的各类规范性文本。这些标准通常由于市场的作用而产生，是管理经验自我演化和发展的结果。它们也会相互影响，并且有可能被正式标准所吸收，成为正式标准的一部分。

（3）工程项目管理标准化的作用

一是对工程项目绩效的提升作用。工程项目管理标准化的本质在于将成功的工程项目管理实践经验进行总结和提升，从而为其他相关的工作提供借鉴和参考。D.Milosevic等学者通过实践研究证明了标准化项目管理对项目成功具有重要影响。也就是说，通过共同标准和过程控制，可以比较有效地预测、管理项目管理行为，并实现工程项目过程的有效控制，提高项目绩效。

二是对参与各方知识积累的促进作用。工程建设各方的知识积累包括隐性知识积累和显性知识积累。显然，隐性知识是那些没有标准化的知识，显性知识是已经标准化的知识。因此，标准本身就是显性知识，同时，制定标准就是将可以重复、能够共享的知识变为标准。

三是对参与各方和人员能力的增强作用。标准的制定过程就是将实践中积累的先进技术、理论、方法和经验进行综合提炼与升华，并纳入标准体系的过程。标准的实施能使工程管理人员重复同样的程序，以利于其尽快掌握新的管理技术和方法，提高其管理能力。同时，对于单位而言，项目管理的成熟度也是一种标准化。这项指标表达的是一个单位（或项目部）具有的按照预定目标和条件成功地、可靠地实施项目的能力。因此，对项目管理成熟度的提升可以促进项目管理能力的提高。

1.3.2.2　工程项目管理标准化的理论研究

自古以来，人们在开展各种有组织、有目的的活动以实现某一目标时，就已经存在广义概念的项目实施和管理。而真正把项目作为一个系统来进行管理则是从曼哈顿计划（Manhattan Project）开始的。随着项目管理概念的提出及在实践中的广泛应用，项目管理体系逐步成熟，并发展成为项目管理的标准化，其基本内容则主要体现在知识体系、管理工具、项目组织和质量管理等的标准化方面。

（1）项目管理标准化的研究现状

项目管理知识体系的标准化。项目管理知识体系是描述项目管理专业知识总和的专用术语，是项目管理最基础的标准化内容，是从事项目管理活动的基石。

项目管理工具的标准化。项目管理工具标准化是指项目管理工具在不同项目中的一致性程度，即不同的项目采用相同项目管理工具的一致性程度。项目管理工具标准化的标志性成果主要包括PRINCE2（受控环境下的项目管理）、PDCA循环等工具和方法。PRINCE2源于英国财政部办公室所建立的项目管理体系，现在欧洲各大型企业及政府部门大多选用这套管理体系来实施项目管理。它以项目生命周期为基础，从启动项目到结束项目，整个过程解答了项目的流程该如何进行管理。PDCA循环具有层次性、连续性、前进性、通用性等优点，每次循环都把目标或标准提到一个新的高度，是有效进行每一项工作的合乎逻辑的工作程序，在项目管理中得到了广泛应用。

项目组织的标准化。项目组织的标准化的标志性成果是项目管理成熟度模型。目前，该模型总数超过了30种，其中最典型的是美国项目管理学会（PMI）从组织级项目管理层面提出的项目管理成熟度模型，其目标是帮助组织"通过开发其能力，成功地、可靠地、按计划地选择并交付项目而实施其战略"。项目管理成熟度模型还为使用者提供了丰富的知识和自我评价的标准，用以确定组织的当前状态，并制订相应的改进计划。

项目质量管理的标准化。项目质量管理标准化主要体现于国际标准化组织制定的《质量管理 项目管理质量指南》（ISO 10006：1997）（以下简称《指南》）中。该《指南》主要针对项目管理质量，与ISO其他标准共同形成了指导和改善项目管理质量的标准体系。《指南》采纳了作业的方法，讨论了项目管理的应用问题，并将项目作业分为两类，即项目管理作业和与产品有关的项目作业（如设计、生产、制造和验证），其中，一组相互协调的、可被控制的、具有起始日期的、执行使之达到规定目标的活动构成了特定的项目管理作业。《指南》规定了各项目管理作业的具体活动内容，按内容的相近程度将项目管理作业分为十个组。第一组为项目合法化和确定方针的战略管理作业，第二组为协调其余八组相关管理作业的相互关联的管理作业，其余八组分别是关于范围、时间、成本、资源、人力、交流、风险和采购的管理作业。

（2）项目管理标准化的发展

作为特殊的项目管理，除了上述项目管理的统一的标准化，工程项目管理也存在许多方面标准化的实践，主要的发展如下。

一是以FIDIC（国际咨询工程师联合会）为代表的合同标准化。FIDIC合同条件把工程技术、法律、经济和管理等有机地结合在一起，借鉴和吸收西方工业发达国家在土木建筑行业近百年的实践经验，并且在国际工程承包领域中得到了长期和广泛的应用，并根据实践不断更新。从1957年出版第一版合同条件以来，FIDIC已经正式出版发行第四版系列合同条件，包括《施工合同条件》《生产设备和设计合同条件》《设计采购施工交钥匙工程合同条件》《简明合同格式》。鉴于FIDIC合同在国际承包领域所享有的权威地位，项目业主、承包商均把它当作范本广泛使用。

二是以CIOB（英国皇家特许建造学会）为代表的最佳实践。最佳实践是指存在某种技术、方法、过程、活动和机制可以使生产或管理实践的结果达到最优，并减少出错的可能性，通常是基于已经成功或者失败的项目所提炼出来的经验总结。最佳实践又指已经在别处产生效益并且能够适应此处的优秀实践。工程项目管理中最具代表性的最佳实践是由CIOB和RICS（英国皇家特许测量师学会）等专业组织总结编制的行业最佳实践。

CIOB主要是由从事建筑管理的专业人员组织起来的，学会的专业内容涉及建设全过程管理。2009年，CIOB召开"CIOB标准在北京奥运建设中的最佳实践"会议，并出版了《CIOB中国工程项目管理最佳实践》，推广行业最佳实践。

RICS是全世界广泛认可的专业学会，其专业领域涵盖土地、物业、建造及环境等16个不同的行业。该学会的宗旨之一是"以最佳实践规则保护公众利益"，并通过相应培训开展最佳实践的推广工作。

三是以精益建造为代表的工程项目标准化实践。精益思想已成为一种普遍的管理哲理在各个行业得到了传播和应用。目前，许多业主、施工企业都提出了"精品工程"这个口号并且加以具体实施，如把"零缺陷"纳入工程质量管理中等。因此，在建设行业也产生了精益建造的模式。精益建造的指导思想就是在满足建筑市场多元化需求的前提下，运用多种现代化管理方法和手段，充分发挥人的主观能动性，整合优化精益组织结构，有效配置和合理使用企业资源，使现场管理组织更加科学合理，最大限度地为现场项目精益建造谋求经济效益。精益建造的核心思想就是消除建造中的浪费，强化精简组织结构，不断提高工程项目的质量，降低成本，加快进度。

精益建造的具体内容包括精益设计、精益施工、精益采购等，而实行标准化管理是精益建造的重要基础。

1.3.2.3　项目管理标准化的关键因素

工程项目管理标准化的关键因素是指工程项目管理中需要标准化的主要对象。工程项目管理涉及管理过程、管理工具、管理职能等对象，其中哪些内容可以标准化，哪些内容不能标准化，需要对关键因素进行识别。

（1）对工程项目管理标准化关键因素的研究

国内学者对工程项目管理标准化关键因素的研究取得了下列主要成果。

一是研究了建筑企业实施工程项目管理标准化存在的问题，提出了工程项目管理标准化的主要内容，包括管理制度标准化、人员配备标准化、现场管理标准化、过程控制标准化。

二是指出现代工程项目管理的一个重要特点是标准化和规范化，具体表现为：统一的工程费用（成本）划分方法，统一的工程计量方法和结算方法；网络表达形式的标准化，标准的合同文本和招投标文件。

三是研究了科研和产品开发项目的管理标准化，从项目的关键成功因素出发，总结了研发类项目管理的七项标准化关键因素：标准化的项目管理流程、标准化的项目组织、标准化的信息管理系统、标准化的项目管理工具、标准化的项目绩效测量、标准化的项目管理文化、标准化的项目管理领导力。

四是将研发项目的标准化关键内容进一步总结为项目管理流程、项目管理工具、项目领导力、项目文化等四个关键因素。

总之，目前比较统一的项目管理标准化关键因素为项目管理过程、项目组织、信息管理系统、项目管理工具、项目管理测量系统、项目管理文化、项目管理领导力等七项内容。

（2）工程项目管理标准化的研究成果

工程项目是一种跨组织运作的项目，并且由于工期较长，通常具有复杂性及不确定性。因此，相关研究机构采用参考文献、深度访谈和专家打分等方法来确定工程项目管理标准化关键因素，并最终形成了五个方面的项目管理标准化关键因素，分别是：工程项目术语、工具标准化；工程项目管理组织、方法及流程标准化；工程项目领导、文化、绩效评价标准化；工程项目管理职能标准化；工程项目质量安全、合同及信息管理标准化。

（3）项目质量管理标准化关键因素的识别指标

借鉴ISO 9000质量管理体系的八项原则及相关研究成果，确定工程项目质量管理标准化关键因素的识别指标。

①以业主为关注焦点的识别指标。

根据ISO给出的定义，可分别采用持续关注业主需求、制定与业主一致的清晰项目目标和项目结果得到业主认可三项识别测度指标来评价"以业主为关注焦点"。

②领导作用的识别指标。

领导作用通常体现在把握组织方针、目标，确保获得必要的资源，形成与目标相适应的文化氛围等方面。因此，可分别采用高层管理者的支持、制定企业（项目部）整体战略和营造文化氛围三项识别测度指标来评价"领导作用"。

③全员参与的识别指标。

保证全员参与是各项管理成功的前提，只有让他们充分参与，他们的才干才能为企业带来效益。因此，可分别采用加强团队合作、加强内容交流、项目成员的积极参与、项目成员的支持和提高员工满意度五项识别测度指标来评价"全员参与"。

④过程方法的识别指标。

"过程方法"是指将活动和相关资源作为过程进行管理，以更高效地得到期望的结果。"过程方法"也指系统地识别并管理组织所应用的过程，特别是这些过程之间的相互作用，同时，它需要与组织结构相适应。因此，可分别采用加强过程控制、识别管理过程、注重反馈以及明确管理职责和权限四项识别测度指标来评价"过程方法"。

⑤管理的系统方法识别指标。

"管理的系统方法"是指将相互关联的过程作为系统加以识别、理解和管理，使用该方法有助于企业提高实现目标的有效性和效率。根据上述定义，可采用建立管理体系、测量和评估管理体系、评价组织能力这三项识别测度指标来评价"管理的系统方法"。

⑥持续改进的识别指标。

"持续改进"是适应变化、不断提升组织能力的一个重要方法。持续改进的对象包括管理体系、服务和过程。通常，对现有工作进行评价、纠正，采取预防措施是持续改进的主要方法。因此，可分别采用工作的持续改进、评价现有过程、借鉴企业内外的成功经验和实施培训这四项识别测度指标来评价"持续改进"。

⑦基于事实的决策方法识别指标。

实施基于事实的决策方法，应对数据进行收集并用正确的方法进行处理。因此，可用充分掌握项目信息、采用科学方法分析数据和基于事实分析制订解决方案这三项识别测度指标来评价"基于事实的决策方法"。

⑧互利的供方关系识别指标。

社会化分工合作已经成为当今重要的生产方式。工程项目本身就是多组织合作的过程，尤其是当今工程项目供应链、合作伙伴等新模式的出现，使供方关系的管理显得非常重要。因此，可用建立长期的供方合作关系和加强与供方的交流这两项识别测度指标来评价"互利的供方关系"。

1.3.2.4 工程项目管理标准化的实施路径

工程项目管理标准化的实施路径，主要是指如何在工程项目中采取有效措施实施标准化管理方法，从而提高自身的标准化管理水平，提高工程项目管理的绩效。

按照对工程项目管理标准化的内涵界定，要实现工程项目管理标准化，工程项目参建方需要制定并实施能够适应自身特点和项目需求的项目管理标准，从而形成具有竞争力的工程项目管理体系。因此，工程项目管理标准化的实施，包括以下内容。

（1）识别需求

该需求是要明确"实施工程项目管理标准化所针对的问题是什么"。实施标准化管理一般要考虑实现项目目标的要求，具体包括质量安全、工期、成本、环境管理等。不同的项目会有不同的项目目标要求，也就是说，实施标准化管理会形成不同的需求。另外需要指出的是，在识别需求过程中，应重视业主对工程项目的期望以及由此产生的对项目管理活动的要求，这也可作为识别需求的重要内容之一。

（2）定义目标

定义目标是在识别需求的基础上，进一步确定实施工程项目管理标准化所要达到的目标，譬如加强工程质量控制、加快施工进度、改善合作绩效、降低工程费用等。

（3）标准参照

标准参照是根据现有管理标准确定在当前工程项目中实施工程项目管理标准化可以作为参照的相应标准，包括正式标准和非正式标准（标准、规程、最佳实践、管理模式等），从而为制定工程项目的管理标准体系提供参考。

（4）总结经验

分析和总结以往工程项目管理的经验，从成功的经验中提炼可参照管理的内容作为标准化对象；同时在对以往出现的事故和教训分析、总结的基础上，提出相应的预防、纠正措施，避免出现类似现象，提炼可重复标准。

（5）形成体系

参照标准，总结自身经验，对上述标准进行分析、整理，按照标准审定程序，形成一套便于实施的、完整的管理标准，并在项目中发布实施。

（6）组织学习

组织相关人员参加培训、学习，让所有成员熟悉、领会相关管理标准。

（7）执行标准

在工程项目管理过程中，通过上述已颁布的管理标准对工程项目进行管理、控制。

（8）在执行现有管理标准的同时，还应依据外部环境的变化，在对标准执行情况进行分析、总结的基础上，对原有管理标准进行完善，以确保标准的适用性。

1.4 现代工程项目信息管理

现代工程项目信息管理是指在工程管理活动的全过程中充分运用信息技术，通过工程信息资源的开发利用和共享，不断提高管理决策的效率和水平，为工程管理的目标及经营活动提供服务支持，实现工程管理整体协调发展的动态过程。

1.4.1 现代工程项目信息管理概述

工程项目管理信息化是现代工程管理的一个显著特征。信息化管理的高效便捷，提升了企业的市场竞争力，为此，政府也陆续出台了一系列促进信息化发展的文件。

1.4.1.1 工程项目管理信息化

（1）工程项目管理信息化概念及意义

从广义来讲，信息化是指培养、发展以计算机为主的智能化工具为代表的新生产力，借助计算机网络技术，有效利用人力、物力和财力等资源获取最佳效益的过程。工程项目实施信息化管理就是将现代信息技术与先进的项目管理理念相融合，优化或重组信息流，转变管理方式和工作流程，提高效率与效益，提升效能管理的过程，与上述项目的战略目标密切相关。

工程项目管理涉及建设方、设计方、施工方、监理方等多方参与者，而且工程项目具有投资大、周期长、技术难、接口多、管理协调复杂等特点，仅仅依靠传统的管理方式很难实现预期的工程目标。工程项目信息化对于改进工程项目管理，提高工效和工作质量，降低造价，提高企业市场竞争力具有十分重要的意义。

（2）工程项目管理信息化组成要素

工程项目管理信息化不能简单地等同于普及计算机或网络化，这是一个关系到整个工程项目管理现代化的系统工程。工程项目管理信息化的内部要素主要由工程信息基础设施、工程信息资源、信息化人才和信息文化组成；工程项目管理信息化外部要素包括信息基础设施环境，信息技术服务商，信息化政策法规和标准规范。

（3）工程项目管理信息化相关制度建设

一是建立信息管理制度。明确岗位职责，各管理部门各司其职，各岗位人员必须经过岗前培训，能熟练操作与项目信息化管理相关的系统、设备，设立完整的工作流程。项目部应根据需要配置计算机并搭建安全的网络，以保证项目信息化系统运行正常。

二是获取所需的数据信息。项目部应建立信息管理系统以便于项目及时、准确、安全地获得项目所需要的信息，为项目提供有效的沟通途径，为决策和追溯提供依据，信息收集方式采用人工录入或自动采集，数据必须自动汇总。汇总后的数据能以直观的方式展示，必须保证数据信息的真实性、准确性、及时性、完整性和逻辑性。

三是实现办公自动化。项目部应采用OA办公自动化系统、综合项目管理系统对项目施工全过程进行信息化管理，包括项目函件收发，工作任务下达，项目基础信息收集，以及项目合同、生产、进度、成本、资金、招投标、物资、设备、技术、质量、安全、环境、竣工、风险等项目生产活动的信息化动态管理。

四是实施全过程动态管理。在项目的招投标或施工阶段进行项目施工全过程管理。在施工现场推广使用远程视频监控系统，实施动态管理，并保证实时图像采集及图像的清晰度、网络安全，实现项目设计、成本预测、施工优化及工程质量安全分析等全周期的项目管理。

1.4.1.2 《2016—2020年建筑业信息化发展纲要》对现代工程项目信息管理的影响

（1）发布《2016—2020年建筑业信息化发展纲要》的重要意义

当前建筑业正面临新形势新挑战，这次《2016—2020年建筑业信息化发展纲要》（简称《纲要》）的发布正逢其时，契合了三个方面的发展需要。

一是贯彻落实国家信息化战略的需要。党的十八大召开以来，推进新型工业化、信息化、城镇化成为国家发展战略。中共中央办公厅、国务院办公厅发布了《国家信息化发展战略纲要》，这是规范和指导未来10年国家信息化发展的纲领性文件，文件中明确要求各地区、各部门制定好"十三五"信息化发展规划和相关专项规划。

二是顺应信息技术发展趋势的需要。近年来，BIM（建筑信息模型）、大数据、智能化、物联网、云计算等新信息技术迅速发展，不断推动着商业模式创新和社会的变革，同时带动各领域的生产模式和组织方式的变革。在以数字化、网络化、智能化为特征的信息化浪潮中，建筑业必须加快适应形势，释放信息化发展的潜能，抢占先机，谋求发展主动权。

三是助力建筑业改革创新发展的需要。建筑业作为国民经济的支柱产业，加快转型升级势在必行。信息化支撑建筑业改革发展的作用十分关键。通过加快信息化和工业化的深度融合，推动建筑业发展方式转变、提质增效，提高工程建设科技含量和建筑品质；通过发挥信息化驱动力，推进"互联网＋"行动计划，拓展建筑业新领域。

《纲要》既是贯彻落实《中共中央国务院关于进一步加强城市规划建设管理工作的若干意见》和《国家信息化发展战略纲要》的实际行动和具体举措，也是"十三五"时期建筑业信息化发展的实施方案。

（2）建筑业信息化发展的目标任务

《纲要》确立了建筑业"十三五"时期的发展目标，以全面提高建筑业信息化水平为主线，以增强BIM、大数据、智能化、移动通信、云计算、物联网等信息技术集成应用能力，建成一体化行业监管和服务平台，形成一批具有较强信息技术创新能力和信息化应用达到国际先进水平的建筑企业为核心，以数字化、网络化、智能化取得突破性进展，数据资源利用水平和信息服务能力提升为基本特征。这个目标既体现了国家信息化发展理念，也明确了建筑业推进信息化的具体方向。

《纲要》围绕企业信息化、行业监管与服务信息化、专项信息技术应用、信息化标准提出了四大任务。对勘察设计、施工、工程总承包等不同类型企业分别提出了信息化建设的主要任务。这些任务针对不同类型企业的特点和基础，指明了发展侧重点，对广大建筑业企业具有普遍的指导性和可操作性。对建筑市场监管、工程建设监管、重点工程信息化、建筑产业现代化、行业信息共享与服务五个方面提出发展要点。专项信息技术应用部分突出大数据、云计算、物联网、3D打印、智能化技术在建筑业应用发展的重点。

（3）科学把握建筑业信息化发展重点和突破点

《纲要》首次从企业、政府、行业角度，提出了新业态发展的理念。鼓励建筑业企业积极探索"互联网＋"形势下管理、生产的新模式，创新商业模式，增强核心竞争力，实现突破性发展。在"互联网＋"形势下，行业、地方主管部门要树立建筑行业格局意识，倡导支持企业创新发展。

BIM是"十三五"时期建筑业信息技术发展的重要内容。BIM应用贯穿《纲要》各个环节，从"十二五"时期的理念提出、实践发展，如今正在步入全过程应用时期，其技术优势已成为建筑业的亮点。未来一段时期，BIM必将实现建筑工程全生命周期的信息共享。广大企业要积极研究BIM、物联网等技术的创新应用，只有赢得技术优势，才能赢得未来发展。

《纲要》紧密结合住房和城乡建设部重点工作，聚焦建设领域热点，针对一些发展新领域提出了指导性意见。特别对海绵城市建设、综合管廊建设、"一带一路"中的重点工程建设、建筑产业现代化等提出了信息化发展思路。这些领域目前尚处于探索发展阶段，相应信息化工作也在摸索中，《纲要》提出参考性内容，力求树立信息化同步发展的理念，对于关系国家和行业的重大工程更要立足高起点，发挥好示范效应。

1.4.2 现代工程项目信息管理系统

现代工程项目信息管理学是在工程规模日趋扩大，技术日趋复杂，对工程质量、工期、费用的控制日益严格的形势下发展起来的新兴学科。其研究管理对象，可以是项目决策阶段的宏观管理，也可以是项目实施阶段的微观管理。在工程建设项目管理中引入现代信息技术是促进工程建设项目管理现代化、科学化的基本保证。

1.4.2.1　工程项目信息管理系统的组成

工程项目信息管理系统是指在项目管理中，有关信息、信息流和信息处理各方面的总和。项目信息管理系统有一般信息系统所具有的特性。项目信息管理系统必须经过专门的策划和设计，并在项目实施中控制它的运行。

（1）特征

现代工程项目信息管理系统具有信息收集自动化（传感技术、IC卡技术）、信息存储自动化、信息交换网络化、信息检索工具化、信息技术集成化、信息利用科学化、信息管理系统化等特征。工程项目应根据以上信息化的特征，结合项目管理的实际情况，制订战略计划，充分利用现代信息技术，逐步建立各类项目管理信息系统。

（2）数据库和应用软件开发

通过对应用系统模块和数据资源的梳理，建立工程项目信息管理系统的信息资源管理基础标准及系统功能模型、数据模型和体系结构模型，用以指导、控制和协调工程管理信息系统的数据库和应用软件开发工作，使其既能有效地为业主方的业务层、管理层和决策层服务，又能有效地为施工方和监理方的信息交换提供服务。

①信息资源规划。

工程项目管理信息化建设的基础与核心是信息资源规划。信息资源规划是指对整个工程周期所需要的信息，从采集、处理、传输到使用的全面规划。通过信息资源规划，可以梳理业务流程，搞清信息需求，建立企业信息标准和信息系统模型。用这些标准和模型来衡量现有的信息系统及各种应用，符合的就继承并加以整合，不符合的进行优化或重新开发，从而积极稳步地推进工程管理的信息化建设。其最终目的是在统一的信息平台上建成集成化、网络化的信息系统，从而形成大型工程项目管理的神经网络。

②信息资源规划建设步骤。

一是根据工程的实际情况进行信息需求分析和数据流分析。这是按职能域进行的基础性工作，包括整理、定义网上交流数据的格式和内容，对内外、上下数据流进行量化分析，对决策层、管理层和业务层信息需求的规范化描述，可为信息资源的开发打好基础。

二是建立信息资源管理基础标准，包括数据元素标准、信息分类编码标准、用户视图标准和数据库表标准等。这些标准的建立，将贯穿信息需求分析、数据建模和后续应用开发的全过程。信息资源管理基础标准的建立，是做好数据环境升档工作的基础。

三是在前两步的基础上建立功能模型和数据模型。全域和各职能域的信息系统框架是在大量分析综合工作的基础上建立的，是按系统工程的理念，由部门领导、管理人员和系统分析人员从整体上构思和把握的信息系统框架。建立工程网络／信息系统框架的目的，是使工程的投资方、承建方、监管方、信息中心负责人和信息系统开发人员在工程建设的总体规划方面达成共识，并制定统一的发展目标和实施策略，从而有效推进工程项目管理的信息化建设。

（3）具有施工参数设置功能

首先，工程项目信息管理系统应允许用户根据项目所处环境自定义相关参数，从而使系统的运行能够更加切合实际，增加信息反馈的准确性。其次，在确保项目安全和工程质量的前提下，系统应建立工程进度与成本控制之间的关系，能够根据完成的工程量，及时提供项目的计划成本，实际成本和预算成本的实时对比，最终预测成本发展趋势和提出成本控制建议。最后，由于项目管理直接面对施工现场，系统的界面设计应当尽量简单、便捷，减少输入数据的工作量，增加输入数据的各种操作提示，设置防止误操作等功能。

（4）项目信息管理软件的应用

推进施工项目信息管理软件的应用。本书表述的重点在质量控制方面，如工程质量管理是施工管理中重要的一环，具有信息量大、综合性强、技术难度大的特点，与人手操作相比，质量管理软件的优势非常明显，不仅处理时间短，结果的可靠性也高。质量管理软件系统可用于施工过程各阶段的质量控制和评定，包括各种质量评定报表的生成，各种质量评定曲线的绘制以及根据各种实测数据对分部分项工程质量等级进行评定，从而为质量管理人员对工程质量实施动态控制提供可靠的保证。

1.4.2.2 工程项目信息系统管理方法

工程项目信息系统管理是通过计算机技术、网络技术、数据库等在内的科学方法对信息进行收集、存储、加工、处理，用以辅助决策，以提高管理水平、降低管理成本、提高管理效率的活动过程。

（1）信息的收集

收集信息先要识别信息，确定信息需求。而信息的需求要从项目管理的目标出发，从客观情况调查入手，加上主观思考确定数据的范围。项目信息的收集，应按信息流程规划，建立信息收集渠道的结构，即明确各类项目信息的收集部门、收集者、收集地点、收集时间、收集方法、收集规格、收集形式等。信息的收集最重要的是保证所需信息的准确、完整、可靠和及时。

（2）信息的传递

传递信息同样也应建立信息传递渠道的结构，明确各类信息应传输到哪里，传递给何人，何时传递，采用何种方式传输等。应按信息规划规定的传递渠道，将项目信息在项目管理的有关各方、各个部门之间及时传递。信息传递者应保持原始信息的完整、清楚，使接收者能准确地理解所接收的信息。

（3）信息的加工

数据要经过加工以后才能成为信息。数据经预加工后成为预信息或统计信息，再经处理、解释后才成为信息。只有占有必要的信息，才能做出正确的决策。对项目管理信息进行加工和处理时，应明确各类信息加工、整理、处理和解释的要求，加工、整理的方式，信息报告的格式，信息报告的周期等。

对于不同管理层次，信息加工者应提供不同要求和不同浓缩程度的信息。建设项目的管理人员可分为高级、中级和一般管理人员。不同等级的管理人员所处的管理层面不同，他们实施项目管理的工作、任务、职责也不相同，因而所需的信息也不相同。在项目管理的班子中，由下而上的信息应逐层浓缩，而由上而下的信息应逐层细化。

（4）信息的存储

信息存储的目的是将信息保存起来以备将来应用，同时也是为了信息的处理。信息的存储应明确由哪个部门、由谁操作，存储在什么介质上，怎样分类，从而有规律地进行存储。要存什么信息、存多长时间、采用的信息存储方式主要应由项目管理的目标确定。

（5）信息的维护与使用

信息的维护要保证项目信息处于准确、及时、安全和保密的合理状态，能够为管理决策提供有用的帮助。准确性是指要保持数据最新的状态，保持数据在合理的误差范围以内。信息的及时性是指能够及时地提供信息，常用的信息放在易获取的地方，能够高速、高质地把各类信息、各种信息报告提供给使用者。安全性和保密性是指要防止信息受到破坏或丢失。

1.4.2.3 工程项目信息系统管理内容

（1）项目整体管理

项目整体管理包含项目计划编制、项目计划实施以及项目综合变更控制等工作。项目整体管理工作可以说是对项目各要素进行的调控和综合性的把握，通过对项目进行整体管理，可以实现对项目各个阶段、各种资源、各过程、各项目标的充分整合，使整个项目处于最优状态。

（2）项目范围管理

项目范围是由项目的目标确定的。项目范围管理工作是指对项目目标准确定义核准项目范围，而且能够根据实际情况及时更新项目范围。在这里，需要注意的一点是，一定要做该做的工作，而且是"只做该做的工作"，因为如果没有按要求完成工作，而是少做或者多做，都会产生不必要的麻烦，不利于项目的按时完成。

（3）项目时间管理

项目的时间管理是指将项目分解成不同的工作部分，进而分解成若干个活动。在此基础上对不同活动的时间进行估算，同时根据活动的特性及时间长短安排工程的进展顺序，进而确保项目能够顺利实施。

（4）项目费用管理

项目费用管理是指对项目的每项活动进行成本估算，在估算每项活动成本的基础上估算出总成本；同时，对资金进行合理的分配与控制。只有将项目资金进行合理的配置与管控，才能保证信息系统的建立有资金支持，才能保证项目能够按时完成。

（5）项目质量管理

项目质量管理指的是通过监督管理项目的质量，使该项目建成后能够满足用户的需要，同时能够保证质量，并符合相关标准。具体的工作包括质量规划、设定质量控制点、安排质量保证措施以及监控每项活动的质量等。

（6）项目人力资源管理

这项管理工作的实施能够充分发挥每个参加项目人员的效用与价值。在项目实施过程中，团队合作非常重要，通常需要所有施工人员相互协作，而这些施工人员的专业背景、工作方式以及工作习惯都各不相同，这就要求负责人力资源管理的工作人员充分发挥作用，将这些人凝聚在一起，以实现人力资源价值的最大化。

（7）项目沟通管理

信息系统的建立较为复杂，需要在建设过程中不断进行调整，这就凸显了项目成员之间沟通的必要性，项目参与人员只有进行充分的沟通与交流，才能将最新信息传递到每一位工程人员那里，进而确保工程进度一致，工程质量优良。

1.4.3　BIM信息集成技术的应用

现代工程项目BIM应用的指导思想是以工程建设法律法规、技术标准为依据，坚持科技进步和管理创新相结合，在建筑领域普及和深化BIM应用，提高工程项目全生命周期各参与方的工作质量和效率，保障工程建设优质、安全、环保、节能。信息化是建筑产业现代化的主要特征之一，BIM应用作为建筑业信息化的重要组成部分，必将极大地促进建筑领域生产方式的变革。

1.4.3.1　BIM应用基本规定

（1）定义

BIM是指建设工程的物理特征和功能特性等信息的数字化集成。BIM技术是指基于BIM的数字化承载和可视化表达等的成套技术。

（2）应用范围

BIM技术可应用于工程项目规划、勘察、设计、施工、运营维护、改建及拆除等各方面，可实现建筑全生命周期内各参与方在同一建筑信息模型基础上的数据共享，为产业链贯通、工业化建设和建筑创作提供技术保障；支持对工程环境、能耗、经济、质量、安全等方面的分析、检查和模拟，为项目全过程的方案优化和科学决策提供依据；支持各专业协同工作、项目的虚拟建造和精细化管理，为建筑业的提质增效、节能环保创造条件。

BIM技术应用模式可分为全生命周期应用和阶段性应用两种。全生命周期应用贯穿工程项目的全生命周期，包括策划与规划设计、方案设计、初步设计、施工图设计、施工、运营及拆除等阶段；阶段性应用选择工程项目全生命周期中某些阶段应用BIM技术。

（3）遵循原则

参与方职责范围一致性原则：项目BIM技术实施过程中，各参与方对BIM模型及BIM应用所承担的工作职责及工作范围，应与各参与方合同规定的项目承包范围和承包任务一致。

软件版本及接口一致性原则：项目实施过程中软件版本及不同专业软件的传递数据接口应满足数据交换的需求，以保证最终BIM模型数据的正确性及完整性。

BIM模型维护与实际同步原则：项目BIM技术应用在实施过程中，应与项目的实施进度保持同步。实施过程中，BIM模型和相关成果应及时按规定节点更新，以确保BIM模型和相关成果的一致性。

（4）BIM技术应用的主要内容

BIM技术应用单位可以根据项目具体情况，选择下列全部或部分BIM技术应用。

工程设计：应用3D可视化设计、性能模拟分析、成本分析等手段，提高建设、规划、设计和施工等单位的信息沟通水平；优化设计，减少差错，提高建筑性能和设计质量；应用BIM协同各专业设计，避免出现专业与系统间的错漏冲突，减少工程频繁变更等问题。

工程施工：应用基于4D（3D＋时间）的BIM模型，开展项目现场施工方案模拟、进度模拟和资源管理，提高工程的施工效率，提高施工工序安排的合理性；应用基于5D（3D＋时间＋成本）的BIM模型，进行工程量计算和计价，增加工程投资的透明度，控制项目投资。应用基于各分部分项工程的BIM模型，对施工现场的基坑、脚手架、模板、大型机械等进行方案优化、模拟施工、材料管理，提高施工效率，降低施工成本。

运营管理：在建筑设施、空间和应急等管理运营过程中，调用BIM模型中的建筑信息和运维信息，并在管理过程中对不足的信息加以补充，以实现降低运营成本，提高项目运营和维护管理水平的目标。

城市管理：在城市管理过程中，应用BIM模型实现城市建筑信息数据存储、利用与补充，将其作为城市建筑和市政基础设施的基础信息库，为城市建设提供支撑。

BIM应用模式确定后，应用单位可选择符合需求的BIM技术应用点组织实施。

1.4.3.2　BIM应用工作重点

根据实际需求制定BIM应用发展规划、分阶段目标和实施方案，合理配置BIM应用所需的软硬件。改进传统项目管理方法，建立适合BIM应用的工程管理模式。

（1）建设单位

全面推行工程项目全生命周期及BIM应用，并要求各参建方提供的数据信息具有便于集成、管理、更新、维护，可快速检索、调用、传输、分析和可视化等特点。实现工程项目投资策划、勘察设计、施工、运营维护各阶段基于BIM标准的信息传递和信息共享。满足工程建设不同阶段对质量管控、工程进度和投资控制的需求。

建立科学的决策机制。在工程项目可行性研究和方案设计阶段，通过建立基于BIM的可视化信息模型，提高各参与方的决策参与度。

建立BIM应用框架。明确工程实施阶段各方的任务、交付标准和费用分配比例。

建立BIM数据管理平台。建立面向多参与方、多阶段的BIM数据管理平台，为各阶段的BIM应用及各参与方的数据交换提供一体化信息平台支持。

建筑方案优化。在工程项目勘察、设计阶段，要求各方利用BIM开展相关专业的性能分析和对比，对建筑方案进行优化。

施工监控和管理。在工程项目施工阶段，促进相关方利用BIM进行虚拟建造，通过施工过程模拟对施工组织方案进行优化，确定科学合理的施工工期，对物料、设备资源进行动态管控，切实提升工程质量和综合效益。

投资控制。在招标、工程变更、竣工结算等各个阶段，利用BIM进行工程量及造价的精确计算，并将其作为投资控制的依据。

运营维护和管理。在运营维护阶段，充分利用BIM和虚拟仿真技术，分析不同运营维护方案的投入产出效果，模拟维护工作对运营带来的影响，提出先进合理的运营维护方案。

（2）勘察单位

研究建立基于BIM的工程勘察流程与工作模式，根据工程项目的实际需求和应用条件确定不同阶段的工作内容。开展BIM示范应用。

建立工程勘察模型。研究构建支持多种数据表达方式与信息传输方式的工程勘察数据库，研发和采用BIM应用软件与建模技术，建立可视化的工程勘察模型，实现建筑与其地下工程地质信息的三维融合。

模拟与分析。实现工程勘察基于BIM的数值模拟和空间分析，辅助用户进行科学决策和规避风险。

信息共享。开发岩土工程各种相关结构构件族库，建立统一数据格式标准和数据交换标准，实现信息的有效传递。

（3）设计单位

研究建立基于BIM的协同设计工作模式，根据工程项目的实际需求和应用条件确定不同阶段的工作内容。开展BIM示范应用，积累和构建各专业族库，制定相关企业标准。

投资策划与规划。在项目前期策划和规划设计阶段，基于BIM和地理信息系统（GIS）技术，对项目规划方案和投资策略进行模拟分析。

设计模型建立。采用BIM应用软件和建模技术，构建包括建筑、结构、给排水、暖通空调、电气设备、消防等多专业信息的BIM模型。根据不同设计阶段任务要求，形成满足各参与方使用要求的数据信息。

分析与优化。进行包括节能、日照、风环境、光环境、声环境、热环境、交通、抗震等在内的建筑性能分析。根据分析结果，结合全生命期成本，进行优化设计。

设计成果质量审核。利用基于BIM的协同工作平台等手段，开展多专业间的数据共享和协同工作，实现各专业之间数据信息的无损传递和共享，进行各专业之间的碰撞检测和管线综合碰撞检测，最大限度减少错、漏、碰、缺等设计质量通病，提高设计质量和效率。

（4）施工企业

改进传统项目管理方法，建立基于BIM应用的施工管理模式和协同工作机制。明确施工阶段各参与方的协同工作流程和成果提交内容，明确人员职责，制定管理制度。开展BIM应用示范，根据示范经验，逐步实现施工阶段的BIM集成应用。

建立施工模型。施工企业应利用基于BIM的数据库信息，导入和处理已有的BIM设计模型，形成BIM施工模型。

细化设计。利用BIM设计模型根据施工安装需要进一步细化、完善，指导建筑部品构件的生产以及现场施工安装。

专业协调。在施工阶段对建筑、结构、设备等各专业以及管线进行综合碰撞检测、分析和模拟，以消除冲突，减少返工。

成本管理与控制。应用BIM施工模型，精确高效计算工程量，进而辅助工程预算的编制。在施工过程中，对工程动态成本进行实时、精确的分析和计算，提高对项目成本和工程造价的管理能力。

施工过程管理。应用 BIM施工模型，对施工进度、人力、材料、设备、质量、安全、场地布置等信息进行动态管理，实现施工过程的可视化模拟，使施工方案不断优化。

质量安全监控。综合应用数字监控、移动通信和物联网技术，建立BIM与现场监测数据的融合机制，实现施工现场集成通信与动态监管、施工时变结构及支撑体系安全分析、大型施工机械操作精度检测、复杂结构施工定位与精度分析等，进一步提高施工精度、效率和安全保障水平。

地下工程风险管控。利用基于BIM的岩土工程施工模型，模拟地下工程施工过程以及对周边环境的影响，对地下工程施工过程可能存在的危险源进行分析评估，制定风险防控措施。

交付竣工模型。BIM竣工模型应包括建筑、结构和机电设备等各专业内容，在三维几何信息的基础上，还包含材料、荷载、技术参数和指标等设计信息，质量、安全、耗材、成本等施工信息，以及构件与设备信息等。

（5）工程总承包企业

根据工程总承包项目的过程需求和应用条件确定BIM应用内容，分阶段（工程启动、工程策划、工程实施、工程控制、工程收尾）开展BIM应用。在综合设计、咨询服务、集成管理等建筑业价值链中技术含量高、知识密集型的环节大力推广BIM应用。优化项目实施方案，合理协调各阶段工作，缩短工期、提高质量、节省投资。实现与设计、施工、设备供应、专业分包、劳务分包等单位的无缝对接，优化供应链，提升自身价值。

设计控制。按照方案设计、初步设计、施工图设计等阶段的总包管理需求，逐步建立适宜的多方共享的BIM模型。将设计优化、设计深化、设计变更等业务纳入统一的BIM模型，并实施动态控制。

成本控制。基于BIM施工模型，快速形成项目成本计划，高效、准确地进行成本预测、控制、核算、分析等，有效提高成本管控能力。

进度控制。基于BIM施工模型，对多参与方、多专业的进度计划进行集成化管理，全面、动态地掌握工程进度、资源需求以及供应商生产及配送状况，解决施工和资源配置的冲突和矛盾，确保工程目标实现。

质量安全管理。基于BIM施工模型，对复杂施工工艺进行数字化模拟，实现三维可视化技术交底；对复杂结构实现三维放样、定位和监测；实现工程危险源的自动识别分析和防护方案的模拟；实现远程质量验收。

协调管理。基于BIM，集成各分包单位的专业模型，管理各分包单位的深化设计和专业协调工作，提升工程信息交付质量和建造效率；优化施工现场环境和资源配置，减少施工现场各参与方、各专业之间的互相干扰。

交付工程总承包BIM竣工模型。工程总承包BIM竣工模型应包括工程启动、工程策划、工程实施、工程控制、工程收尾等工程总承包全过程中用于竣工交付、资料归档、运营维护等的相关信息。

（6）运营维护单位

改进传统的运营维护管理方法，建立基于BIM应用的运营维护管理模式。建立基于BIM的运营维护管理协同工作机制、流程和制度。建立交付标准和制度，保证BIM竣工模型在运营维护阶段依然完整、准确。

建立运营维护模型。可利用基于BIM的数据集成方法，导入和处理已有的BIM竣工交付模型，再通过运营维护信息录入和数据集成，建立项目BIM运营维护模型；也可以利用其他竣工资料直接建立BIM运营维护模型。

运营维护管理。应用BIM运营维护模型，集成BIM、物联网和GIS技术，构建综合BIM运营维护管理平台，支持大型公共建筑和住宅小区的基础设施和市政管网的信息化管理，实现建筑物业、设备、设施及其巡检维修的精细化和可视化管理，并为工程健康监测提供信息支持。

设备设施运行监控。综合应用智能建筑技术，将建筑设备及管线的BIM运营维护模型与楼宇设备自动控制系统相结合，通过运营维护管理平台，实现设备运行和排放的实时监测、分析和控制，支持设备设施运行的动态信息查询和异常情况快速定位。

应急管理。综合应用BIM运营维护模型和各类灾害分析、虚拟现实等技术，实现各种可预见灾害模拟和应急处置。

1.4.3.3　BIM应用的发展目标

（1）全国建筑业总目标

全面提高建筑业信息化水平，着力增强BIM、大数据、智能化、移动通信、云计算、物联网等信息技术集成应用能力，建筑业数字化、网络化、智能化取得突破性进展，初步建成一体化行业监管和服务平台，数据资源利用水平和信息服务能力明显提升，形成一批具有较强信息技术创新能力和信息化应用达到国际先进水平的建筑企业及具有关键自主知识产权的建筑业信息技术企业。

（2）重庆市的发展目标

重庆市制订了2017—2020年的发展目标。到2017年末，建立勘察设计行业BIM技术应用的技术标准，明确主要的应用软件，重庆市部分骨干勘察、设计、施工单位和施工图审查机构具备BIM技术应用能力。

到2020年末，形成建筑工程BIM技术应用的政策和技术体系，在重庆市承接工程的工程设计综合甲级企业，工程勘察甲级企业，建筑工程设计甲级企业，市政行业道路、桥梁、城市隧道工程设计甲级企业，施工图审查机构，特级、一级房屋建筑工程施工企业，特级、一级市政公用工程施工总承包企业掌握BIM技术，并实现与企业管理系统和其他信息技术的一体化集成应用。

从2016年起，具备建筑工程甲级设计资质的本地企业应申报1～2个BIM设计试点工程。试点工程可以是已完成设计或正在进行设计的项目。在钢结构推广和建筑产业现代化推进过程中，其工程设计应采用BIM技术。鼓励政府投资的工程项目率先采用BIM技术进行勘察、设计和施工。

从2017年起，重庆市建筑面积30000㎡以上的单体公共建筑（或包含以上规模公共建筑面积的综合体）在设计阶段必须采用BIM技术。主城各区、城市发展新区各区、万州区、黔江区、开县、云阳县建设行政主管部门应分别启动实施1～2个BIM设计示范工程。示范工程应是当年完成初步设计审批的项目。对纳入示范或规定必须采用BIM技术的工程，建设单位在申请初步设计审批时应提交BIM技术文件，施工图审查机构应采用BIM

技术对施工图设计文件进行审查。

从2018年起，大型道路、桥梁、隧道工程，三层及以上的立交工程，在勘察、设计阶段必须采用BIM技术；于当年完成勘察设计工作（以施工图审查备案时间为准），拟申请金级、铂金级绿色建筑标识的建筑项目和绿色生态住宅小区以及拟申报市级优秀勘察设计奖项的工程，在勘察、设计阶段应采用BIM技术。

从2019年起，轨道交通站点工程在勘察、设计阶段应采用BIM技术。

从2020年起，以国有投资为主的大型房屋建筑工程，轨道交通工程，大型道路、桥梁、隧道工程，三层及以上的立交工程，全市所有公共建筑，申报金级、铂金级绿色建筑标识的居住建筑和绿色生态住宅小区，申报市级优秀勘察设计、工程质量奖项的工程，在勘察、设计、施工阶段应采用BIM技术。

（3）宁波市的发展目标

到2017年底，完成BIM技术的应用发展规划，在工程项目的施工图审查、工程招投标等环节逐步推广BIM技术，初步形成BIM技术应用的配套政策和地方应用标准；通过应用试点、示范，培育一批示范骨干企业和示范型重点建设项目，以点带面推动BIM技术普及应用。宁波市甲级及以上城市规划、勘察、设计、监理、招标代理和造价咨询等企业以及施工总承包特级、一级企业和施工图审查机构基本掌握BIM技术。2017年起，部分政府投资的市重点建设项目率先应用BIM技术。

2018年起，新立项的国有资金投资的房屋建筑和道路、桥梁等建设工程普遍应用BIM技术；应用BIM技术的工程项目可优先推荐申报绿色建筑、绿色生态示范小区以及市重点建设项目先进集体。

到2020年底，形成满足BIM技术全面推广应用的系列政策、地方应用标准体系，建立与BIM技术应用相适应的项目审批与监管模式；宁波市城市规划、勘察、设计、施工、咨询服务、物业服务和运营维护等企业全部掌握BIM技术。

2021年起，新立项的建设工程项目在规划、勘察、设计、施工、运营维护等环节普遍应用BIM技术。

1.4.3.4　BIM技术实施案例

某大型项目体量巨大，是连通几个区域的多元化综合园区，基于项目专业多、体量大、造型复杂、施工质量要求高等一系列特点，项目实施方进行了从设计、施工到竣工的全专业BIM管理，包括BIM技术辅助、BIM设计管理和BIM施工管理等。

（1）概念模型构建及建设分析

利用BIM技术进行1∶1项目各概念模型创建，进行设计方案筛选，判断单体的建设体量和各单体之间的相互关系，从建设角度、建设形体进行统筹分析，最终形成项目的总体布局，并在总体布局的基础上对整个项目的场地进行分析，制订基于各个单体的总项目规划，包括不同单体之间的功能需求、造型衔接等，形成最终的建设三维效果。

（2）BIM设计技术

一是设计方案比选。在三维可视化基础上，进行基于BIM的各设计方案比选，如不同排水走向的设计方案选择，钢结构与外表皮节点衔接方式的方案比选，休息区域座椅造型及内部排水功能结合性设计方案优选等。

二是各专业模型整合检测。定期（每周）进行各专业三维模型整合及碰撞检测。充分发挥三维模型的直观性、可视化优势，并将其作为设计整合、协调的主要手段，进行每周设计BIM协调，及时发现各专业之间的碰撞问题，并进行反馈、协调，跟踪所有设计问题，利用BIM协调平台促进问题解决。

三是辅助施工图设计及设计报审。对于常规造型单体，直接从三维模型中导出平面、立面、剖面、节点底图辅助施工图设计；对于复杂衔接区域，三维辅助设计师制定大型连接钢构件造型，输出生产加工尺寸；对于复杂造型外表皮，利用1∶1模型进行板块尺寸优化、分类，输出板块加工展开图、侧面弯曲弧度图、竖向大样图等。

利用三维模型辅助设计院进行设计报审，向设计审核单位进行项目三维空间和功能介绍，提高审核单位的设计审核效率。

四是辅助结构受力分析。针对复杂造型单体或复杂造型区域，结构工程师难以通过二维图纸精确搭建受力模型，利用三维模型提取准确搭建的三维线框模型，辅助结构工程师进行结构受力分析。

五是三维设计协调和图纸会审。将传统的二维设计协调方式转变为全三维化协调方式，提高设计协调效率和协调方案可行性，同时将传统的会议纪要形式调整为包含三维模型截图和解决方案的新会议纪要形式，记录具体问题、负责人，甚至具体到每一个协调日期，使问题可协调、可追溯、可监控。

图纸会审也由传统的二维图纸会审模式转化为二维图纸＋三维BIM会审模式，以三维模型辅助进行图纸会审，提高图纸会审效率和质量，做到三维模型审核基础上的图纸会审。

六是净空优化、维修路径优化。针对多专业综合区域，包括设备、设施集中区域，根据机电、复杂钢结构、设备设施在竖向空间、操作范围要求等进行三维基础上的竖向净空优化调整，合理调整设计空间，同时对维修路径可行性、维修通道顺畅情况、维修角度、维修方式等进行虚拟漫游，优化设备、设施维修通道，提出最优维修方式，保证维修的畅通、便捷。

（3）招标辅助

利用三维设计模型，辅助审计团队进行重点、难点区域的工程量信息提取，方便业主全面了解工程量、造价及复杂造型中不同类型构件复杂程度等情况；向各投标单位介绍项目三维总体情况，重点、难点区域细节设计，方案调整过程，方便承包商快速了解项目情况，正确评估项目难易程度，准确报价。

（4）BIM施工技术

一是现场施工数据采集和施工放样。施工承包商进场进行现场数据采集，并将其展现在三维模型中，分析现场实际数据和设计之间的偏差，包括现场施工区域划分等，作为后续设计、施工作业、设备放置和运行空间、材料堆放的基础资料，有利于合理做好施工组织安排。

在三维数据基础上提取施工定位坐标，利用仪器设备进行现场施工精准放样，保证设计数据在施工过程中的最大利用，提高施工精准度。

二是三维施工深化设计及构件加工信息提取。直接进行三维基础上的施工深化，确保各专业之间无碰撞、施工空间可行，施工深化模型审核通过后，出施工深化图纸，提交审核，并用于现场施工。承包商利用审核通过后的模型进行工程量估算，加强自身施工质量管理，提高施工材料利用率。业主以此模型提取的工程量作为审计参考，综合评估承包商的费用变更。

对于预制加工构件，进行三维预制加工模型深化，正确反映构件的定位及装配顺序，设计审核通过后，直接从模型中提取构件加工尺寸信息及工程量，进行预制加工。

三是施工模拟、设备与材料管理。从施工进场开始就应进行四维施工计划模拟，将现场条件作为模拟的基础，具体到每一根构件、每一个区域的施工工序，塔吊的安放及作业周期，不同单体之间的交叉作业安排等，并在项目实施过程中，对四维模型每周进行现场情况更新，每周召开四维进度协调会议，根据进度计划，对模拟进行持续调整。

在复杂、交接区域进行重点施工方案模拟，业主、设计师、承包商、顾问等相关人员进行基于四维的施工方案讨论，从空间、时间维度考虑施工方案的可行性并不断提出建议，得出最佳施工方案。

利用四维模拟安排施工过程、施工工序，在不同时段对设备利用和放置时间、位置，以及材料的堆放和运输进行管理，寻求最高效的施工设备利用方案和材料的及时、快速供应规划。明确设备与材料管理周期，制订合理的人力资源方案进行重点管理。

四是施工质量管理和安全管理。作为设计、施工管理流程之一，设计管理团队与施工管理团队利用三维审核模型，对承包商的施工质量进行管理，记录并反馈现场施工与设计不一致的区域，发布到三维协同平台，及时召开协调会议，提出整改及调整方案。当现场整改完毕或设计调整后，三维模型将相应调整，并将模型和现场情况分别进行记录，作为施工管理文件存档。

利用三维信息对施工危险区域范围和危险时间进行分析，通过三维信息辅助制订安全保障方案，确保在危险时段、危险区域施工时有足够的安全保障措施。同时，根据施工进度安排，施工安全管理部门要有计划、有重点地进行施工安全管控。

（5）竣工模型

随着项目的竣工，要不断完善项目竣工数据，根据现场实际情况及时调整模型使之与现场施工情况一致，并在施工设备进场、安装过程中，对设备尺寸、属性、厂家等进行三维记录及复核。辅助相关部门进行分区域施工验收的同时，进行三维竣工模型验收。

（6）人性化应用

利用三维可视化，进行Wi-Fi设备放置位置及辐射范围分析，使每一个进入规定范围的人都可以最大限度地利用现场Wi-Fi设备，无形中增加了便利性。

根据当地气候特点，制定不同时间所需采取的便利措施，模拟雨季暴雨来临时的躲避路径和躲避时间，得出最优躲避方向和路径，并相应进行提醒标注；做好冬季供热设备等的放置位置和间距分析，保证人员在不同区域的受热范围和受热角度。

（7）安全性应用

利用三维项目模型、四维设备模拟，对项目运营后的安全逃生路径及逃生距离进行模拟分析，在人类安全逃生时间基础上，进行最优逃生路径分析，确定所需逃生设备尺寸及延展范围，探索不同的逃生方式、方法，规划安全逃生设备的放置位置和数量、事故发生后的到位时间及设备之间的最优工作安排，并对最长、最短逃生时间内逃生人流进行四维模拟分析。

（8）建立BIM工作规范和标准

在整个项目实施过程中，根据项目的实施情况，反复协商，制定合理、可行的整体BIM目标，搭建各单位之间的合作框架及BIM协同平台，不同阶段的BIM实施方案、建模标准和BIM工作流程。在阶段性BIM工作推进过程中，根据参与单位的能力情况，机动化调整工作方式以及工作流程，确保项目的顺利实施。以帮、带、管的综合方式进行基于项目的BIM管理，确保项目BIM目标的达成。

1.4.3.5　质量检测信息系统实施案例

（1）云南工程质量检测信息系统

云南工程质量检测信息监管体系的主要内容包括：监管覆盖的对象范围，监管系统基本功能与运行环境要求；检测数据传输的通信格式、通信协议，检测数据自动采集的试验参数范围，采集系统软件与硬件参数要求；检测参数编码的标准化要求；检测报告编号编码标准化要求及检测报告编制的规范化要求。

①有效控制共性问题。

一是超资质出具试验报告的问题。平台对检测机构计量认证参数、试验人员上岗资格与检测机构管理软件实行实时同步，检测机构计量认证参数、试验人员上岗资格统一由平台控制，无计量认证参数的检测机构、无上岗资格的试验人员在试验检测管理系统内自动被限制出具超参数、超上岗证的试验报告，有效控制了无证也能做试验、出报告的混乱局面。

二是假试件、无试件出具试验报告的问题。平台对施工现场见证取样样品进行二维码唯一性标示，同步将施工现场的见证取样人员、取样时间、地理位置坐标及唯一性标识与照片信息上传至工程质量监管平台，并对送检、试验、试验报告各环节进行溯源，保证见证取样、试验环节相关性与试样的真实性。

三是随意修改原始数据的问题。通过对力学试验机、桩基检测设备进行物联网改造，实现计算机全自动控制试验过程、自动数据采集，采集系统将试验过程中的各种关系曲线、破型照片、视频监控影像自动记录并上传至监管平台，试验室检测管理系统自动对检测报告的修改过程信息进行记录，可有效避免试验检测机构随意修改原始数据问题，自动把未经授权修改报告行为与信用库关联，形成检测机构、试验人员不良行为记录。

四是错误使用标准的问题。检测机构使用的标准由平台统一下发，解决了部分检测机构由于标准更新等原因引发的标准使用错误问题。

②具备检测业务的功能。具备检测合同、委托受理、样品管理、试验检测、报告管理、质量管理、数据自动采集等业务管理功能。检测业务管理严格依据建设工程质量检测信息化监管标准化体系进行功能设计，同时满足检测机构业务处理与工程质量监管要求，标准体系内的监管规则应能同步贯穿检测机构的日常业务处理过程，对检测机构的日常检测行为进行实时动态监管。

③信息交互系统的设计。信息交互系统是监管平台与试验室管理系统进行通信的桥梁，主要用于处理监管平台中的行业管理规则、企业与人员的资质信息下发，检测机构日常试验原始数据、试验报告及日常行为信息上传。考虑到保密性与互联网通信标准的要求，信息交互的内容经DES加密后采用XML格式对数据包封装，通过HTTP协议与SOAP协议进行信息传输。

④虚假试验报告防范与识别方法。

一是试验报告编号的唯一性设计。依据《房屋建筑与市政基础设施工程检测分类标准》（JGJ/T 181—2009），对试验参数按工程材料、工程实体、工程环境三个检测领域进行分类编码，保证检测参数编号的唯一性。报告编号按照检测机构编号（3位）＋检测参数分类编号（4位）＋年份

（2位）＋报告流水号（6位）组成，保证每份试验报告在全省范围内具有唯一性特征。

二是试验报告加密标签。打印试验报告时自动将编号、检测机构名称、工程名称、委托单位、试验参数名称、试验结果、检测结论等关键信息通过特定的加密算法生成二维码标签，附在试验检测报告内作为试验报告的唯一标识，并采用解密识别软件进行防伪识别。

（2）成都建设工程材料检测监管系统

为加强施工现场材料质量管理，成都市建委组织开发了"成都市建设工程材料检测监管系统"。该系统利用二维码芯片等信息技术对建设工程送检材料见证取样和送检过程进行跟踪管理，并通过与检测机构的软件数据对接获取检测报告及收样数据，解决送检样品和进场材料不符、篡改或伪造检测报告等问题，确保检测结果真实可靠。目前，该系统运行正常，总体情况良好。

成都市区域内在建工程进场材料的取样、见证、送检及检测报告出具分步骤全部被纳入该监管系统管理。第一批实施检测监管的材料包括：用于承重结构的混凝土试块；用于承重墙体的砌筑砂浆试块；用于承重结构的钢筋及连接接头试件；用于墙体的砖和混凝土小型砌块；地下、屋面、厕浴间使用的防水材料。

各单位分工明确、各司其职。施工单位做好送检材料取样、送检工作，并通过系统完成样品信息录入；监理单位（或建设单位）在施工单位取样及送检环节进行现场见证，通过系统打印生成二维码标识，完成标牌绑定及样品封装工作，拍照记录见证情况并上传相关信息到系统；检测单位收样时应严格检查样品的二维码标识是否完好，扫描样品二维码，通过监管系统核对样品信息，将收样编号与该样品的二维码标识进行关联，相应的检测报告和检测数据应及时上传到监管系统。

2016年7月1日前各施工现场、检测机构应分别参照《成都市建设工程材料检测监管系统建设、施工、监理、检测单位作业指导书》及《成都市建设工程材料检测监管系统接口说明书》，做好系统应用的准备工作和检测管理系统的改造升级及集成工作。

按规定，施工现场的送检样品未按要求粘贴二维码标识或二维码标识不完整的，检测机构不得收取。检测机构出具的检测数据、检测报告如未按要求上传系统的，其检测报告不得作为工程质量验收依据。

质量监督机构应通过监管系统加强对见证取样、送检等环节的监督管理，推行见证取样及检测报告在线查询。系统运行情况将纳入信用综合评价体系进行管理。

（3）邵阳二维码见证取样信息系统

邵阳市发布邵质通字〔2017〕09号文件，要求质监站各科室及各建设工程质量检测机构、建设单位、施工单位、监理单位、预拌混凝土公司贯彻落实住房和城乡建设部《关于推进建筑业发展和改革的若干意见》（建市〔2014〕92号）精神，邵阳市住建局《邵阳市工程质量安全提升行动实施方案》（邵建发〔2017〕64号）和《2017年邵阳市建设工程质量监督工作要点》的要求，研究决定在邵阳市区推广使用建设工程质量检测监管信息系统（以下简称监管系统）。

该系统由部署在市质监站的监管系统通过互联网实现工程质量检测数据的自动采集、实时上传和在线监控，形成对全市检测机构资质、人员、设备、检测行为和信用等的统一监管，从而预防和查处超资质范围承接业务、资质挂靠、人员挂靠以及出具虚假检测报告等各种违法违规行为。

按照"统一规划、分步实施、有序推进"的原则，市质监站于2017年7月1日前正式运行监管信息系统平台。依法取得资质的建设工程质量检测机构，建设、施工和监理单位均纳入监管系统统一接受监管。

取样员、见证员应在手机终端安装见证取样系统，送检样品现场植入或绑定二维码标识并录入样品信息、人员信息、取样地理位置信息及相关过程照片等。对送检样品进行封样、送检，并要求见证取样系统与监管信息系统互联互通。

施工现场制作用于抗压强度检测的试块必须是边长为150 mm的立方体试件，抗折强度试块必须是边长为150 mm×150 mm×600 mm（或550 mm）的棱柱体试件，在制作试件的同时植入二维码唯一性标识。预拌混凝土公司制作的抗压强度试块必须是边长为100 mm的立方体试件，抗折强度试块必须是边长为100 mm×100 mm×400 mm的棱柱体试件，试件不需要植入二维码唯一性标识。

检测机构应有序推进检测管理系统（利用计算机技术、网络通信技术等信息化手段，对工程质量检测信息进行采集、处理、存储、传输的管理系统）的建设工作，并在2017年7月1日前完成扫描二维码收样系统、检测数据自动采集系统（钢筋、混凝土、砂浆、水泥、砌块及基岩等力学检测试验设备）的改造，实现与监管信息系统平台的互联互通。

2017年10月1日起，送检样品现场植入或绑定二维码标识，相关见证取样信息实时上传。送检样品经扫描由见证取样系统自动生成二维码委托单后，检测机构才能进行收样检测（预拌混凝土公司和私人建房可不实施该规定），其检测报告应统一格式，具有防伪二维码的监管标识，同时自动实时上传。

科学的信息化监管措施能有效监控检测数据的真实性、完整性和时效性，及时跟踪不合格检测结果及其处理情况，对检测报告签发实施管控，实现全市建设系统工程质量检测的信息化联网管理。

§2 业主质量管理

本章从业主的角度，分析如何做好城市道路建设工程前期策划及工程实施时的质量控制，并提出质量控制的策略，为业主开展工程项目管理提供一些借鉴。

2.1 业主的质量责任

《建设工程质量管理条例》规定了业主的质量责任和义务。业主是建设工程投资人，在工程质量安全管理制度和责任体系中，应全面落实各方主体的质量安全责任，特别是业主本身的首要责任和对勘察、设计、施工单位的主体责任。

2.1.1 建立项目法人责任制

业主项目法人是指业主法定代表人或经法定代表人授权，代表业主全面负责工程项目建设全过程管理，并对工程质量承担终身责任的人员。本书以政府投资项目为例，项目法人责任制是指项目法人对政府投资建设项目的策划、资金筹措、建设实施、竣工验收实行全过程负责的项目管理制度。

项目法人应遵守规划、环保、土地、劳动、安全、消防、建筑等有关法律法规，实行招投标、监理、合同和总承包管理。除涉及国家安全、国家秘密的政府投资建设项目外，项目法人对建设项目的实施应当分事前、事中、事后三个环节向社会公示，接受社会公众的监督。

2.1.2 业主的质量责任和义务

业主应当科学组织管理，落实国家法律、法规、工程建设强制性标准的规定，严格执行国家有关工程建设管理程序，建立健全项目管理责任机制，完善工程项目管理制度，严格落实质量责任制。

2.1.2.1 项目前期工作中的责任和义务

根据国民经济和社会发展中长期规划、区域规划和发展建设规划，及时研究策划具体的政府投资项目，并对投资的规模和内容提出初步构想。

依照有关规定委托工程勘测、设计及咨询机构对政府投资建设项目的功能、规模、工程技术方案等进行研究、比较和评估。重大投资项目必须组织有关专家进行充分论证。

按照节约投资、提高效益的原则，依法委托有相应资质的单位编制项目建议书、可行性研究报告（含经济指标评估分析）、初步设计和概算总投资，并负责组织审核，切实优化项目设计方案。

按照政府投资建设项目审批流程，及时申报办理发改、建设、规划、土地、环保和其他必需的行政许可手续，负责落实项目开工的各项条件。明确项目建设资金来源，落实项目自筹资金，对符合资本金制度的投资项目，应当按照资本金制度的要求，全额落实项目的资本金。

依法组织并配合所在地政府和有关部门做好项目征地、拆迁、安置工作。

2.1.2.2 项目实施中的责任和义务

业主应当与勘察、设计、施工、监理等单位在合同中明确工程质量目标、质量管理责任和要求，加强对涉及质量的关键人员、施工设备等方面合同履约的管理，组织开展质量检查，督促存在质量问题的单位及时整改。

（1）依法组织发包

依法组织发包，不得将工程发包给个人或不具有相应资质等级的单位；不得将一个单位工程的施工分解成若干部分发包给不同的施工总承包或专业承包单位；不得将施工合同范围内的单位工程或分部分项工程另行发包。整体项目的勘察、设计、施工、监理以及与工程建设有关的主要设备材料采购等，达到招标规模（限额）的，必须进公共资源交易中心依法实行招标，严禁规避招投标。

在招标前期，业主应及时提交招标申请，防止招标前期工作准备不充分、申请不及时影响项目实施。不具备自行编制条件的，应当及时委托招标代理机构办理。在委托招标代理过程中，不得对招标代理机构提出不符合规定的要求。对招标文件中存在的违规内容或不公平条款，应及时修订，避免在合同实施时出现争端。公开招标的，应当及时在国家及指定的报刊、信息网络或其他媒介发布招标公告；邀请招标的，应当及时发送邀请函。严格按照招标文件和中标人投标承诺文件的内容签订施工合同和监理合同，明确合同履约责任，并报财政部门备案。

（2）履行监督职责

提出合理造价和工期要求。在组织发包时应当提出合理的造价和工期要求，不得迫使承包单位以低于成本的价格竞标，不得与承包单位签订"阴阳合同"，不得拖欠勘察设计费用、工程监理费用和工程款，不得任意压缩合理工期。确需压缩工期的，应当组织专家予以论证，并采取保证工程质量安全的相应措施，支付相应的费用。

组织编制工程概算时，应当将建筑工程安全生产措施费用和工伤保险费用单独列支，作为不可竞争费，不参与竞标。

提供真实、准确、齐全的原始资料。业主负责向勘察、设计、施工、工程监理等单位提供与工程有关的真实、准确、齐全的原始资料，严格执行施工图设计文件审查制度，及时将施工图设计文件报有关机构审查，未经审查批准的，不得使用；发生重大设计变更的，应送原审图机构审查。

办理质量、安全监督手续，领取施工许可证。业主应在项目开工前按照国家有关规定办理工程质量、安全监督手续，申请领取施工许可证。实行监理的工程，应委托工程监理单位进行监理。

加强监督检查，防止中标人将工程项目进行转包或以分包名义进行转包。重点对项目经理、施工管理人员、监理人员履职情况，施工设备到位情况，施工材料、构配件进场情况以及施工进度情况进行监督、检查和验收。对施工单位存在的问题，应督促整改；问题严重的，提请相关主管部门予以查处。

按项目设计批准文件进行施工，未经批准不得擅自变更设计方案。确需变更设计并需要增加政府投资超过规定范围的，须报原设计审批部门审核批准。

（3）建立投资、进度、质量控制体系

执行工程造价控制等有关规定，防止超概算。项目建设资金应专户管理，专款专用，分账核算，规范归集。编制财务计划，合理分配和使用资金，杜绝不合理开支。对其他出资人与政府共同投资建设的项目，应督促出资人按照政府投资计划要求或合同约定，按比例及时、足额拨付资金到位，并与政府资金实行同一账户管理。

制订工程进度控制计划，并按计划组织实施，确保项目按期完工。

建立健全工程质量管理制度。建立现场质量自检体系，对工程重要结构部位和隐蔽工程建立质量预检和复检制度。项目法人不得以任何方式要求设计、施工单位违反工程建设强制性标准，降低工程质量；不得以任何方式要求检测机构出具虚假报告；不得以任何方式要求施工单位使用不合格或者不符合设计要求的材料、构配件和设备；不得违反合同约定，指定承包单位购入材料、构配件和设备，或指定生产厂商。

2.1.2.3　竣工验收和使用管理中的责任和义务

组织竣工验收。项目建成后，应在规定的时间内完成工程结算、竣工决算和竣工验收。同时，对施工、监理、设计、勘察单位提供的竣工验收资料和竣工报告要严格把关，做到资料完整、手续齐全、程序到位。一般情况下，可组织施工、监理、设计等单位对项目进行初步验收，并在初步验收合格后，依照有关规定组织有关部门和专家对项目进行竣工验收。对竣工验收中发现的问题，应及时做出整改决定，落实整改措施，限期整改到位。编制工程结算和整体项目竣工财务决算，应报财政部门审核、审批，并及时配合审计部门依法对项目进行竣工决算审计。

竣工验收合格后，应及时移交投入使用。按照国家有关档案管理的规定，及时收集、整理建设项目各环节的文件资料，建立、健全建设项目档案和工程各方主体项目负责人质量终身责任信息档案，并在工程竣工验收后，及时向建设主管部门或者其他有关部门移交建设项目档案及各方主体项目负责人的质量终身责任信息档案。

项目竣工后的使用管理。对融资建设或经营性的项目，应制订相应的债务偿还计划和生产经营计划，做到债务按期偿还、经营正常运转、资产保值增值。组织并支持有关机构和专家对项目投资效益进行评价。

2.2　项目前期策划与质量控制

城市道路建设工程质量管理的重要环节就是前期策划的质量控制，尤其是对于业主方而言，做好建设前期策划的质量控制是极有必要的，这关系到建设工程项目能否顺利进行。

2.2.1 项目前期策划概述

建设项目的前期策划既包括项目建设前期阶段的构思、融资等开发策划，还包括项目组织、目标控制及采购等实施阶段的策划，以及项目运行维护阶段的策划。

2.2.1.1 前期策划的概念

项目前期策划是指在工程建设前期通过认真周密的调查工作明确项目的建设目标，构建项目的系统框架，完成项目建设的战略决策，并为项目的有效实施提供指导，为项目的成功运行奠定基础。需要强调的是项目的前期策划不是指对项目建设前期这一阶段进行策划，而是指在项目建设前期这一阶段对工程整个生命周期的各个阶段和过程进行策划。

同样，工程项目前期的质量策划是决定工程项目质量的关键阶段，直接影响工程项目在后期实施及运行阶段的工作质量和工程质量。依照国际标准化组织的定义，质量策划是指致力于设定质量目标并规定必要的作业过程和相关资源以实现其质量目标的活动。它是组织建立在质量方针的基础上，确定质量目标，并为实现该目标采取措施，包括识别和确定必要的作业过程，配置所需的资源，从而确保达到预期的质量目标所进行的一系列统筹安排的过程。

根据此定义，工程质量策划就是工程项目管理机构制定质量目标，规范质量管理过程，建立质量管理组织，识别质量管理资源等一系列质量管理相关活动。因此，工程质量策划必须具有针对性，不同的工程项目应该针对项目所处的不同情况做出相应的质量策划。其结果应形成文件，如质量计划或按组织运作需要的其他管理文件。

2.2.1.2 前期策划的类型

（1）前期构思策划

工程前期构思策划是从项目最初构思方案的产生到最终构思方案形成的一个过程，即项目构思的产生、项目定位、项目目标系统设计、项目定义的全过程。

其中，项目定位是根据国家、地区发展的总体规划，在环境分析的基础上，明确项目的地位、影响力、品质、规模和标准，也就是说，项目定位将决定项目的建设目标。

（2）实施阶段的策划

实施阶段的策划包括项目的组织策划、目标控制策划和采购策划。其目的是将构思策划所形成的建设意图变成行动方案，并达到预定的建设目标。

项目的组织策划包括项目管理机构的组织策划和实施方式的策划。前者是为了达到既定的目标，使全体参加者经分工协作，设置不同层次的权利和责任制度而构成的一种人员的最佳组合体；后者是对项目的实施方式以及实施过程建立系统化、科学化的工作流程组织模式。

项目的目标控制策划包括过程分析、环境调查、方案确立和措施制定等。工程项目通常以投资、工期、质量、安全和环境为目标，而工程项目目标控制就是通过对上述工程目标的各种影响因素的分析，采用科学的方法和手段对工程目标进行有效控制，保证项目按时保质完成。

项目计划的实施。如城市道路建设计划是城市道路建设最直接的依据。编制城市道路建设计划必须符合城市总体规划、近期建设规划和城市交通规划，符合时序性、系统性的原则。

一是城市规划要有一定深度，保持它的超前性和刚性，以便于付诸实施。

二是建立动态的道路项目储备库。

三是根据城市规划和城市道路建设中长期计划，合理筹措建设资金。在资金允许的范围内，从道路项目储备库中科学、系统地逐年选取有关道路建设项目，编入城市道路建设计划。

四是公开编制道路建设计划。

五是建立道路建设计划执行情况的反馈机制。

项目的采购策划是指从工程项目系统外部获得货物、土建工程和服务的整个采办过程。通常包括项目管理咨询服务的采购、项目设计咨询的采购、项目施工承包企业的采购、供货单位的采购，以及所需材料和设备的采购等。

（3）项目运营阶段的策划

项目的运营阶段是项目生命周期内时间最长的阶段，也是直接产生投资效益的阶段。该阶段的策划只有与项目的开发策划、项目的实施策划相结合，才能达到最好的效果。

2.2.1.3 前期策划的质量控制要点

根据工程项目前期策划的不同种类，其质量工作要点包括下列内容。

（1）项目开发阶段的质量控制要点

明确项目的定位，做好项目的调查分析、目标系统设计，并进行项目定义。

选择合格的融资渠道；正确分析投融资风险；选择适用的融资方式；拟订周密的还款计划。

（2）项目实施阶段的质量控制要点

选择合理的项目管理机构组织形式、管理模式，制定工作流程设计纲要。

详细分析目标控制的过程和环节，确定目标控制的原则，调查目标控制的环境，并制定总投资、总进度及质量策划纲要。

做好采购模式的总体策划，做好管理咨询单位、总承包单位、设计单位、施工单位及供货单位的采购策划。

2.2.2 项目前期策划质量控制措施

2.2.2.1 执行基本建设程序的原则

建设工程必须严格执行基本建设程序，按照国家有关规定履行报批手续。工程基本建设程序包括编制项目建议书，出具可行性研究报告，提供初步设计文件，出具开工报告和竣工验收等环节。

（1）坚持"先勘察，后设计，再施工"的原则

工程建设应坚持"先勘察，后设计，再施工"的原则，严禁任何部门、地区和项目法人擅自简化建设程序、超越权限、化整为零进行项目审批。对违反建设程序和审批权限的，要追究有关单位及其领导人的责任。

（2）坚持"公开，公平，公正"的原则

根据工程项目的特点和技术要求，确定合理标段、合理工期、合理造价，并按照国务院行业行政部门规定，通过项目招投标选择具有相应资质的勘察、设计、监理、施工等单位，并应分别签订合同，实行合同管理。合同文件必须有工程质量条款，明确各项工程和材料的质量标准和合同双方的质量责任。

（3）严格把好工程建设前期策划工作的质量关

建设工程项目的项目建议书、可行性研究报告、初步设计文件，必须按照国家规定的内容，达到规定的工作深度。各级项目审批机关对前期工

作达不到规定要求和工作深度的项目不得审批。

（4）严格实行项目决策咨询评估制度

建设工程可行性研究报告未经有资质的咨询机构和专家的评估论证，有关审批部门不予审批。重大项目的项目建议书也要经过评估论证。咨询机构要对出具的评估论证意见承担责任。对评估论证意见严重失实的，要依法降低其资质等级等。

2.2.2.2　工程项目建议书的内容及要求

编制项目建议书是工程项目基本建设工作的重要组成部分，它既是工程立项的依据，同时又是开展前期建设工作的指令性文件。凡总投资在某限额如300万元以上的建设项目，一般均应首先编制项目建议书。

项目建议书应阐明项目建设的必要性，确定工程建设规模，选择施工工艺，评估社会、经济效益等。具体编制可参考以下内容：项目建设的必要性和依据，拟建规模和建设地点的初步设想，资源或原材料、建设条件等方面的初步分析，投资估算和资金筹措考虑，项目进度的初步安排，经济、社会效益的初步估算。

2.2.2.3　工程项目可行性研究的内容及要求

可行性研究是在项目未立项或投资前期，对一项投资或研究计划进行全面调查研究、分析比较，探讨各种可能方案并进行优化，进而对项目的可行性做出评价的一种活动。这项活动是基本建设程序的组成部分，是基本建设前期工作的重要内容。

（1）原则要求

可行性研究是要对建设项目的各个方面进行深入细致的调查研究、分析计算和多方案比较，从而得出工程是否应该建设和如何建设的基本意见，为投资决策提供依据。

其原则要求如下：确定建设项目和编制设计文件的依据；筹措资金，特别是向银行贷款的依据；编制新技术研究、新设备研制规划的依据或参考资料；开展建设前期工作，如补充地质勘探、补充试验，以及与建设项目相关部门签订协作协议、大型设备预订和其他工作的依据；引进技术、设备时与外商谈判、签约的依据。

（2）可行性研究报告的主要内容

总体概述项目情况，说明项目的依据、委托方要求、项目历史、遵循的原则和指导思想、工作范围、基础资料、在研究中得出的主要技术和经济分析结论、建设工程进度、存在的问题和建议等。

拟定建设地区和建设地点的方案。建设地区是指项目坐落的地理区域，建设地点是具体坐落的地点。

项目设计方案。按建设规模要求，结合建设地址的具体条件制订多种设计方案。经过技术经济分析比较，选择技术先进、经济合理的施工工艺，并计算工程量。

实施计划进度安排。制订切合实际的实施计划，科学合理地安排进度，使周期内从筹建、设计、招标、施工、竣工验收到试运行的各个阶段，以及外部协作工程的实施，都能紧密结合和合理交叉，这是保证项目获得成功的重要因素之一。

投资估算和资金筹措。

（3）可行性研究报告的审批

大中型建设项目的可行性研究报告，通常由主管部门，各省、自治区、直辖市负责预审，报国家发改委审批，或由国家发改委委托有关单位审批。重大项目和特殊项目的可行性研究报告，由国家发改委会同有关部门预审，报国务院审批。小型项目的可行性研究报告，按隶属关系由主管部门，各省、自治区、直辖市负责审批。

可行性研究报告和有关报告，按项目大小应在预审前一至三个月内提交预审主持单位。预审单位认为有必要时，可委托有关方面提出咨询意见。预审主持单位组织设计、科研、企业等有关方面的专家参加，广泛听取意见，对可行性研究报告提出预审意见。如发现可行性研究报告有原则性错误，或基础依据、社会环境条件有重大变化时，应由原编制单位进行修改，再提请复审。

2.2.2.4　建设工程的招投标原则

工程招标、投标活动过程应坚持公开原则、公正原则、平等竞争原则，以及择优选择承包单位的原则。

公开原则是指建设工程的交易活动即招标活动，应当公开进行，不允许进行私下交易。发包方应当公开披露工程发包信息，承包方应当根据自身实力，根据发包方的要求进行投标，发包单位组织的开标、评标、定标过程，也应当依法进行。

公正原则更多地体现在开标、评标、定标活动过程中。根据我国目前有关招投标的规定，开标的时间、开标的组织以及开标的形式都必须依法进行。评标要组织评标委员会或评标小组，以体现评标过程的公正、合理、科学及合法性。评标结束后，应由评标小组交业主审批后方可发中标通知书，并签订承包合同。

平等竞争原则包括两方面的含义：一方面，发包方应当根据公开、公正的招标原则，为承包方创造一个平等竞争的机会；另一方面，在投标过程中，投标方都处于平等竞争的地位，不允许任何一方享有任何特权。

公开、公正、平等竞争的原则是保证择优选择承包单位的条件，也是择优选择承包单位的基础。根据我国有关规定和国际惯例，"择优选择承包单位"包含了"合理价中标"的原则。因为，最低价中标单位在实践中往往因压低合理造价而偷工减料，导致工程出现质量问题。

2.2.2.5 建设工程施工许可证的申领

建设工程开工前，建设单位应当按照国家有关规定向工程所在地县级以上人民政府建设行政主管部门申请领取施工许可证。其目的是通过对建设工程施工所应具备的基本条件的审查，进行事前控制。

（1）建设工程施工许可证申请条件

要申请建设工程施工许可证，应满足以下条件：已经办理该建设工程用地审批手续；在城市规划区的建设工程，已经取得规划许可证；需要拆迁时，其拆迁进度符合施工要求；已经确定施工企业；有满足施工需要的施工图纸及技术资料；有保证工程质量和安全的具体措施；建设资金已经落实；法律、行政法规规定的其他条件；已按规定办理质量安全监督手续。

（2）施工许可证的有效期限

按规定，建设单位应当自领取施工许可证之日起三个月内开工，因故不能按期开工的，应当向发证机关申请延期；延期以两次为限，每次不超过三个月。既不开工又不申请延期或者超过延期时限的，施工许可证自行废止。该工程施工许可证废止后，建设单位须按规定重新领取施工许可证。

2.3 施工阶段业主质量管理

工程安全质量关系人民生命财产安全，业主作为建设工程安全质量管理最为重要的参与者，发挥着重要作用。若想使工程投入成本最低，避免安全质量事故发生，获得最佳的社会效益和经济效益，必然要做好工程的质量控制，如果出现返工，发生安全质量事故，不但影响工程进度，也直接影响着工程的成本。

2.3.1 业主的质量控制措施

在重大工程领域，仍有一些项目前期工作准备不足、深度不够，不顾客观条件盲目抢时间、赶进度，安全质量管理不严，责任制度未真正落实，造成工程质量下降，安全隐患增加，工程安全质量形势面临严峻挑战和考验。为深入贯彻落实科学发展观，保证重大工程安全质量，业主应采取下列安全质量管理措施。

（1）建立质量管理体系

业主应建立健全质量管理机构，并配备专职质量管理人员，其人员数量应与建设规模、管理要求相适应，管理人员资格、专业应与工程类别相配套。建立完善的质量管理体系，明确各级机构、各部门、各岗位的质量责任，并建立相应的考核、奖惩机制。同时，根据工程特点，在项目管理的文件中明确质量管理内容，其内容应符合相关法律、法规及规范性文件规定，具有针对性和可操作性，满足工程建设管理的需要。

（2）科学确定工程建设周期

科学确定并严格执行合理的工程建设周期是保证工程安全质量的重要前提。

科学确定合理工期。建设单位要根据实际情况对工程进行充分评估、论证，从保证工程安全和质量的角度，科学确定合理工期及每个阶段所需的合理时间。要严格按照基本建设程序，严防边勘察边设计边施工的情况出现。

严格执行合理工期。在工程招标投标时，要将合理的工期安排作为招标文件的实质性要求和条件。要严格按照施工图招标，不能预招标或边设计边招标。与中标方签订的建设工程合同应明确勘察、设计、施工等环节的合理周期，相关单位要严格执行。

严肃工期调整。建设工程合同要严格规定工期调整的前提和条件，坚决杜绝任何单位和个人任意压缩合同约定工期，严禁领导干部不顾客观规律随意干预工期调整。确需调整工期的，必须经过充分论证，并采取相应措施，通过优化施工组织等，确保工程安全质量。

（3）充分做好工程开工前的准备工作

工程开工前的准备工作是保证工程安全质量的基础环节。具体包括规划、可行性研究、初步设计、招标投标、征地拆迁等各阶段的准备工作。

建立工程安全质量评估管理制度。对工程建设过程中可能存在的重大风险进行全面评估，并将评估结论作为确定设计和施工方案的重要依据。实行工程安全风险动态分级管理，要针对重大风险编制专项方案和应急预案。

对前期工作中的各环节都要加强风险管理。规划阶段要不断优化工程选线、选址方案，尽量避免风险较大的敏感区域。可行性研究报告要对涉及工程安全质量的重大问题进行专门分析、评价，提出应对方案。工程初步设计必须达到规定深度要求，严格执行工程建设强制性标准，提出专门的安全质量防护措施，并对施工方案提出相应要求。工程开工前要切实做好拆迁和安置工作，减少工程安全质量隐患，为项目顺利实施创造良好的外部环境。

工程招标投标要体现安全质量要求。建设单位应将强制性安全与质量标准等作为招标文件的实质性要求和条件。施工单位要按照《高危行业企业安全生产费用财务管理暂行办法》的有关规定提取安全生产费用，并列入工程造价，在竞标时不得删减。招标投标确定的中标价格要体现合理造价要求，建立防范低于成本价中标的机制，杜绝造价过低带来的安全质量问题。勘察、设计、施工、物资材料和设备供应等环节的招标投标合同要对工程质量以及相应的义务和责任做出明确约定。

（4）切实加强工程建设全过程安全质量管理

工程的实施是项目建设的中心环节。建设、勘察、设计、施工、监理单位等有关方面应认真贯彻执行《建设工程质量管理条例》和《建设工程安全生产管理条例》，切实提高安全质量意识，强化安全质量管理，确保工程安全质量。

建设单位要全面负起管理职责。建设单位是项目实施管理总牵头单位，要根据事前确定的设计、施工方案，组织设计、施工、监理等单位加强安全质量管理，确保工程安全质量。要认真执行工程的安全设施与主体工程同时设计、同时施工、同时投入生产和使用的有关规定。要定期和不定期地对安全质量管理体系运行情况，对勘察设计单位、施工单位和监理单位落实安全质量责任情况进行检查。

加强设计服务，降低工程风险。设计单位要加强项目实施过程中的驻场设计服务，了解现场施工情况，对施工单位发现的设计错误、遗漏或对设计文件的疑问，要及时予以解决，同时对施工安全提出具体要求和措施。要根据项目进展情况，不断优化设计方案，降低工程风险。

加强施工管理，切实保障工程安全质量。施工单位要按照设计图纸和技术标准进行施工，严格按照有关安全质量的要求，认真落实设计方案中提出的专门针对安全质量的防护措施，对列入建设工程概算的安全生产费用，不得挪作他用；要加强对施工风险点的监测管理，根据标准规程，科学编制监控量测方案，合理布置监测点。

加强工程监理，减少安全质量隐患。监理单位应认真审查施工组织设计中的安全技术措施，确保专项施工方案符合工程建设强制性标准。要发挥现场监理作用，确保施工的关键部位、关键环节、关键工序监理到位。落实安全监理巡查责任，履行对重大安全隐患和事故的督促整改和报告责任。

建立施工实时监测和工程远程监控制度。建设单位应委托独立的第三方监测单位，对工程进展和周边地质变形情况等进行监测、分析，并及时采取防范措施。建立工程远程监控网络系统，接收并及时分析处理施工现场信息，强化工程安全质量的信息化管理。

强化竣工验收质量管理。要严格按照国家有关规定和技术标准开展竣工验收工作，将工程质量作为工程竣工验收的重要内容。工程质量达到规定要求的，方可通过竣工验收；工程质量未达到要求的，要及时采取补救措施，直至符合工程相关质量验收标准后，方可交付使用。

（5）严格落实安全质量责任

要切实提高安全质量责任意识，严格落实有关各方责任，建立各负其责、齐抓共管的工程安全质量责任约束机制，有效保障工程安全质量。

严格落实工程安全质量责任制。建设单位对项目建设的安全质量负总责，勘察设计单位对勘察、设计安全质量负责，施工单位对建设工程施工安全质量负责，监理单位对施工安全质量承担监理责任。相关单位违反国家规定，降低工程安全质量标准的，依法追究其责任。由此发生的费用由责任单位承担。

强化注册执业人员责任。注册建筑师、勘察设计注册工程师等注册执业人员对其签字的设计文件负责。施工单位确定的工程项目经理、技术负责人和施工管理责任人按照各自职责对施工负责。总监理工程师、监理工程师按各自职责对监理工作负责。造成安全质量事故的，要依法追究有关方面责任。

强化工程中介服务机构的责任。工程监测、检测、科研、施工图审查等单位，因监测数据、检测和科研结果严重失准或者施工图审查意见有重大失误，造成重大事故的，应承担赔偿责任，并追究相关单位领导的行政责任。对技术总负责人要取消技术职称，不得从事该领域工作。

落实工程质量终身责任制。各参建单位工作人员，以及工程监测、检测、咨询评估及施工图审查等单位工作人员，按各自职责对其经手的工程质量负终身责任。对因为调动工作、退休等而离开原单位的相关人员，如发现在原单位工作期间违反国家建设工程质量管理有关规定，或未切实履行相应职责，造成重大事故的，应依法追究法律责任。

建立安全质量信息发布制度。建设、勘察、设计、施工、材料和设备供应、监理等单位的安全质量信息，应采取适当方式向社会公布，并纳入企业信用等级评定体系。在市场准入、招标投标、资质管理等工作中，应充分利用安全质量信息，激励守信行为，惩处失信行为。

（6）全面提高基础保障能力

消除重大工程安全质量隐患，根本在于提高基础保障能力，要从实行标准化管理、严格工程规范、充实监管力量、推动科技进步、加强人员培训等方面，全方位提高重大工程安全质量的基础保障能力。

推动工程安全质量标准化管理。各行业主管部门及行业协会要加强工程安全质量标准化工作，制定具有可操作性的工程安全质量管理标准和技术标准，明确管理的重点领域、关键部门和重点环节。建设、施工单位要结合项目情况制定作业标准和相关规定，严格落实各项工程规范。

加强政府安全质量监管队伍建设。要加强安全质量监管队伍建设，充实监管队伍，提供必要的工作条件。工程安全质量监督机构的经费，各级财政预算要予以保障。严格工程安全质量监督机构和人员的考核，落实责任制，建立责权明确、行为规范、执法有力的安全质量监管队伍。

通过科技进步提高工程安全质量。加大对安全科学技术研究的投入和扶持力度，鼓励和引导企业加大工程安全科技投入。鼓励有利于保障工程安全质量的新技术、新材料、新设备、新工艺的研发和推广应用。

加强人才培养和工程安全质量教育培训。进一步打破市场分割，完善考试、培训和资格认证等制度，努力增加设计、施工、监理力量的有效供应。行业主管部门、行业协会等要定期举办工程安全质量教育培训。建设、施工单位要加强对技术人员和一线操作人员的培训和考核，尤其要做好新入场农民工等非专业人员上岗、转岗前的培训工作。要加强对监理人员的安全技术培训。结合"质量和安全年"的部署，严格落实重大工程安全质量的各项保障措施，组织开展工程安全质量大检查，排查隐患，堵塞管理漏洞，加大安全质量事故处理力度，形成重大工程安全质量保障工作的长效机制，不断提高工程质量，确保工程安全。

工程建设项目从决策到验收交付使用，共分为四个阶段，即工程立项阶段、设计阶段、施工阶段、验收阶段。在这四个阶段中，除工程立项阶段和监理、施工涉及较少外，其余三个阶段相互联系紧密，而其中的重要纽带之一就是质量，从设计质量、监理质量到施工质量最终凝结成工程质量。而在各个阶段，业主要针对不同时期的不同重点，采取相应的质量控制手段，来最终完成对建设项目的质量控制，达到预期的质量目标。针对不同对象，业主要从以下几个方面做好质量控制工作。

①业主对质量控制的总体要求。

工程质量是工程建设项目的投资效益得以实现的根本保证，质量控制是确保工程质量的最有效方法，并贯穿建设的全过程。为确保工程质量，业主可按以下要求对工程建设项目进行质量控制。

首先，工程建设项目的规划部门要预测建造期和使用期间可能产生的影响工程质量的因素，科学规划建设项目。项目前期，业主选择具有资质等级、经验丰富、信誉好的勘察设计、施工及监理单位，与其签订合同，在合同中必须涉及质量条款并明确质量责任。其间，应组织专家对各主体单位提交的重大技术方案、设计文件、施工组织设计进行审定。

其次，在工程建设项目实施阶段把握好关键节点的质量控制，如图纸会审与技术交底、施工设备、材料、机械供应及主要施工工序的质量控制。做好质量信息反馈，通过组织与协调手段，进行全面质量管理。

②业主对设计的质量控制。

设计工作是工程建设的基础性工作，建设单位应重视设计阶段的质量控制，委托具有相应资质的设计单位进行工程设计，以提高设计质量。重视设计前期工作，配合设计单位搞好现场测量和查勘，考虑各种不利因素对工程建设的影响，使工程设计尽可能完善、准确，符合工程建设的实际，减少不必要的设计变更。设计过程中，实行设计监理，以便及时对设计方案、设计质量进行检查。设计完毕后，及时组织专家对设计进行审查，提出审查意见，及时修改设计，为工程建设提供准确详细的设计图纸。

业主对道路设计的质量目标要求是：应本着"统一规划、合理布局、因地制宜、综合开发、配套建设"的方针，做到使用合理、经济、防灾、安全。为达到这一目标，应采取以下措施对设计质量进行控制。

第一个阶段是做好前期的技术准备工作和各种形式的招标评标工作。此阶段主要是根据道路项目建设要求准备有关批文、资料，编制出设计大纲或方案竞争文件，组织设计招标或方案竞争，评定设计方案。进行勘察、设计、科研单位的资质审查，优选勘察、设计、科研单位，签订合同，并加强对合同实施过程的质量控制。

第二个阶段是设计方案审查。控制设计质量，审查设计方案，以保证项目设计符合设计大纲要求，符合国家有关工程建设的方针政策，符合现行设计规范、标准，符合国情，工艺合理，技术先进，能充分发挥工程项目的社会效益、经济效益、环境效益。

初步设计图纸审核。初步设计将决定工程采取何种技术方案。审查重点是所采用的技术方案是否符合总体方案的要求，是否达到项目决策阶段的质量标准。

技术设计图纸审核。技术设计是初步设计方案的具体化。审查重点是各专业设计是否符合预定的质量标准和要求。

设计图纸审核。设计图纸是设计工作的成果，又是施工的直接依据。

所以，设计阶段质量控制最终要体现在设计图纸的审查上。

施工图设计审查。施工图是对设备、设施、建筑物、管线等工程对象的尺寸、布置、选材、构造、相互关系、施工及安装质量要求的详细图纸和说明，是指导施工的直接依据，也是设计阶段质量控制的一个重点。施工图设计审查的重点是使用功能是否满足质量目标和水平。

第三个阶段是施工配合和竣工验收。业主组织设计单位配合施工，任务包括两个方面：一是施工过程中发生的设计问题，解决施工单位、业主提出的质量问题；二是设计变更和处理预算修改。竣工验收既是对施工质量的最后考核，也是对设计质量的最后审定。验收期间发现的设计或施工质量问题，有一个质量问题消除期；设定设计与施工单位消除质量问题的期限，限期完成。

③业主对监理的质量控制。

为了保证项目的正确实施，业主应将委托的监理工作内容具体化，并赋予监理相应权利，使监理工程师能够较好地履行监理合同所规定的各项职责。

督促承建单位建立、健全施工管理制度和质量保证体系，检查工程使用的原材料、半成品、成品、构配件和设备的质量，并进行必要的测试和监控。监督承建单位严格按技术标准和设计文件施工，控制工程质量。重要工程要督促承建单位实施预控措施。抽查工程施工质量，对隐蔽工程进行复验签证，参与工程质量事故的分析及处理。组织工程阶段验收及"三查四定"、中间交接等工作，并对工程施工质量提出初步评估意见。

为确保监理单位有能力履行监理合同，业主必须对监理单位进行资质审查，优选监理单位。在此基础上，业主通过对委托内容具体实施过程的监督控制，使监理工程师较好地履行监理委托合同所规定的各项职责，达到对工程建设质量进行控制的目的。

业主对监理的监督控制，主要通过监理月报和现场检查实现。监理工作月报反映的主要内容之一就是对工程建设质量的控制情况。它包括：单位工程验收情况；本期单位工程一次验收合格率统计，单位工程优良率，分部工程验收情况，施工试验情况；质量事故；暂停施工指令；本期工程质量分析（包括产生工程质量问题的原因和质量对策汇总）。针对现场监理月报反映的质量情况，通过现场勘察，来督促监理和施工单位对有关质量问题采取相应措施，共同搞好质量控制，达到质量控制的预期目标。

建设单位对监理的控制主要通过监理报告和现场质量监督、检查来实现。监理工程师应实行以单元工程为基础，以工序控制为手段的标准化、程序化管理，从源头上控制工程建设质量。建设单位应及时进行现场勘察和施工资料抽查，积极参与工程质量检测，参与隐蔽工程、单元工程和分部工程的质量评定与验收，发现问题，由监理单位督促施工单位限期整改，确保施工资料能够反映工程建设的实际，杜绝事后补资料现象的发生。

④业主对施工的质量控制。

业主对施工的具体质量控制主要委托监理进行。监理依据业主与承包商签订的工程承包合同，对建设项目进行全面监理，使承包商的工程质量活动完全处在监理的控制之中，以便有效地开展质量控制。但是，在实际工作中，有些问题不是监理和施工单位能解决的，还需要业主做大量工作。业主在施工阶段的质量控制主要有以下几个方面。

确定工程质量控制流程中主动控制影响质量的因素（包括人员、材料、机具、设备、施工顺序和方法等）。工程质量控制流程明确后，进一步完善质量监督组织。如业主可设质量管理部门，直接负责监督监理和施工单位的质量行为，并协调两者的关系。

抓好质量检验，落实检验方法。质量检验方法包括施工人员的自检、质检员的专检、班组内的互检、各工序间的交接检以及业主、监理、设计及政府质量监督部门的检查。

对分部工程、隐蔽工程组织验收。对不同类型的分部工程及隐蔽工程，应及时组织有关部门进行验收。不同类型的分部工程因工程内容不一，质量检验评定标准也不同，应严格按照国家标准、部颁标准及行业标准组织验收。

审查质量问题（事故）报告，参与质量监理会议。当施工中出现质量问题（事故）的征兆时，应引起重视，防止诱发重大质量事故；组织专人调查分析原因及特点，并审查监理、施工单位填写的工程问题（事故）报告单及处理方案报审单。

（7）加强施工阶段的质量控制

施工准备阶段的质量控制。施工准备阶段是施工阶段不可缺少的重要环节，施工准备的充分程度，对施工质量有直接的影响。建设单位应加强领导，建立健全管理机构，制订施工意见、质量检查办法等，保证管理机构的良好运行。做好迁占赔偿等工作，处理好地方关系，落实安全保卫措施。及时组织设计、监理和施工单位进行设计交底，组织项目办、监理和施工单位的技术人员参加质量管理上岗培训。同时，督促监理单位对施工单位的人员组织、物料准备、技术力量、现场施工准备及拟采用的施工方案进行检查，确保工程建设顺利进行。

质量控制的手段。建设单位是工程建设的主体，是工程建设项目的主要组织者和实施者，是工程项目管理的核心，在工程建设过程中处于主导地位，对工程质量负总责。工程质量是工程项目投资效益得以实现的根本保证，质量控制是确保工程质量的有效方法，应贯穿工程建设的始终。建设单位相关部门应全权代表建设单位履行职责，采取超前控制、预防为主的手段，将质量问题消灭在萌芽状态，以实现预期的质量控制目标。

对施工单位的质量控制。通过招标，选定具有相应资质的施工单位从事工程建设，签订工程施工合同。建设单位对施工质量的控制主要是通过工程监理进行。工程监理依据监理合同对工程项目实施全过程、全方位的监理，通过控制人员、材料、机械、方法工艺和影响工程质量的因素，达到控制质量的目的，使施工单位的工程质量活动完全处在监理控制之中。通过现场质量检验、落实检验方法，参与分部工程、隐蔽工程验收等措施来控制工程建设质量。定期或不定期组织由参建各方人员参加的工程质量联合检查，发现问题及时处理。成立督察组织，随时对工程建设质量实施督察，防止质量事故的发生。

（8）规范建设单位资料管理

建设单位应将各阶段的资料进行分类归档保存。

勘察设计文件包括勘察设计阶段、施工阶段等的全部招标文件、投标文件和签订的所有勘察设计合同、施工合同、监理合同、检测合同、供货合同等，这些文件应分类整理归档。

规章制度。建设（代建）单位的内部管理制度、工程管理制度等，应分类整理归档。

质量责任终身制承诺书。包括建筑工程项目负责人、法定代表人授权书和建设单位项目负责人工程质量终身责任承诺书。

调查资料。主要指工程周边环境调查资料等。

工程报批文件。工程从立项、勘察设计、施工到运营各个阶段的有关报批文件及上级部门批文，应分类归档。

会议纪要。包括与工程有关的各类会议记录，应分别分类归档。

审批文件。建设（代建）单位有关工程的各类审批文件，应分类归档。

参建单位函件。对参建单位函件应分类保存归档，如上级文件、政府主管部门文件、来函、质量安全监督部门函件、勘察设计单位函件、监理单位函件、施工单位函件等等。

交底资料。包括勘察、设计交底、测量交桩、周边环境交底、管线交底等，应分类整理归档。

日常检查考核资料。包括日常检查、定期检查及专项检查考核的资料，应按参建单位（标段）分类分单位进行归档，其中包括质量监督部门和行政主管部门的检查资料。

工程验收资料。包括重点归档建设（代建）单位组织的条件验收资料、单位工程验收资料等。

设计变更资料。设计变更和工程变更资料，应按变更类别和等级进行分别归档。

事故调查处理资料。对工程质量事故进行的调查及处理资料。

工程（声像）资料。包括开工前、施工阶段、竣工后等一系列活动中，用照片（每个工程照片）、录像（重大工程）等形式现场采集的有保存价值的工程声像资料。声像资料应按建设工程各阶段立卷，重大事件及重要讲话活动的声像资料应按专题立卷归档。

2.3.2　业主对施工和验收质量的控制

2.3.2.1　参建单位资质和人员审查

对进场的监理、勘察、设计、施工、质量检测等单位进行资格审查，审查内容包括营业执照、资质证书、中标通知书、承包合同等。对施工单位的审查还包括安全生产许可证、"三类人员"资格证书等。对上述单位的人员资格审查，包括人员与中标通知书的一致性，资质证书、委托授权书、任命文件等的真实性。其中，项目负责人变更须经过业主同意并报质量监督机构备案。每季度还应对人员履约情况进行检查。

2.3.2.2　组织勘察与设计交底

组织勘察单位向设计单位进行勘察交底，介绍勘察文件总体情况，以及地形、地貌、水文气候、工程地质、水文地质、特殊地质、不良地质情况和分布，提出设计过程中应注意的地质问题等。参加人员为建设、勘察、设计单位项目负责人及相关人员。

组织设计（勘察）单位向施工单位、监理单位及相关单位进行交底，介绍设计（勘察）文件总体情况、设计意图，以及地形、地貌、水文气候、工程地质、水文地质、特殊地质、不良地质情况和分布；周边环境及风险源；地下管线及毗邻构筑物、文物、古树等情况及保护方案；施工中需注意的地质问题；施工中的难点、疑点和容易发生的问题说明；特殊工艺要求、施工过程中的要求（包括监控测量、质量验收标准）等。

2.3.2.3　组织图纸会审

参建各方接到经审查合格的设计文件后，对图纸进行会审，并形成会审意见，在会议前三天（涉及方案调整的不少于七天）提交给设计单位；建设（代建）单位或委托监理单位组织会议，听取设计单位对会审意见的解释说明；与会各方会签图纸会审记录，盖章后分别存档。

图纸会审内容包括设计图纸是否齐全，图纸是否经设计单位各级人员签署并加盖设计资质印章；设计地震烈度是否符合当地要求；消防、环保等是否满足设计要求；材料来源有无保证，可否代替；图中要求的条件能否满足；新材料、新技术的应用有无问题；地基处理等各类处理方法是否合理可行；设计图纸是否存在错误和前后矛盾。

会审须考虑由多个专业及多家单位共同设计的图纸相互间有无矛盾，专业图纸之间、平立面与剖面图须一致，标注齐全正确；总平面图与细部施工图的几何尺寸、平面位置、高程等须保持一致；图纸标注或标识方法要清楚，并符合相关标准；建筑与结构构造不能出现无法施工或不便于施工的技术问题，也不能出现易导致质量、安全、工程费用增加等方面的问题；设计图纸要充分考虑项目低影响施工的总体思路要求。

2.3.2.4　组织测量交桩

组织设计、勘察测绘单位向施工、监理单位进行测量平面控制点、控制线和高程等测量控制点的交桩，给出施工图控制网（点）等级、起算数据。测量交桩内容包括平面控制点的点号、控制点的高程、坐标值、现场位置及点位布置图。

交桩前，如发现桩点丢失或损坏的，建设单位应要求交桩单位进行恢复，经核查符合要求后再予以交接。施工单位应根据交桩资料进行质量复测，内部完成审查程序后，将复测结果报告提交监理单位复核。复测资料与交桩内容不相符时，建设单位应组织相关单位对桩点进行确认，并明确进一步处理意见。

2.4　重点工程建设存在的问题与应对措施

2.4.1　重点工程建设存在的主要问题

（1）规划缺乏预见性，项目供地难度大

一方面，观念不新，缩手缩脚；另一方面，规划缺乏科学性和预见性。从一些争项争资项目落地难来看，其资金已经到位，可选址迟迟敲不定，可见规划预见性不够，预留用地不足。

（2）项目前期耗时长，审批服务跟不上

从编制项目书到招投标项目前期工作涉及发改、国土、规划建设、环保、城管、消防等多个部门，材料多、手续繁、程序严、时间长。比如，国土部门办理农转用征收手续，须报经省市批准，符合用地规划的要2～3个月，需调整用地规划的时间会更长，甚至有些项目无法调整规划，一个项目从用地报批到供地半年算是快的。部门配合不力，办理效率不高，审批服务跟不上。比如，有些项目办理消防一项就用时8个月。业主单位缺乏办理经验，审核把关不严，报送材料很难一次通过。有的因为方案设计欠科学、造价低，最终流标。

（3）履行基本程序不到位，反反复复修改次数多

部分业主单位为图一时之便，不按基本建设程序办事，仓促开工，表面上加快了项目推进速度，实际上却增加了设计变更、提高造价、影响质量的风险。

有的业主单位对前期工作缺乏足够重视，开工准备不充分、不扎实，在勘探、设计和预算编制过程中，把关不严，经常出现基础数据不准确、设计深度不够或者预算编制缺项等情况，导致设计变更、增加工程造价的情况时有发生，甚至出现"一开工就调整方案、一开工就停工"的怪象，

严重影响工期。

（4）征地拆迁不彻底，项目建设完工难

征地拆迁没有及时到位，影响项目开工，影响建设进度，影响工程竣工验收。一是工作不细不实，具体操作缺乏灵活性，征迁一拖再拖，迟迟拿不下来。二是征迁对象要价高，前置条件多。

（5）市场欠规范，建设质量存隐患

项目招投标注重的是公开、公正、公平，但无法保证中标方是最佳施工队伍，企业挂靠、围标、卖标、转包、分包现象仍然突出。买标承建方因为缺队伍、缺资金，影响工程建设进度，有的为了赚回买标费用，偷工减料，以次充好，严重影响建筑质量。有的不按施工图纸要求施工，缺项少项，导致项目无法竣工验收。施工企业现场管理流于形式，监理单位法定职责履行不到位，注册执业管理人员到场率低等问题较为普遍，增加了业主单位建设管理难度，工程推进得不到有效保证。

（6）部门单位慢作为，协同推进合力弱

一是前期工作中各唱各的调，懒政怠政、推诿扯皮。明明是职能部门应尽的职责，却声称要上报领导，等待批示；明明是简单的办事程序，却要设置九曲十八弯的手续；明明是干部承办范围的事，却怕承担责任，要走一回"集体讨论"的套路。二是在处理施工建设矛盾纠纷时，部门间、部门与施工队伍间缺乏有效的沟通协调，使得一些原本简单的问题变得复杂，小事拖大，大事拖炸。三是存在等待观望慢作为的情况，协调会议做出的决定，在部门得不到有效执行。

（7）前期工作准备不足，水平不高

在工程推进前期阶段，片面追求短时间的社会效益和经济效益，不能对市政道路建设进行全面规划，在项目施工过程中，设计错漏，对现状管线分布、施工措施考虑不足，交通疏导不结合实际等"错误操作"，导致工程变更频繁。

业主专业化程度较低，不能做到项目管理全过程、各环节工作的专业化、系统化、流程化，甚至许多管理人员可能没有接触过工程管理，缺乏管理经验。管理过程中往往随意指挥、前后不一，增添了设计单位、监理单位、施工单位的工作障碍，增大了工程推进过程中沟通协调的难度，影响了工期，甚至增加了工程造价。

2.4.2 改进措施与建议

如果在项目工作力度、规模声势，或在政府投入、激励措施上还存在不足，那么就应该正视差距，迎头赶上。

（1）要精准发力，开辟项目审批绿色通道

改前置审批为并联审批，解决前期工作中存在的疑难杂症。确定重点工程项目计划，规划部门出具规划条件，进行可行性研究报告、初步设计及概算，进行施工图设计、工程预算评审、施工招投标，此为关键路径，非关键路径相关报批及审批与关键路径报批及审批同步进行，简化程序，提高效率，确保项目开工前办理完成相关报批及批复手续，非关键路径报批可实行容缺后补机制。

业主单位在招投标文件和合同文件中可与设计、咨询单位就可行性研究报告编制、环评编制、造价咨询、招标代理、图审等设计、咨询周期和时限进行约定，并明确违约责任，强化责任追究，加快进度，提高质量。可行性研究、初步设计、施工图初稿完成后即组织专家开始介入，实行专家预评审批制，进一步缩短评审和审批时间。对一些特定项目建设，各相关部门要打开"绿色通道"，借鉴"三边"做法，即边拆除，边建设，边报批。

（2）要破解难题，高效推进项目建设

落实主体责任，强化部门联动，全力破解征地拆迁工作难题，依法依规加快项目拆迁进度。

对政府收储土地开展清表工作，检查是否存在漏征、漏迁情况，进一步明确四边界址，做好影像资料存档，必要的地方砌墙围之，避免二次耕作，确保完整供地。

对已开工建设项目中存在的应拆未拆、应征未征、应搬未搬等严重影响工程建设的情况，要进一步明确责任主体，加大工作力度，摸清对象情况，动员多方力量参与，增强具体操作灵活性，采取超常规措施，限时拆迁。

对项目施工建设中遇到的突发性矛盾纠纷，施工方要主动靠前，不可一推了之，争取第一时间把问题解决。业主单位要及时到场，了解相关情况，把握分寸原则，当机立断，能现场解决的尽量现场解决，不能现场解决的，要第一时间通知关联方面对面协商解决。

引导鼓励招商项目尽可能到政府收储土地范围内落地，既符合总体规划，又可简化报批审批手续，同时减少批而未用土地。另选址涉及征租土地的，借鉴的做法是委托第三方代行征租土地，签订合同，严格按合同办事，加快征地拆迁进度。

对投资额度大的项目，分多标段同时推进。

（3）要强化措施，凝聚齐抓共管合力

建立并实行重点工程、重点项目责任制。对全年任务进行季度、月度量化分解，落实责任主体，明确各个项目的进度和质量要求，科学调度全面推进。

实施项目挂点领导、责任单位、项目主体三方定期会商，落实领导包联、专项推进、现场办公等制度，及时解决项目建设中遇到的各种困难和问题。

建立健全质量管理体系和监控机制，规范项目施工流程，提高施工管理水平，实行全员、全过程、全方位安全生产控制，确保施工质量、进度和安全。

加大督查力度，采取实地查看、随机走访等多种方式督查项目进展情况，实行重点工程月通报、季评比制度，建立工作台账和动态监督管理制度，确保重点工程建设高效有序推进。

施工单位要加强施工调度，强化施工力量，精益求精抓质量，上足人员机械赶进度，倒排工期，挂图作战，全力加快项目建设。

（4）要创新机制，切实转作风提效率

进一步发扬一切围绕项目转、一切围绕项目干的精神，转变作风抓项目，优化环境促发展。一要建立重点项目一对一全程专职代办机制，逐步推进网上审批。积极探索工业供地新模式，对于重大项目，按照整体规划、总量控制、分期供地、限期开发的原则，以实际到位资金和建设进度作为继续供地或调整供地规模的依据，坚持集约节约用地，防止圈地行为发生。二要务实担当。特别是单位一把手，在项目实施中，要有责任感、紧迫感，勇担当，敢负责，时刻绷紧安全生产这根弦，抓管理保质量，抢时间赶进度。三要持续开展转作风提效率。贯彻执行力度，深入开展"不作为、慢作为、乱作为"专项整治行动，着力解决懒政怠政、推诿扯皮、中梗阻问题，严肃查处乱检查、乱收费、乱罚款行为，严禁借执法之便向企业吃拿卡要。四要强化问责。在重点工程建设中，故意刁难、推诿拖沓、慢作为不作为的，发现一起查处一起，该问责的要问责，该"挪位子"的要"挪位子"，让不作为者无所遁形，让慢作为者快起来，转作风提效率，营造风清气正的政治生态，进一步优化重点工程建设环境。

（5）全面、细致地做好各项工作

在项目方案确定、施工图设计阶段，要根据项目特点和功能要求，充分咨询政府相关职能部门意见，审慎确定项目方案；在施工图设计阶段和设计单位进行充分沟通，并组织单位技术骨干对施工图进行严格把关，确保施工图内容翔实、准确，避免出现施工阶段频繁变更的情形。对施工现场管线进行详细调查，咨询市区管线单位，弄清楚地下管线分布情况。做好地形图测量及地质钻探工作，摸清施工范围内地质特点。对项目的难点、不安全因素进行预判，并预先制订应急处理方案。用系统分析的方法把项目前期工作做细、做实。

§3 勘察质量管理

在城市建设活动中，工程勘察为建设工程设计、施工提供必要的地质勘察结果以及各种岩土工程参数，是整个工程的重要组成部分。工程勘察是工程建设的基础，其质量的优劣，直接影响后续建设环节，直接关系到建设工程质量、投资效益和使用安全。而对工程勘察质量进行管理是提高建设工程质量水平的重要保障。

3.1 城市道路工程勘察概述

城市道路工程勘察是指根据建设工程的要求，查明、分析、评价建设场地的地质地理环境特征和岩土工程条件，编制道路工程勘察文件的活动，并为路基设计、不良地质作用的防治、特殊性岩土的治理提供必要的岩土参数和建议。

在城市道路工程建设中，工程勘察为工程的设计、施工及后续运营和管理提供了各类技术支撑，是工程的重要组成部分。城市道路工程勘察的质量关系到工程设计、施工及后续运营和管理的安全与质量，关系到工程全生命周期的投资效益。

3.1.1 勘察阶段的划分与分析评价

城市道路工程勘察一般按可行性研究勘察、初步勘察、详细勘察三个阶段开展工作，并可根据工程地质条件复杂程度或施工阶段的需要进行施工勘察。

3.1.1.1 可行性研究勘察（又称选址勘察）阶段

（1）可行性研究勘察定义

可行性研究勘察应通过搜集资料现场踏勘，辅以必要的勘探测试工作，调查道路沿线工程地质条件、水文地质条件及不良地质作用，评价场地稳定性和适宜性。

（2）重点分析评价的内容

根据沿线工程地质条件、水文地质条件，分析评价拟建场地的稳定性和适宜性；当道路沿线位于抗震危险地段时，应分析评价地震诱发次生灾害的可能性以及对工程的不利影响；当道路沿线涉及特殊性岩土时，应了解其工程特性，分析评价可能造成的不利影响；当道路沿线涉及不良地质作用时，应初步了解其分布的范围，分析评价对道路工程的影响。

3.1.1.2 初步勘察阶段

（1）初步勘察定义

初步勘察是指在可行性研究勘察的基础上，初步查明道路沿线的工程地质和水文地质条件，为路基类型选择及不良地质作用的防治提供依据。初步勘察阶段的勘探点布设应符合《市政工程勘察规范》（CJJ 56—2012）的规定。

（2）重点分析评价的内容

阐明沿线的地形地貌、地质构造，进行拟建地段稳定性评价；根据路基地基土、地下水条件，提供道路初步设计所需的岩土参数；根据特殊性岩土的类别、分布范围和性质，提出初步的处理建议；根据不良地质作用和地质灾害的分布范围和影响程度，提出初步的防治措施建议。

3.1.1.3 详细勘察阶段

（1）详细勘察定义

详细勘察是指根据确定的道路设计方案、设计对勘察的技术要求，给道路设计、路基处理、道路施工等提供详细的岩土参数，并做出分析、评价，提出相关建议。详细勘察阶段的勘探点布设应符合《市政工程勘察规范》（CJJ 56—2012）的规定。

（2）重点分析评价的内容

根据岩土分布特征、路基干湿类型，提供道路设计所需的岩土参数。

根据地下水的分布、变化规律和地表水情况，分析评价对工程的不利影响。

当工程地质、水文地质条件变化较大时，应进行分区评价。

就不良地质作用的分布及其对工程的影响，提出针对性建议。

分析评价高路堤的地基承载力、稳定性，提供地基沉降计算参数，提出地基处理方法的建议，工程需要时应通过专项分析预测路基沉降情况。

评价挖方路堑段岩土条件、地下水对支护结构的影响，提供边坡稳定性验算、支护结构设计与施工所需岩土参数。

对路堑、下沉广场等挖方工程，当工程需要时，应进行专项工作，分析评价地下水在工程施工和使用期间的变化及其对工程的影响，提出防治措施，提供抗浮设计建议。

当高路堤及路堑设置支挡结构时，应分析评价地基均匀性、稳定性、承载力，提出地基处理方法的建议。

对路桥接驳过渡段，应分析桥台与路堤的变形差异特征，提出接驳过渡段沉降协调控制等地基处理措施的相关建议。

对地基基础处理与加固、不良地质现象的防治工程进行岩土工程计算与评价，满足施工图设计的要求。

3.1.1.4 施工勘察

施工勘察不仅指在道路施工阶段对与施工有关的工程地质问题进行的勘察，也指工程竣工后一些必要的勘察工作。

另外，部分支小路及无特殊要求的道路工程可合并勘察阶段。如果道路沿线的平面布置已经确定，场地或其附近已具有岩土资料，可根据实际情况，直接进行详细勘察。

3.1.2 道路工程勘察等级的划分

根据城市道路工程的重要性、工程范围内的场地复杂程度和岩土条件复杂程度，确定道路工程重要性等级、场地复杂程度等级和地基复杂程度等级，并在综合分析的基础上确定勘察等级。

（1）按道路工程重要性划分等级

根据道路工程的规模、特征，以及岩土工程问题造成工程破坏或影响正常使用的后果，城市道路工程重要性等级宜分为一级、二级、三级三个等级。一级为快速路和主干道，二级为次干道，三级为支路、公交场站和城市广场的道路与地面工程。

（2）按场地复杂程度划分等级

根据道路工程场地的复杂程度，道路工程的场地宜分为一级场地、二级场地、三级场地三个等级。

一级场地为复杂场地，应当符合下列划分依据之一：地形地貌复杂；

抗震危险地段；不良地质作用强烈发育；地质环境已经或可能受到强烈破坏；地下水对工程的影响很大；周边环境条件复杂。

二级场地为中等复杂场地，应当符合下列划分依据之一：地形地貌较复杂；抗震不利地段；不良地质作用一般发育；地质环境已经或可能受到一般破坏；地下水对工程的影响较小；周边环境条件中等复杂。

三级场地为简单场地，应当符合下列划分依据之一：地形地貌简单；抗震一般和有利地段；不良地质作用不发育；地质环境基本未受破坏；地下水对工程无影响；周边环境条件简单。

（3）按地基复杂程度划分等级

根据道路工程的岩土条件复杂程度，道路工程地基宜分为一级地基、二级地基、三级地基三个等级。

一级地基为复杂地基，应当符合下列划分依据之一：岩土种类多，很不均匀；围岩或地基、边坡的岩土性质变化大；为需要进行专门治理的特殊性岩土。

二级地基为中等复杂地基，应当符合下列划分依据之一：岩土种类较多，不均匀；围岩或地基、边坡的岩土性质变化较大；为特殊性岩土，不需要专门治理。

三级地基为简单地基，应当符合下列划分依据之一：岩土种类单一、均匀；围岩或地基、边坡的岩土性质变化不大；为无特殊性岩土。

（4）道路工程勘察等级

根据道路工程的重要性等级、场地复杂程度等级、岩土条件复杂程度等级，按下列条件划分城市道路工程勘察等级。例如在道路工程重要性、场地复杂程度、岩土条件复杂程度等级中，有一项或多项为一级的，道路工程勘察等级为甲级。工程重要性、场地复杂程度、岩土条件复杂程度等级均为三级的为丙级。除勘察等级甲级或丙级以外的勘察项目为乙级。

3.1.3　工程勘察任务及要求

道路工程勘察的主要任务，包括工程地质调查和测绘、岩土分类、勘探、取样、原位测试、现场检验与监测，并按勘察阶段的要求，正确反映工程地质条件，提出岩土工程评价，为设计、施工提供依据。同时，在勘察任务的实施过程中，可根据可行性研究、初步设计、施工图设计等设计阶段和工序的特点，依法依规制定相应的工作程序，严格按照要求对各阶段实施质量控制。相关各阶段的工程勘察文件必须做到基础资料齐全，采用技术标准有效准确，编制深度符合国家有关规定，满足工程建设需要和质量要求。

（1）查明地形、地貌特征

工程勘察工作应查明道路沿线的地形、地貌特征，划分地貌单元；查明沿线地段的地质构造、岩土的类型、岩土的性质及其分布，基岩风化层厚度及风化破碎程度；查明沿线各地段路基的湿度状况，提供划分土基干湿类型所需参数。

（2）实测地下水位

实测沿线地下水位，调查了解冻前地下水位，并查明沿线各地段的地下水类型、地表水的来源、水位和积水时间，以及排水条件，论证地表水、地下水对路基稳定性的影响；查明沿线暗埋的河、湖、沟、坑和坟场的分布。

（3）查明不良地质现象

调查了解地下埋设物回填土的土类、厚度及其密实度。查明沿线地段不良地质现象的成因、类型、性质、空间分布、发生和诱发条件、发展趋势及危害程度，论证其对路基稳定性的影响程度，并提出计算参数及整治措施的建议。在抗震设防烈度大于或等于7度的场地，应判定场地和地基的地震效应。

3.1.4　工程勘察工作的程序

道路工程勘察必须严格执行先勘察、后设计、再施工的基本建设程序，严格执行国家有关法律、法规和技术标准，精心勘察，科学勘察，确保城市建设工程勘察的质量。

（1）勘察工作的程序

勘察工作的程序为承接勘察任务，搜集已有资料，现场踏勘，编制勘察纲要，出工前准备，现场调查，测绘，勘探，试验，分析资料，编制图件和报告等。对于大型综合类道路工程或地质条件复杂的工程，工程勘察单位要做好施工阶段的勘察配合、地质编录和勘察资料验收等工作，如发现有影响设计的地形、地质问题，应进行补充勘察和过程监测。

（2）勘察结果提交

道路工程勘察应根据不同的勘察阶段、工程类别和重要性、场地和岩土条件的复杂程度、设计要求，确定勘察方案，实施完毕提交勘察结果。

3.2 道路工程勘察企业的质量管理

工程勘察企业质量管理主要是指建立企业的质量管理体系，确定各级人员和机构的质量职责，提供适合的人力、技术、信息和档案等资源，开展质量监督、考核和改进等工作。国内外的理论和实践表明，有效的质量管理需要在企业内建立和运行相关方参与的质量管理体系，并持续改进质量管理体系。

3.2.1 勘察企业的质量管理方针和目标

勘察设计企业一般由勘察企业负责人制定并颁布质量管理方针，在企业范围内得到沟通和理解，并宜定期进行评价和修订，以适应内外部环境的变化。质量管理方针的内容应考虑与企业宗旨相适应，须对满足要求和持续改进质量管理体系的有效性做出承诺，并为制定和评审质量目标提供框架。

同时，勘察企业负责人应在企业的相关职能和层次上建立质量目标，质量目标应包括满足勘察成品要求的内容。此时建立的质量管理目标应是可测量、可考核的，并与质量管理方针保持一致。如果是定性的目标，其实施情况也应体现可检查性。因此，在质量目标运行管理中，宜适时地对质量管理目标进行评审和修订，以适应内外部环境的变化。

质量管理目标可分为企业目标和项目目标。

企业目标可分总目标和年度目标。总目标一般为企业的中长期目标；年度目标包括项目履约目标、成品和服务目标、培训考核目标、信息化目标、技术标准管理目标、质量监督和改进目标等。

项目目标包括合格品目标、优良率目标、创优目标、达标投产目标等。

3.2.2 勘察企业与项目的质量管理组织

通常，勘察企业组织机构包括常设组织机构和临时项目机构。企业常设组织机构和临时项目机构的设置应根据实际情况确定，并对机构内的主要人员及部门的质量职责与权限做出相应的规定。

（1）企业质量管理机构的特点

勘察企业组织机构的特点是同时设立常设组织机构和临时项目机构。后者是为了完成某项工程勘察项目而临时组建的，任务完成后自行解散。此类项目机构通常包括分管领导、分管技术负责人、项目负责人、专业负责人、勘察人。其中，项目负责人是具体勘察项目质量的责任人，专业负责人是专业范围内的质量责任人。常设组织机构通常包括领导层、经营计划部门、技术质量管理部门、人力资源管理部门、财务部门、办公室（含后勤保障和档案信息管理等）、生产部门等。小型企业也可分管理部门及生产部门。

（2）企业质量管理机构的模式

常设或临时组织机构的模式包括直线制、职能制、矩阵制等，而现有的模式主要采用职能制，部分勘察企业采用矩阵制模式，为适应现代企业的发展，传统的组织机构模式逐渐呈现扁平化、网络化、柔性化、虚拟化的趋势。

3.2.3 勘察企业项目的资质和资格管理

3.2.3.1 企业资质管理

企业应依法取得相应等级的勘察资质证书，并在其资质等级许可的范围内承揽工程，严禁勘察企业超越其资质等级许可的范围或者以其他勘察单位的名义承揽工程。严禁勘察单位允许其他单位或者个人以本单位的名义承揽工程。勘察企业不得转包、分解分包或者违法分包所承揽的工程。

当工程勘察需要劳务分包时，应将劳务工作分包给具有相应工程勘察劳务资质的单位，并签订劳务分包合同。需要对外委托进行试验时，应将该试验工作委托给具有符合法律法规规定的试验条件的单位，并签订试验委托合同。

3.2.3.2　执业资格管理

（1）勘察项目负责人任职资格

勘察项目负责人应由具备勘察质量安全管理能力的专业技术人员担任。通常甲、乙级岩土工程勘察的项目负责人由注册土木工程师（岩土）担任，其具有组织编写勘察纲要，组织开展工程勘察工作的能力，能对勘察成果的真实性和准确性负责，保证勘察文件符合国家规定的深度要求，项目负责人须在勘察文件上签字盖章。

（2）勘察人员的任职资格

承担项目的勘察人员应符合相应的注册执业资格要求，具备相应的专业技术能力，观测员、记录员、机长等现场作业人员应符合专业培训要求，同时规定各类岗位的任职资格条件、职责、权限。通常勘察技术人员只能受聘于一家勘察企业或一个建设工程项目，未受聘的，不得参与工程勘察活动；未经注册的勘察人员也不得从事工程勘察活动。

其间，勘察企业应定期或不定期地对承担勘察任务的人员的学历、职称、执业资格、资历、技能、经验等进行评价，确认其是否具备对应勘察岗位所需要的能力，确认结果可通过上岗资格任命或岗位能力评价予以体现。同样，从事勘察测量、检测测试等工作的人员（如观测员、试验员、记录员、机长、检测员等），也应按照有关法规和行业管理要求接受专业培训，取得从业资格，持证上岗。

3.2.4　勘察设备和计算机的管理

3.2.4.1　计算机和网络管理

勘察企业应指定计算机与网络管理员对软件、计算机与网络硬件和电子文件进行有效管理，确保网络畅通，计算机正常运行，确保企业的电子文件得到有效控制。

（1）系统与应用软件的控制

企业应建立计算机软件档案，定期发布软件的有效版本，保证计算机软件正版率100%。采购的商业化软件和自行开发的软件应在验收合格后，发放给有关部门使用。使用过程中应及时完成软件版本更新与升级工作，规定各部门、个人不得随意使用非正版软件，不得随意复制、扩散正版软件。

（2）计算机、打印设备等硬件的控制

企业应指定专门的管理员或部门负责计算机、打印设备等硬件及网络的管理和控制，并要求所使用的硬件和网络应满足勘察工作的需求，定期保养和维护，确保设备正常使用。企业内部宜建立统一的局域网，当局域网与互联网联通时应制定安全管理制度，必要时采取软件或物理安全措施，以及计算机和局域网的防病毒措施。软件安全措施主要采用实时扫描技术、实时监测技术、防火墙、完整性检验保护技术等。物理安全措施一是对主机房及重要信息存储、收发部门的屏蔽处理；二是对本地网、局域网传输线路传导辐射的抑制；三是对终端设备辐射的防范。

另要求所有计算机设备统一编号，使用者不应擅自对机器进行拆装。

（3）成品电子文件的控制

对企业质量管理、工程项目勘察过程中形成的成品电子文件，企业应进行有效管理和控制。一般情况下，计算机中的个人电子文件宜按企业的规定进行操作和控制，防止非预期使用和企业合法权益受到侵害。因此，需保存、归档和再使用的电子文件，管理员应集中拷贝到专门的计算机或服务器中存放，并定时进行异地备份，防止电子文件丢失，需要时也可进行质量追溯。

3.2.4.2 勘察设备和仪器管理

工程勘察设备和仪器管理是指对各类勘察设备、仪器、机载软件进行的有效的管理和控制，以保证设备、仪器应有的可用性、准确性和精度。

（1）勘察设备和仪器类别

常见的工程勘察设备有工程钻机、静力触探设备、载荷试验设备、旁压设备、扁铲设备、电法仪、面波仪、地震仪、工程检测仪（波速检测仪）、声波测井仪、探地雷达、桩基动测仪、地下管线探测仪等。

常见的工程测量设备有全站仪、水准仪、GNSS接收机（GPS接收机）、经纬仪等。

常见的水文地质勘察设备有水文钻机、抽水试验设备（空压机、深井泵）、水位计、流量计等。

常见的室内试验仪器有天平、百分表、固结仪、三轴仪、渗透仪、直剪仪、无侧限压缩仪、温度计、比重计/密度计、测力钢环、液塑限联合测定仪、滴定管、酸度计、火焰光度计、容量瓶、分光光度计、电导率仪、岩石压力试验机、岩石三轴仪、岩石点荷载仪等。

常见的勘察机载软件有土工试验数据自动采集软件、静力触探数据采集软件、波速测试数据处理软件、工程测量数据采集计算软件等。

（2）勘察设备和仪器采购

企业应指定专门人员对勘察设备和仪器进行管理。按采购计划采购勘察设备和仪器，并进行验收，确保采购的产品满足规定的要求。

（3）勘察设备和仪器检定

勘察设备和仪器应按照规定的时间间隔或在使用前进行校准或检定（验证），无规定的，应根据勘察设备和仪器的性能和使用情况自定校准周期，勘察设备和仪器在校准和检定（验证）之后，应进行标示和记录，以确定其校准状态。另须采取一定的措施防止在搬运、维护和贮存期间造成损坏或失效。

（4）勘察设备和仪器评价

使用中，若发现勘察设备和仪器不符合要求，专管人员应对已测量的结果进行有效性评价和记录，并对受影响的设备或仪器采取适当的措施。计算机软件用于相关的监视和测量时，在初次使用前应确认其满足预期用途的能力，必要时进行再确认。

3.2.5　工程勘察文件档案的管理

建设工程勘察文件资料的审核与评定是勘察阶段质量管理的重要工作。应按照《工程建设勘察企业质量管理规范》要求，建立健全内部质量管理体系和质量责任制度，强化对现场作业质量和土工试验的管理，保证原始记录和试验数据的可靠性、真实性和完整性，严禁离开现场进行追记、补记和修改记录。

3.2.5.1　相关文件和记录管理

企业应对文件收集、分类、标识、编制和审批、发布使用、更改修订、归档、作废回收、销毁进行控制。

（1）企业文件

企业文件可分为内部文件和外部文件两类。

外部文件包括顾客提供的文件、第三方提供的文件、勘察法律法规和标准等。企业文件管理应符合下列要求：企业编制的文件发布前应得到批准，文件修订或更新后应再次审批。必要时应对文件进行评审。企业应通过编目或标注使文件得到管理。企业编制文件的更改修订状态应得到再次审批，同时确保文件的更改和现行修订状态得到有效识别和管控。作废文件应撤出使用现场，需要保留的作废文件应做好标识隔离存放，防止误用。文件以电子形式表达时，应采用适当的方式和方法进行有效的管理和控制。对外来文件应对其完整性、可靠性、准确性等进行验收控制。

企业质量管理文件通常包括勘察企业制订的相关质量管理方面的规章制度及运行文件；对于实施《质量管理体系　要求》（GB/T 19001—2016）的企业，其质量管理文件主要包括质量手册、程序文件、作业文件等。

勘察项目文件通常包括工程项目合同、基础资料、任务书、技术要求、指导书、计算书、勘察报告、计算机应用软件、记录等。

顾客提供的文件通常包括各类批文、基础资料、委托书、技术要求等。

第三方提供的文件通常包括专家审查意见、施工图审查意见及合格书、图纸会审纪要、质量认证机构监审意见、验收记录等。

勘察法规和标准文件通常包括国家、地方政府和行业管理部门颁布的与工程建设有关的法律、法规、标准、规范、图集等。

（2）可追溯性的记录

记录应是对质量有影响的，体现真实性、及时性的记录，记录的标识应体现可追溯性，并对记录的建立、保持、使用和处置进行控制。

记录包括企业质量管理记录、工程勘察项目质量记录两种类别。前者反映企业质量管理活动及其结果，如文件收发记录、记录清单、企业质量会议记录、培训记录、顾客信息反馈的记录或顾客满意度调查、产品质量抽查记录等。后者反映工程勘察项目的活动及其结果，通常包括勘察大纲、各专业技术要求、勘探测量与试验检测监测的原始记录、计算书、评审与校审记录、变更记录、服务记录、来往函件、审图回复等。

记录管理应符合下列要求：记录应完整、清晰、真实、签署齐全，并注明日期。对记录有格式要求的应按规定的统一格式填写，没有格式要求的企业宜设计统一的记录表式。记录表式应符合规范、标准和行业管理的要求，内容完整，责任者签署明确，通过适当的标识体现唯一性。应采取编号、建立目录、标注等方式对记录进行有效的标识和管理，标识清晰、简洁，体现唯一性和可追溯性。

3.2.5.2 勘察档案管理

（1）勘察档案的介质类型及内容组成

勘察档案的介质类型可分为纸质档案、电子档案两种，其内容组成如下。

工程项目前期批准文件包括立项批复、用地规划批复等。

工程项目的基础资料包括水文资料、气象资料、勘察资料、类似参考资料等。

顾客提供的文件、资料包括地形图、规划定点图、技术要求等。

工程勘察过程文件、资料包括勘察大纲、勘察现场记录、来往信函、校审记录、交底记录等。

工程勘察成品文件包括勘察报告、施工图审查意见及整改回复文件等。

工程勘察现场服务文件、资料包括勘察验槽文件、现场质量会审纪要等。

（2）勘察档案质量控制的要求

企业应建立归档和档案管理制度。一般勘察项目在详细勘察完成后进行归档，但之后提交的勘察文件，譬如补充勘察、勘察交底、基础验收、单位工程验收、分部分项工程验收、项目竣工验收等勘察企业参与的过程文件也应归档。

承担档案管理的人员应接受专业培训，取得相应的上岗资格。所属库房应设独立房间，库房内应采取"防火、防盗、防潮"等措施，归档资料应及时进行整理记录、分类编目、立卷，按期限宜做出"永久、长期、短期"的分类规定，并进行标识。

电子文件应与纸质文件的内容相同，当修改时，应采取措施使电子文件和纸质文件内容保持一致。

应保存原位测试、岩土水试验、工程测量等具有重要影响的设备及其软件的采购、验收、检定/校准、维护等文件与记录。

3.2.5.3 道路工程勘察原始资料的管理

城市道路工程勘察前，必须取得下列图纸和资料：附有标明坐标、道路走向、桩号和现状地形的道路工程总平面布置图，或道路的类别、路面设计标高、路基宽度、选用的路面结构组合类型和排水方式，以及地下埋设物概况等。

工程勘察纲要内容和勘察文件编制深度要符合《房屋建筑和市政基础

设施工程勘察文件编制深度规定》，加强原始记录和原始资料的管理，保证原始资料与工程勘察文件结论的一致性。工程勘察文件（含原始资料）应符合国家有关工程勘察规范、标准、编制深度规定及城建档案管理的要求，并在勘察文件中对复杂场地条件和可能给工程造成危险的环境条件，做出必要说明。

对大、中型道路工程和地质条件复杂项目勘察原始资料进行审查，对工程勘察文件涉及工程建设强制性标准的内容严格把关，并根据具体情况要求工程勘察单位提供原始资料，确保原始资料与工程勘察文件一致。把好勘察文件的程序性审查、技术性审查、修改回复和审查合格书发放关。审查记录、审查合格书等有关资料应当归档保存。监督检查勘察单位有关文字报告、图纸图表等是否符合有关规定和标准。

3.2.6 企业内部质量监督与改进

3.2.6.1 质量管理的法规和标准依据

企业负责管理与质量有关的法规性文件、质量标准，并采取跟踪、识别、收集、发布、发放、应用等管理方法做出规定。此项规定可按企业级和工程项目级两个层级进行管理。

企业级质量管理应对企业的质量职责和权限、资格管理、培训、法规和技术标准、设备、计算机和软件、出版和档案、文件和记录、监督和改进、质量考核等内容和要求做出规定。

工程项目级管理应对工程项目承接、勘察过程、现场服务、采购（外协）、不合格品控制、顾客满意度调查、配合施工图审查等内容和要求进行规定。对于贯彻执行《质量管理体系 要求》（GB/T 19001—2016）国家标准的勘察企业可以将质量管理标准按层次分类进行管理，分为质量手册、程序文件、作业文件（含记录表格）三类。

3.2.6.2 企业内部质量监督

企业内部质量监督可采用检查、抽查等方式。

企业进行质量检查或抽查的范围应包括各个部门、各个行业（专业）和各个工程项目，对勘察成品的抽查宜在4%～10%之间。可采用定期方式，也可采用动态方式，可每季度一次、每半年一次，或每年度一次。质量检查或抽查专家宜包括技术型和质量型专家，他们既可以是本企业的资深专业人员、质量管理人员，也可以是本企业以外的专家。

之前，可对内部质量监督的范围、频次、内容、组织的职责与权限、评价、处理等做出规定。

3.2.6.3 第三方评价

第三方评价是指除顾客、本企业以外，无利益相关的单位组织开展的质量评价活动。勘察企业通过参与质量第三方评价工作或活动，可以有效提升企业质量管理的能力和水平。第三方评价包括必需的第三方评价和鼓励的第三方评价。

必需的第三方评价通常由审图机构、政府行政管理部门和行业管理部门组织进行，需要时，企业必须配合有关部门开展评价工作。相对而言，行政管理部门的监督结果最重要，应作为企业内部质量评价的依据。

鼓励的第三方评价包括第三方满意度调查、质量管理体系认证、质量运行状态评价、QC小组活动等，其结果可作为质量管理效果的评价依据。

3.2.6.4 质量信息反馈

企业应建立质量信息反馈制度，明确质量信息的收集、汇总、统计、分析与处理的责任部门及职责权限。

质量信息包括顾客满意度、成品的符合性（第三方的审核信息）、产品实现过程的符合性、与分包方相关的质量等信息内容。这些质量信息通过顾客满意度调查、质量内部监督、工程项目组成员填写反馈表、工程回访、第三方评价等方式反馈给质量管理部门。

其中，一般的顾客满意度调查至少一年一次，可通过电话调查、网络调查、问卷调查等方式进行。调查内容宜考虑成品质量、资料与成果、现场服务质量及与顾客和施工等单位的沟通协作等。调查表尽量采用量化的评价标准。调查结果应进行数据汇总分析，可针对问题制定纠正或预防的措施。

总的说来，实行质量信息反馈制度是为质量考核和质量改进提供依据，并在后续的工作中对质量改进措施进行验证、评审，从而形成一个完整的管理循环。

3.2.6.5 质量考核及改进

（1）质量考核

企业应建立质量考核标准，规定质量考核内容和要求，明确质量考核的管理部门或管理人员。该标准应与质量目标、过程质量、成品质量、顾客信息反馈等绩效指标相对应。

由于此项质量考核是质量管理的重要内容，具有导向性的作用，企业应重视并做好质量考核工作，而做好质量考核工作的关键是制定合理、公开的考核标准。

（2）质量改进

企业质量改进的内容可包括标准改进、资源改进、文件改进、监督和评价的改进等。工程项目质量改进的内容可包括过程质量改进、成品质量改进等。

可利用适当时机，对质量方针、质量目标、质量管理体系进行评审，根据评审结果对质量方针、质量目标和质量管理体系文件进行修编，并对质量管理环节、质量管理活动中发生的质量问题进行改进。

质量改进措施的种类包括纠正措施和预防措施。企业采取纠正措施是确保不合格不再发生，采取预防措施是防止潜在不合格发生，质量改进措施应在具备人员、计划、方法的条件下有序实施。如果需要，可对改进措施和效果进行分析、评价。

3.3 道路工程勘察过程的质量控制

道路工程勘察过程的质量控制应包括项目承接、勘察策划、岩土过程控制、水文地质过程控制、工程测量过程控制、勘察分包、成果编制、后期服务。

3.3.1 道路勘察项目承接与质量策划

3.3.1.1 道路勘察项目承接

工程勘察企业在向顾客做出提供产品的承诺前，即在对承揽工程勘察项目发出报价、投标书和合同签订前，应进行与产品有关要求的评审，评审本企业是否具有满足顾客的要求的能力。

承接项目后，合同或其他具有法律效应的证明文件作为项目承接的凭据，纳入合同管理台账。合同履行过程中的所有书面材料应存档，纳入合同管理台账。

3.3.1.2 道路勘察质量策划

（1）组建勘察项目机构

企业依据勘察合同，下达勘察任务书，任命项目负责人，明确勘察项目的各项要求。工程勘察项目负责人应根据拟建建（构）筑物的性质、规模、场地地质与环境条件、勘察阶段、勘察合同及任务书的要求，组建勘察项目组（部）。

（2）组织编制勘察工作方案

在开展勘察工作之前，项目负责人应组织编制勘察工作方案（勘察纲要／勘察技术设计书）。编制勘察方案应满足以下要求。

由项目负责人组织有关人员编制勘察方案。为满足设计的要求，勘察方案的编制可邀请该项目的设计人员参与。

勘察方案应明确质量目标，保证内容完整，具有针对性和可操作性，体现规划、设计意图，满足任务书和合同的要求。

勘察方案应由具有相应资格的人员审批后实施，实施前应进行安全、技术交底。

勘察方案变更应作为方案的组成部分，当发生重大变更时，应按程序重新审核、批准。

3.3.2 道路工程勘察外业的质量控制

工程外业勘察的主要任务是查明、分析、评价建设场地的地质、环境特征和岩土工程条件。本书所介绍的道路工程常规外业勘察，包括工程测量、地质钻探、土质和水试样的测试、现场原位测试等。针对上述勘察项目，应根据勘探与测试的特点，编制相应的勘察技术方案，并按照要求实施质量控制，满足工程建设需要和质量要求。

3.3.2.1 钻探过程的质量控制

钻探工作是道路工程勘察取得第一手资料的重要手段，钻探质量决定着勘察成品质量。

（1）钻探工作的基本要求

钻探点数量、布点及钻孔深度等现场作业应符合规范要求，确保现场编录与土工试验记录的真实性，并根据施工中实际地质情况核查勘察成果质量。钻探、取样的机具设备，岩土工程原位测试及工程测量仪器等现场作业设备应当符合有关标准、规范的要求，按规定应当检定或者校准的设备和仪器，须定期进行检定或者校准，其他设备和仪器应当进行自检，确保其性能完好。

钻探点测放前应调查了解勘察场地地下管线分布情况，制订钻孔方案。其钻孔位置应避开地下设施和管线，并设置标识与编号。

（2）钻探点的间距控制

钻探点的布置宜根据道路分类、场地及岩土条件的复杂程度确定。实践中，一般钻探点位置应沿道路中线布置。若条件不允许，钻探点可移位但不宜超出路基范围。考虑相同地貌单元或不同地貌单元交界部位的特点，各交界部位之间也应布置钻探点。同时，在微地貌和地层变化较大的地段，或线路通过有机质垃圾、杂填土、未经沉实的回填土以及软土分布地段时，应查明其分布范围，加密钻探点，并布置控制性横剖面。

而一般路基钻探点的间距可按一级场地150～300 m、二级场地300～500 m、三级场地400～600 m三种等级进行控制。

（3）钻探孔的深度控制

钻探孔的深度控制主要是为了满足路基地基稳定性分析、变形计算、地基处理方案比选的要求。一般路基土是细粒土的，钻探孔深不宜小于4 m；路基土是粗粒土的，钻探孔深不小于2 m。辅助性钻探孔的布设和深度可视地形、地质情况确定。

另有实测地下水位的钻探孔应达到初见水位以下0.5 m，最大应达路面设计标高以下5 m。当线路通过含有有机质垃圾、杂填土、未经沉实的回填土、软土和可液化土层（饱和砂土、粉土层）的地段时，钻探孔应适当加深或钻穿土层。

道路高填路堤和陡坡路堤的勘察，应在有代表性的工程地质横断面上进行，每条横断面上的钻探孔不应少于2个，深度应能满足稳定性分析和工程处理的要求。

采取土试样和进行原位测试的钻探点还应结合地貌单元、地层结构和土的工程性质布置，其数量可占钻探点总数的1/4～1/2。

3.3.2.2 原位测试过程的质量控制

原位变形、波速等测试项目应在勘察纲要中反映其试验过程及质量控制要求，所选用的计量仪器设备应处于有效校检状态，观测数据可靠准确，必要时绘制图表，发现粗差应及时分析原因，采取措施。

（1）标准贯入试验质量控制

标准贯入试验是一种在现场用63.5 kg的穿心锤，以75 cm的落距自由落下，将一定规格的带有小型取土筒的标准贯入器打入土中，记录打入30 cm的锤击数（即标准贯入击数N），并以此评价土的工程性质的原位试验。

该试验适用于砂性土、黏性土，不适用于碎石类土及岩层。其主要缺点是试验数据离散性较大，精度较低，对于饱和软黏土，远不及十字板剪切试验及静力触探等方法精度高。标准贯入试验的质量控制，如以下要求：

标准贯入试验的设备规格应符合《岩土工程勘察规范》（GB 50021—2001）的规定。当对开式贯入器出现明显变形（如扭曲、膨胀、错缝等）时，应予以更换。贯入器刃口损坏（缺口或卷刃），单个缺口长度超过5 mm，或累计缺口超过12 mm时，应予以更换。锤重以63.5 kg为准，当重量误差超过±0.5 kg时，必须调整。

标准贯入试验孔试验前应清除孔底残土（残留土不得超过5 cm），当在地下水位以下的土层中试验时，应保持孔内水位高于地下水位，必要时用泥浆或下套管护壁。

采用自动脱钩的自由落锤法进行锤击，锤击速度每分钟应小于30击，贯入器打入土中15 cm后，开始记录每打入10 cm的锤击数，累计打入30 cm的锤击数为标准贯入试验锤击数N。当锤击数已达50击，而贯入深度未达30 cm时，可终止试验。

贯入试验结束，提出贯入器，取出贯入器内的土样，鉴别并描述岩芯，需判定地震液化时，应选取试样做颗粒分析。

（2）圆锥动力触探试验质量控制

圆锥动力触探是利用一定的锤击动能，将一定规格的圆锥探头打入土中，根据打入土中的阻力大小判别土层的变化，对土层进行力学分层，并确定土层的物理学性质，对地基土做出工程地质评价。

圆锥动力触探的优点是设备简单、操作方便、工效较高、适应性广，并具有连续贯入的特性。对难以取样的砂土、粉土、碎石类土等，对静力触探难以贯入的土层，动力触探是十分有效的勘探测试手段。

圆锥动力触探试验采用自由落锤装置，触探杆最大偏斜度不应超过2%，锤击贯入应连续进行。对轻型动力触探，当N_{10}大于100或贯入15 cm

锤击数超过50时，可停止试验；对重型动力触探，当连续三次$N_{63.5}$大于50时，可停止试验或改用超重型动力触探。

3.3.2.3 工程测量与测绘过程的质量控制

工程测量主要是为了查明建设场地的地形、地貌而进行的测量、测绘，即实地测定所测对象坐标控制点的平面位置和高程，并将测量范围内的地物、地貌按比例绘制成地形图。

（1）工程测量的基本要求

外业踏勘时，要求观察各级控制点的完好性、测区的观测或通视条件、重要地物特征以及在地形图中的变化情况。

实施测量时，须检查测量、监测仪器的性能、标识及电池的电量。要求测量起始数据具有互检性，并对测量标志的制作、埋设、标识与防护，测量操作、数据读取、数据记录、司镜、看守仪器等过程进行控制。

外业原始记录应及时、真实、准确，电子观测数据须及时备份或转存于室内计算机，必要时可进行复测检查。特别是等级控制点、测量报告等成果交付，应保证及时记录。工程测量作业过程可进行阶段验收、完工前验收。

（2）工程测量与地质测绘的质量控制

一是对所测对象坐标控制点的平面位置和高程位置进行质量控制，并将测量范围内的地物、地貌按比例绘制成地形图。当按要求复测时，必须对相邻征地红线的平面位置及坐标点进行控制。

二是把规划设计好的道路、桥梁等相关设施的位置，在地形图上标示出来，作为施工依据进行控制。

三是工程地质测绘和调查阶段的质量控制。其内容：了解场地的工程地质条件和水文地质条件；调查拟建场地周边的环境条件；分析不良地质作用和场地稳定性，划分抗震地段类别；评价拟建场地工程建设的适用性；存在两个或两个以上拟选场地时，进行比选分析。当拟建场地工程地质条件复杂，已有资料不能满足要求时，应根据具体情况进行工程地质测绘和必要的勘探工作。

3.3.2.4 土质及水试样测试过程的质量控制

（1）试验室管理基本要求

根据试验室管理有关规定，对试验人员实施持证上岗制度，并按委托的土工试验任务书进行试验。因此，土质试样、水试样测试之前，须核对试验样品的数量、编号，检查样品质量，采取措施保持试样的原状性，不合格的样品则按规定进行处置。确保试验室仪器设备处于有效检校状态，检校的标识清晰醒目。确保试验使用的溶液、试剂、化学用品稳定有效，试验用量准确。

（2）地下水位观测控制

按勘察工作方案及有关操作规程的要求，观测地下水位变化。

各类试验孔、观测孔的过滤器规格、材质及位置应符合设计要求；洗井质量、孔内沉淀物应进行检查，符合要求后方可进行水文地质试验、观测。

按要求进行地下水位、水量的观测，严格按照时间间隔、稳定性标准的要求，并及时记录。保留需长期观测或试验的孔，应对孔口采取保护措施，加上稳定的固定标志。完成试验或测试后应严格按要求进行封孔处理，并保持封孔记录。及时绘制水位、流量、时间的动态曲线，发现问题应及时分析原因，采取措施。

（3）地下水水样测量

在路基竖向范围，遇地下水时应及时测量水位，必要时可采取分层隔水措施，将被测含水层与其他含水层隔开。初见水位和稳定水位可在钻孔、探井或测压管内直接量测，需量测稳定水位时其间隔时间可按地层的渗透性确定，一般砂土和碎石土不得少于0.5 h；粉土和黏性土不得少于8 h。而初见水位和稳定水位的量测误差不得大于±2 cm。

地表水或地下水均应做水质分析和简易水文地质试验，所采集的地下水样应具备天然地下水质的条件。采集方法：当确认为多层含水层时，必须做好分层隔水措施，并按分层采集水样。取样前须对盛水容器进行清洗，不得残留杂质。水样采集后应及时封口，并做好采样记录。清洁水的水样放置时间不宜超过72 h，稍受污染的不宜超过48 h，受污染的不宜超过12 h。水样储存及运输过程中，要采取防震、防冻、防晒等必要措施。一般情况下，水试样应安排及时试验。

（4）土质试样取样与检验

土质试样可为道路工程提供路基土的物理力学性能指标。因此，按现有方法对全部钻探孔均应采取土试样，取土试样的竖向间距应按设计要求、地基的均匀性和代表性确定。一般在路面设计标高以下1.5 m内，其取样间距为0.5 m。每件土试样的重量不应少于20 kg，并贴上标签，标签贴于土样顶部或粘贴于容器外壁。土样标签应记载工程名称或编号、孔号、取样深度、取样日期及取样人姓名等内容。土样密封后应置于温度及湿度变化小的环境中，垂直放置，不可倒置或平放，并避免震动、暴晒或冰冻。

运输土样应采用专用土样箱，土样之间用柔软或膨松缓冲材料填实。对易于震动液化、水分离析的粉土及砂土样，宜在现场就近进行试验。一般土样贮存时间不宜超过三周。

为判断路基土类别和路基土干湿类型，土试样应做颗粒分析、天然含水量和液、塑限试验，对尚未沉实的人工填土路基还应进行重力密度试验；对特殊性土则应进行标准击实试验。

当道路改建（拓宽、补强、加固）工程缺乏勘察资料时，可挖验原路面结构，判明各结构层的厚度、材料组成及污染情况；如果是原路翻浆地段，则应查明翻浆严重程度、防治措施的效果、路基高度、交通量等情况。

3.3.3　道路工程勘察成品的质量控制

道路工程勘察成品由报告书和相关图表组成，其质量控制也要从这几个方面着手。

3.3.3.1　勘察纲要

工程勘察纲要是道路工程勘察工作的指导性文件，实施勘察前，工程勘察单位应在充分了解拟建工程和场地特点，调查工程地质、水文地质条件和周边环境的基础上，根据技术规范经济合理地确定勘察工作量和项目，并在钻探测试过程中及时进行调整补充。

（1）工程勘察纲要的编制要求

根据工程勘察规范、规程的规定，结合勘察工作的内容和深度要求，按工程项目的特点编制工程勘察纲要。其内容包括工程概况、地质条件、任务要求、标准依据、勘探方法、人员配置、工作安排、质量控制、安全保障和环境保护措施等。

编制深度方面，应具体阐明，例如孔口高程（坐标）引测的依据，钻探孔孔号、类别、深度，取原状土（扰动土）或水样及原位测试的要求，土质与水质试验的内容、方法、数量等等。

（2）按地质条件选择道路线路

通过工程勘察，查明工程区域的地质条件，阐明其特征、成因和控制因素，评价该工程的地质状况，为道路设计和施工提供可靠的地质资料。由于场地的选择和确定对安全稳定、经济效益影响很大，在选线工作中应考虑多种因素的影响，其中工程地质条件为最重要因素之一。有时，为配合工程设计与施工，会按地质现状选择道路线路，此时应提出改善和防治不良地质条件的措施方案。

（3）做出路基地质稳定性评价

道路工程勘察还应对沿线各地段路基的稳定性和岩土性质做出工程地质评价，为路基设计，确定路基设计回弹模量和适宜的路面结构组合类型，路基压实、防护与加固，路基排水设计及不良地质现象防治等提供工程地质依据和必要的设计参数，并提出相应的建议。

（4）制订勘察工作计划

根据工程项目特点，应确定人员，配备仪器设备，在保证质量的前提下合理确定工作周期，制订详细的工作计划，并按控制流程图进行勘察，水文地质勘察、工程测量等其他专业则应参考并制订相应的控制流程。

在拟建工程项目的位置或规划设计线路确定后进行勘察，可以不区分工程勘察阶段。但在设计阶段，如果不能满足施工图设计要求，可做补充勘察。

道路工程勘察一般通过不同岗位相互配合，以由点到面、由浅入深的方法，查明工程地质条件，分析评价工程地质问题。在此基础上，相关内业部门对获得的工程勘察资料进行整理分析，最后即可编写勘察报告。

3.3.3.2　勘察图表

各种图件的比例尺、方向选用适当，图示图例表示正确，各种数据及标示的位置准确，不同地区勘察所用的高程、坐标系统要调查清楚、换算正确或有明确的标示，手绘图件中图面须字体工整、线条均匀、无错别字、整洁美观，符合地质制图规定。

3.3.3.3　勘察报告书

勘察报告书应内容翔实，论述全面，准确反映道路工程地质地貌条件，文字通顺，简明扼要，文图相符，数字准确有据，文字标点符号使用正确，论据充分，结论正确。地基处理建议方案经济合理，切实可行，能全面满足委托任务书和建设、设计工作的要求。

勘察报告书内的工程地质、工程测量信息、数据经分析确认后，进行成果录入、整理与计算，并绘制相关测量成果图表，出具内业计算书。在提交岩土勘察报告、工程测量报告、水文地质勘察报告、岩土设计等成品文件前须经自校、校核、审核、审定等校审把关。有关签署人员应具有相应资格，不允许跨专业签署，编制、校核、审核、审定各岗位不允许兼任。各级审校人员应逐级对成品进行校核、审核，当发现不合格项时，返回至成品编制人进行修改，直至合格。

3.3.4　道路工程勘察放行与后期服务

勘察产品和服务应在策划所要求的验证、确认、监视、检验、试验活动完成以后，且符合接受准则才能放行。

3.3.4.1　勘察放行

不合格品处置。不合格品处置是指定专人对不合格品进行评价，提出处置意见，并对其纠正过程进行监督。同时保存不合格品的发生、处置、纠正和验证等过程的记录。

在勘察放行过程中，一般勘察外业资料放行应经项目负责人或项目技术负责人批准；室内试验成果放行应经试验室技术负责人批准。岩土工程设计产品应对照设计和开发的输入进行验证，并应在放行前获得批准。在分包合同（协议）中，应规定勘察发包单位对分包单位勘察成果的验收准则。

3.3.4.2　勘察后期服务

工程勘察企业应配合做好工程建设项目验收工作。验收工作包括路床验槽、路基工程验收、工程竣工验收等。对建设施工过程中出现的地质问题要进行跟踪服务，做好监测、工程质量事故处理、回访工作，必要时实施施工勘察。

3.4　存在的问题与应对措施

3.4.1　作业不规范及应对措施

（1）勘察等级划分不正确或不做划分

道路工程勘察等级划分不正确或不做划分，将影响勘察方案的完整性，造成钻探数量不足，勘察结论出现偏差。

应对措施：业主方（自行或请勘察专家）对勘察方案进行审查，要求勘察单位提供工程勘察等级划分的依据，对现场实施过程进行复核。同时加强勘察报告图审工作的管理，一般在勘察报告提交设计、施工单位使用前，应先完成图审。

（2）地质调查、测绘与实际不符

地质调查、测绘不规范，其结果是勘察结果与现场实际可能不符，甚至出现地基大规模沉降的情况。

应对措施：加强事中监督，推行勘察监理制度或勘察见证制度，确保原始数据的真实性和可靠性，从源头控制质量。

（3）取样不具代表性

杭州地区填土层较厚，通常原地面或路面设计标高下1.5 m还是填土层，而目前钻机套管长度以2 m为主。若不对土样的取土深度提出要求，现场容易发生疏忽，土样可能不具代表性。有时，又以室内土壤的渗透试验替代现场抽水试验，以室内试验结果评价地层渗透性，这种做法也不利于道路施工降水，不能保证基槽、管槽的顺利开挖。

应对措施：考虑勘探点间距较远，以及浅部土层的受力特征，应明确取样要求，按现场抽水形式进行地层渗透性测试与施工图审查。

（4）勘探点设置不合理

一是勘探点平面布设偏少情况。一方面，道路工程勘探点布设数量偏少，另一方面，预定位置布设探点又有难度，个别暗塘等容易漏查，特别是在湿地、河道密布区或人工改造多的区域，影响探查质量。而道路下部土层因探点数量相对较少，地质变化不易发现，譬如下部土层为特殊性土等，则施工后土层可能出现沉降。

应对措施：勘探点数量按勘察规范上限或以更高要求确定，宜沿道路两侧布置。当道路宽度大于50 m时，建议在沿道路两侧布置勘探点的同时，在道路中线再布置一排钻探孔，有利于查明条带状暗沟等。若场地条件受限，应在条件具备后及时补充勘察。

二是勘探点的深度不足问题。勘探点估算或实际钻探深度不足时，设计方无法进行沉降稳定性计算及承载力分析，往往采用偏于保守的设计思路以降低计算深度的要求。

应对措施：勘察单位在进行勘察方案设计时，根据实际，设定荷载及场地可能的地层条件，估算确定钻探深度。

（5）周边环境及地下设施资料内容不全或资料记载有误

周边环境及地下设施资料内容不全，钻探时损伤地下设施的事件时有发生。

案例一：杭州城西污水处理厂南线管道工程，2013年12月27日下午在W3-W4井段曲线顶管顶进时，因资料内容有误，顶管机机头触碰到地下D610高压天然气管道。

案例二：2014年7月23日下午，杭州滨江区铁岭排涝站工程在轨道交通保护区内实施勘探作业，因资料搜集不全，发生钻穿隧道盾构的事故。

案例三：2014年12月8日下午，杭州城站广场环境综合整治工程在轨道交通特别保护区内实施沟槽开挖作业，因资料内容有误，风镐头击穿轨道交通城站站活塞风室顶板，导致轨道交通1号线紧急采取限速措施。

应对措施：业主单位应提供内容翔实的资料，勘察单位应按地下设施的分布情况实施勘察作业，保证勘察过程的安全。

3.4.2 勘察评价不规范与应对措施

（1）地震效应评价不规范或不做评价

工程场地地震效应评价不规范或不做评价致使抗震设计内容缺失或结构布置不合理。

应对措施：地震效应评价应符合规范要求，重特大项目宜进行抗震专项评价。

（2）不良地质评价不恰当

明显不适宜建设的场地，或因勘察疏漏未发现不良地质作用及特殊土，所提出的建议评价不恰当，其结果就是影响道路工程实体质量。

应对措施：加强野外作业的质量管理与控制，提高自身业务水平。

（3）地质条件变化未进行评价

沿线工程地质、水文地质条件变化较大时，未进行岩土工程分区与评价，其结果是：更大的设计安全系数，造成了不必要的浪费；只能满足某一分区要求，不能满足其他分区要求，导致使用年限减少或工程事故的发生。

应对措施：地质条件差异较大，须考虑分区，并提出分区结论和设计参数。

（4）岩土可挖性参数不合理

路堑段岩土的可挖性涉及边坡稳定性，路堑开挖又涉及地下水变化，而地下水的变化容易对岩土的承载力及变形造成很大的影响。因此，这方面提供的参数不合理，评价建议不规范，轻则会造成工程浪费，重则导致工程事故。

应对措施：重点查明基岩的层理、节理组合及构造发育情况，分析岩质边坡的稳定性，提出岩质边坡的开挖坡率。对于土质路堑应重点查明土的物理力学性质，评价地下水对边坡的稳定性影响，提出边坡开挖坡率。

（5）特殊性土评价分析不够详细

特殊性土对于道路工程的路基有很大影响，由于其特殊性，如不能对其进行详细分析评价，工程在建设期或使用期就容易出现很大问题。

应对措施：针对区域地质条件做好特殊性土的勘察预案，详细勘察沿线特殊性土的分布、变化规律，分析评价对工程的不利影响。

（6）对地基现状与病害资料不进行研判

一般中小型改扩建项目，往往不进行工程勘察，也不调阅研判前期资料，就进行道路设计。这样做对于运行良好的既有项目可能没有问题，但是对于存在沉降过大、原路开裂等病害的项目，直接改扩建处理只能掩盖表面，随着道路长期运营，问题只会越来越严重。

应对措施：尽量收集原勘察资料，并对收集的资料、现状地基与病害进行研判，判断其可利用程度。

3.4.3　专项结论不翔实与应对措施

（1）岩土分布特征表述不翔实

沿线岩土分布特征、路基干湿类型表述不翔实，提供的岩土参数不准确，容易形成误判，影响工程质量。一旦项目投入使用，就会出现道路沉降等病害。

应对措施：岩土分布特征等专项结论内容应详尽且通俗易懂，勘察单位应设层级把关，确保设计参数的合理性、有效性。

（2）地下水、地表水变化规律分析有误

道路基础是土体颗粒的集合体，受水作用产生较大变化。因此，如果对地下水和地表水专项结论分析有误，不仅会导致设计误判，还会严重影响工程质量。

应对措施：进行相关水文调查与测试，详细阐述沿线地下水和地表水的分布、变化规律，提出地下水对工程影响的结论意见。

（3）地基承载能力指标过低

特别是填方路段，地基土的承载能力、变形参数变化是影响质量的关键。因此，经勘察提出的参数指标过低，会降低工程使用寿命，可能造成路基失稳等严重工程事故；过高则造成工程浪费。

应对措施：重点查明地基土的变形特征，分析路堤后期沉降变形后可能出现的情况，提出地基处理的建议。

（4）接驳段沉降处理不合理

通常路桥接驳过渡段的变形较为明显，这种变形是桥头跳车的重要原因，也是最为常见、最难以处理的病害。这类通病的产生有许多原因，但勘察单位提出接驳过渡段的变形参数、地基处理措施不合理是主要原因。

应对措施：进行详细测试，了解桥台区域的地层条件，特别是桥台与路堤的变形差异特征，提出接驳段沉降协调控制的地基处理措施等相关建议。

3.4.4　杭州道路工程勘探共性问题

杭州市域广阔，辖区内地质条件复杂，既有山地丘陵，也有滨海、沿江的平原和湖泽。道路工程建设在这样的地质条件下，需要重点关注的问题很多。常见的问题有以下几种。

（1）填土层勘探的问题

人类活动使地表原状土层上产生了填土层，而且随着时间的推移，填土层往往厚薄不一。如杭州老城区的填土层厚3～4 m，钱塘江两岸最厚可达8 m，郊区填土层也有近1 m厚。鉴于填土层的性质差异非常大，实际勘察一般仅对原状土层进行分析，填土层是无法或很难进行室内试验的。而在很多区域，填土层又正好位于路基位置，所以很多时候不在道路纵断面上进行勘察。有时，在挖除填土层时，仅仅做了清表工作，这些路段的路基在使用时就会出现下沉、路面下陷等质量问题。

（2）软土层勘探的问题

杭州濒临东海，软土层广泛分布，这些软土层构成了道路路基的软弱下卧层。当路基荷载作用于软土层，就会使其压缩变形。另外，现有钻探深度不够，同时不对软土有机质含量进行测试，也就无法考虑软土的蠕变作用，仅仅通过室内试验数据折减的办法进行计算，容易产生软土路基失稳或软土路基边坡失稳等问题。

（3）粉土层勘探的问题

受河流和海洋的交互作用，杭州城东区广泛分布着粉土层，粉土层分布更浅。而粉土受土层内黏粒含量影响很大，当黏粒含量较高时，会出现其渗透系数急剧减小的现象。同时粉土受震动后液化现象较为明显。这就导致了当路基或管基坐落在粉土层上时，若地下水位较高，路基排水就困难，易发生弹簧土现象；管沟回填质量也难以保证。

（4）暗塘、暗沟、明沟、池塘勘探的问题

杭州拥有著名的西溪湿地，局部湿地改造成为建设用地后，就形成了大量暗塘和暗沟。这些暗塘、暗沟的存在，都会对道路工程产生影响，需要勘察单位仔细勘察，详细调查。如勘察工作马虎，未能探明暗塘、暗沟，或对池塘、明沟沉积的浅层塘淤泥未做调查分析，具体施工时又未处理，使上部结构发生很大变形，此时若设有管线，还会导致管线断裂，从而产生更多的次生影响。

§4 设计质量管理

城市道路工程设计应根据城市总体规划、城市综合交通规划、专项规划，考虑社会效益、环境效益与经济效益的协调统一，合理采用技术标准，有效控制道路工程的设计质量。由于工程设计是施工图设计和优化施工方案的重要环节，直接关系工程的实体质量安全和交通使用功能，因此，工程的设计质量是工程质量管理的重要内容。

4.1 城市道路工程设计概述

4.1.1 城市道路工程设计任务与有关规定

工程设计是根据建设工程的要求，对建设工程所需的技术、经济、资源、环境等条件进行综合分析、论证，编制建设工程设计文件的活动。

4.1.1.1 城市道路工程设计质量管理的意义

城市道路工程设计应依据城市总体规划确定的道路等级、红线宽度、横断面形式、控制高程、各种管线综合布置等进行道路设计，并在综合考虑行人、非机动车、机动车的通行要求下，优先为非机动车和行人以及公共交通提供舒适良好的环境。

此外，须考虑社会效益、环境效益、交通效益与经济效益的协调统一，合理采用技术标准，符合"以人为本，绿色交通，资源节约，环境友好"的设计原则，充分体现城市道路的建设特色。

工程设计质量决定了工程项目的质量水平。受各种因素影响，城市道路建设工程往往都是重视施工阶段的质量控制，较少关注设计阶段的质量控制。殊不知，道路工程设计是施工图设计和优化施工方案的重要环节，直接关系道路工程的实体质量安全和交通使用功能。为此，本书将道路工程设计质量的管理与控制作为重要章节进行叙述。

4.1.1.2 道路工程设计内容与功能

城市道路工程设计主要包括几何线形设计和结构构造设计两类。其中，道路几何线形设计是研究汽车行驶与道路平面、道路纵断面中各几何元素的关系，以保证在设计行车速度、预计交通量和地形及其他自然条件下，达到行驶安全、交通畅通、行车舒适和路容美观的设计目标。因此，在几何线形设计中，道路设计的质量控制就是如何协调人、车、路和环境的关系。而在道路结构构造设计中，道路横断面和道路平面交叉口的设计，以及公用设施、景观绿化、排水等设计的重点是考虑如何发挥道路的使用功能，保证行车、行人的安全性。道路路基、路面结构设计，重点要考虑道路在行车荷载和自然因素的共同作用下，如何保证在设计年限内路面结构的稳固耐久、道路表面的平整抗滑。以上环节的设计质量都直接关系到道路的正常使用与服务质量。

4.1.1.3 道路工程设计前期的有关规定

（1）收集道路工程项目原始资料

收集和熟悉资料，包括：已批准的项目建议书、可行性研究报告、选址报告、城市规划以及规划部门的批文、土地使用要求、环境要求；工程地质和水文地质勘察报告、区域图、比例为1/500～1/1000的地形图；动力、资源、气象、人防、消防、地震烈度、交通运输、施工工艺等资料；有关设计规范、标准和技术经济指标等。分析研究整理出满足设计要求的基本条件。

（2）论证道路工程项目总目标，初步确定项目的总规模、总投资、总进度、总体质量

在总投资额的限定下，分析论证项目的规模、道路及其他交通设施标准能否达到预期水平，进度目标能否实现；在进度目标的限定下，要满足建设单位提出的项目规模、道路及其他交通设施的标准要求，估算总投资又需多少。论证时应将历史上类似工程的各种指标和条件与本项目进行差异分析比较，并分析项目建设中可能遇到的风险。以初步确定的总规模和质量要求为基础，将论证后确定的总投资和总进度切块分解，确定投资和进度规划。

（3）组织设计招标或设计方案竞赛

设计方案的征集方法主要有两种，即组织工程设计招标和设计方案竞赛。前者可分为公开招标和邀请招标，后者可分为公开竞选和邀请竞选。

随着建筑设计市场的发展变化，为适应建筑设计特点，住房和城乡建

设部颁布了《建筑工程设计招标投标管理办法》修订本（以下简称《办法》），并于2017年5月1日起施行。《办法》结合国际通行惯例，做出以下规定。

规定设计团队参加投标，对设计团队招标主要通过对投标人拟从事项目设计的人员构成、人员业绩及项目解读、设计构思等进行评审确定中标人。

规定招标文件应当明示设计费或者计费方法；招标人需另行选择其他设计单位的，应当在招标公告或者投标邀请书中明确；实行设计总承包的设计单位可不通过招标将非主体部分的设计进行分包。

贯彻"放管服"改革的要求，《办法》取消招标资料备案审核，以及境外设计单位参加国内建筑工程设计投标审批的规定。同时，根据建筑上位法的相关规定，明确可以不招标的几种情形。

规定了对招标文件澄清、修改以及异议处理的办法；明确了评标委员会应当否决投标的情形和重新招标的情形；评标委员会应当向招标人推荐不超过三个中标候选人，并标明顺序。

设计方案竞赛是业主方公开征集或邀请设计单位通过比选、竞争性谈判等方式，选择工程设计单位的做法。因为设计单位提供的产品是智力成果，无法量化考核，好的设计单位不容易通过招标评分表那样的打分来选择，项目技术复杂程度高的尤其如此。所以就采取两阶段招标方式。首先让符合条件的设计单位，按照业主方对项目的使用要求、投资额度以及其他限制性条件，设计总体方案。然后由业主方邀请专家（或委托最负盛名的设计单位、科研单位）对各个方案进行综合评价，也可以在公共场馆或网上进行公示，请全体市民参与投票评分，最后综合各方意见遴选出最优方案。

4.1.2　城市道路工程设计阶段划分及内容

根据住房和城乡建设部《市政公用工程设计文件编制深度规定（2013年版）》的规定，市政公用工程设计一般分为前期工作和工程设计两部分。前期工作包括项目建议书、预可行性研究、可行性研究。工程设计包括初步设计和施工图设计。

城市道路工程作为政府投资项目，一般不要求进行预可行性研究，前期仅要求编制项目建议书和可行性研究报告。

对于重大工程项目，在技术要求严格、工艺流程复杂、设计又往往缺乏经验的情况下，为了保证设计质量，在初步设计后、施工图设计前可增加技术设计阶段。特殊的大型项目，在初步设计前还应进行总体设计，但总体设计不作为一个阶段，仅作为初步设计的依据。某些项目，若存在较多的不确定性或方案有较多的可能性，在可行性研究或初步设计之前可增加方案设计，但方案设计也不作为一个阶段，仅作为可行性研究或初步设计的依据。

对于技术简单、方案明确的小型建设项目，经主管部门批准，工程设计可按第一阶段直接进行施工图设计。

4.1.2.1 项目建议书

项目建议书，是对项目方案进行初步的技术和经济分析及社会与环境评价，对项目是否可行做出初步判断。主要目的是判断项目是否有生命力，是否值得投入更多的人力和资金进行可行性研究。

4.1.2.2 可行性研究

工程可行性研究应以批准的项目建议书和委托书为依据，其主要任务是在充分调查研究、评价预测和必要的勘察工作的基础上，对项目建设的必要性、经济合理性、技术可行性、实施可能性、对环境的影响，进行综合的研究和论证，对不同的建设方案进行比较，提出推荐方案，明确项目存在的主要问题和主要争论与分歧，并提出项目实施的合理化建议。可行性研究的工作成果是可行性研究报告，批准后的可行性研究报告是编制设计任务书和进行初步设计的依据。

4.1.2.3 方案设计

方案设计是为建设项目总体开发和总体部署所进行的全面策划的活动。方案设计阶段应以规划路网为导向，结合已建道路、铁路及河流、周边新建小区、保留建筑等具体情况，对道路在路网中的交通功能做进一步的分析评价，对道路线形进行分析研究，对具备修改条件的道路，应在道路建设前期提出合理化建议。对规划道路断面进行分析，结合道路在城市路网中的位置以及城市用地规划，对道路断面提出比选方案。对重要节点进行详细分析，充分论证节点方案的可靠性、合理性、经济性。

4.1.2.4 初步设计

初步设计是为产品实现提供符合顾客和适用法律法规要求的、在技上可行、经济上合理的工程安排，并为施工图设计做出原则性规定的活动。初步设计应根据批准的可行性研究报告或方案设计进行编制，要明确工程规模、建设目的、投资效益、设计原则和标准，深化设计方案，确定拆迁、征地范围和数量，提出设计中存在的问题、注意事项及有关建议，其深度应能控制投资，满足编制施工图设计、招标及施工准备的要求。最后形成的设计文件由设计总说明书、设计图纸、主要产品和材料表、工程概算四部分组成。

（1）初步设计项目的审查范围

根据有关规定，应对以下建设项目的初步设计进行审查：一是政府出资的建设项目；二是法律法规规定应当进行初步设计审查的国家及其他重点建设项目；三是涉及公众利益和公共安全的大型房屋建筑、市政公用建设项目；四是列入国家标准界定的特殊设防类、重点设防类建设项目。其他项目的工程设计文件，由政府有关部门对其涉及的工程建设强制性标准等进行技术审查。

（2）初步设计的深度要求

初步设计的深度应能满足土地使用、投资目标的确定，主要产品和材料的订货，施工图设计和施工组织设计的编制，施工准备等要求。经批准实施的初步设计，一般不得随意修改、变更。如有重大变更，须报原审批单位重新批准。

针对技术复杂，或有特殊要求而又缺乏设计经验的道路建设项目，宜在初步设计批准之后，增加技术设计这一环节，以解决一些重大问题。譬如初步设计中采用特殊施工工艺的，须经试验研究确定；又如工程项目的建设规模及重要技术经济指标，也须经进一步论证确认。在此阶段，应在初步设计总概算的基础上编制出修正总概算。

总而言之，初步设计文件编制的内容和深度应当根据不同专业、类型，以及相关标准的要求，按照《市政公用工程初步设计文件编制深度规定》进行编制，同时还必须满足编制施工图设计文件的要求。

（3）初步设计质量控制的目标

初步设计质量控制目标应在指定的地点和规定的建设期限内，根据选定的总体设计方案进行更具体、更深入的设计，论证拟建工程项目在技术上的可行性、经济上的合理性，由此拟定项目的设计标准以及道路、排水等配套专业的设计方案，并合理确定总投资和主要技术经济指标。

（4）初步设计质量控制的要点

根据初步设计的深度要求，初步设计审查的重点是工程项目所采用的技术方案是否符合总体方案的要求，以及是否满足项目决策阶段制定的质量标准。该阶段的设计图纸应满足设计方案比选的相关内容的要求。其主要质量控制要求如下：一是应符合政府部门的审批意见和有关设计要求；二是施工工艺、设备选型、构配件选用具有先进性、适用性及经济合理性；三是须满足相关建设法规、技术规范和使用功能的要求；四是相关技术参数与环境协调的程度，须满足环境保护的要求；五是设计深度应满足施工图设计阶段的要求；六是采用的新技术、新工艺、新材料应安全可靠、经济合理。

（5）初步设计中需要注意的与红线有关的几个问题

初步设计是道路工程设计中一个极其重要的阶段，经过评审的初步设计明确了道路的技术标准与方案，是施工图设计的依据。一旦初步设计需要调整，特别是牵涉道路红线方面的调整时，不仅施工图需要调整，前期的报批审核工作也需要推倒重来。因此，在初步设计中需要特别注意与红线有关的几个问题。

一是道路线形。道路设计是在规划红线的基础上进行的，规划人员对道路线形的设计规范并不是十分了解，因此经常会存在道路线形不符合设计规范的情况，比较常见的有直线段之间不设圆曲线直接相连，圆曲线半径偏小又未设置缓和曲线，圆曲线半径小于等于250 m但未设置加宽，圆曲线长度偏短，车速大于等于60 km/h时未考虑圆曲线间的直线段长度以及小偏角圆曲线的长度等。道路中心线线形的改变直接影响道路红线的变化，因此在初步设计阶段就必须指出存在的问题，以便规划部门及时调整红线，避免影响地块的出让。

二是交叉口渠化展宽设计。在初步设计中应进行详尽的交通设计，明确各交叉口的展宽宽度、展宽段及渐变段的长度，在初步设计评审中应力促规划部门与交通管理部门达成一致意见，避免后期的修改。

三是港湾式公交停靠站的设置。大部分港湾式公交停靠站的设置会牵涉红线的拓宽，因此，若设计道路需要设置港湾式公交停靠站而规划又未考虑红线拓宽时，设计单位必须提出问题，以便规划部门及时调整红线，避免影响地块的出让。

四是尽端式道路回车场的设置。尽端式道路须根据道路等级，结合车辆特征合理设置回车场。

五是沿河道路的位置。如果拟设计的道路是沿河道路或相交道路中有沿河道路的，一定要注意交叉口的缘石转弯半径与桥梁的关系，既要满足车辆右转弯的半径要求，又要避免桥梁出现不必要的异形板，增加设计和施工的复杂性。道路或河道改线是解决问题的最好办法。

4.1.2.5　施工图设计

施工图设计是根据初步设计的原则规定，编制能满足设备材料采购、施工安装和工程预算所需要的文件（图纸和说明书）的活动。具体来讲，施工图设计是在初步设计或技术设计的基础上进行更详细、更具体的设计，以指导建设工程的施工。其内容包括设计说明、道路专业设计图纸、工程量表，以及其他配套专业设计说明和图纸。

设计单位应按方案设计、初步设计和施工图设计阶段分别编制设计文件，按照各阶段特点制定相应的工作程序，并严格实施质量控制。设计文件的内容应符合可行性批准文件和工程设计标准、规范、规程以及合同约定的质量、进度、投资控制等要求，以保证道路设计的先进性和可靠性。

各阶段的设计文件必须满足基础资料齐全、采用的技术标准合理准确、编制深度符合国家有关规定等要求，满足工程建设的需要和质量要求。未经工程勘察或者工程勘察深度达不到道路设计要求的，不得进行设计。

（1）城市道路工程施工图设计的深度要求

进行城市道路施工图设计时，要考虑以下方面内容。

①执行初步设计批复情况，如有改变初步设计的内容，需说明改变部分的内容、原因和依据。

②平纵线形设计技术要点。

③设计横断面及与地上杆线、地下管线的配合关系。一是路基设计与边沟、边坡特殊设计的关系；二是路面结构设计（包括设计标准、设计弯沉值、结构组合形式）与采取的技术措施（含主路、辅路及人行步道）的关系；三是挡墙与涵洞采用的通用图或特殊设计的关系；四是雨水口布置与道路路面排水措施的关系。

④施工注意事项。施工前准备工作包括：拆迁、征地、迁移障碍物

等；管线升降、挪移、加固、预埋与其他市政管线的协调配合；明确新技术、新材料等的施工方法及特殊路段或构筑物的做法和要求；清楚重要或有危险性的地下管线（如电力、电信、燃气等管线）的准确位置和高程。

⑤平面总体设计图。比例尺为1：2000～1：10000，内容同初步设计要求。

⑥平面设计图。比例尺1：500～1：1000，包含规划道路中线与施工中线坐标、平曲线要素、机动车道、辅路（非机动车道）、人行道（路肩）及道路各部分尺寸，港湾式停靠站、人行通道或人行天桥的位置和尺寸，道路与沿线相交道路及建筑进出口的处理方式，道路交通标志和标线及交通安全设施的位置与尺寸，桥隧、立交的平面布置与尺寸，各种杆、管线和附属构筑物的位置和尺寸，拆迁房屋、挪移杆线、征地范围等。

⑦纵断面设计图。比例尺纵向1：50～1：100，横向1：500～1：1000，包括设计路面高程，交叉道路、新建桥隧中线位置及高程，边沟纵断设计线、坡度及变坡点高程，有关交叉管线位置、尺寸及高程、竖曲线及其参数等，立交设计应绘制匝道纵断面设计图。

⑧横断面设计图。比例尺1：100～1：200，应标出规划道路横断面图、设计横断面图（不同路段和立交各部）、现状路横断面图，并标示清楚相互关系，大填大挖方路基设计，地上杆线、地下管线位置，特殊横断面及边沟设计、路拱曲线大样图等。

⑨广场或交叉口（平交、立交）设计图。设计平面（地形）大样图比例尺1：200～1：500，标出平面各部详细尺寸，设计等高线及方格点高程，机动车车站和停车场位置，中央岛、方向岛、绿化、雨水口和各种管线、交通设施（收费亭、附属用房、照明灯杆、护栏、标志牌等）的位置及尺寸、附属构筑物的位置和尺寸，人行道铺装范围和路面结构（标出新建、加固、刨除的范围），拆迁、征地范围，立交相应的服务设施等。

⑩路面结构设计图。包含柔性路面结构组合大样、刚性路面结构组合大样、构造大样及分块大样、特殊段路面结构大样等。

（2）施工图设计质量控制的要点

施工图设计的质量控制应注重反映使用功能及质量要求是否得到满足。

业主应督促并控制设计单位按照委托设计合同约定的日期，保质、保量、准时交付施工图及概（预）算文件。

对设计过程进行跟踪监督，必要时进行中间检查验收。主要检查内容如设计标准及主要技术参数是否合理，是否满足使用功能要求，地基处理与路基形式的选择，结构选型及抗震设防体系等。

审核设计单位交付的施工图及概（预）算文件，并提出评审验收报告。

根据国家有关法规的规定，将施工图报送当地政府建设行政主管部门认定的施工图审查机构进行审查，并根据审查意见对施工图进行修正。

编写工作总结报告，整理归档。

4.1.3 道路工程设计质量及相关制度

设计单位应牢固树立"质量重于泰山"的责任意识，建立健全质量保障体系，建立设计质量责任制，并按照全面质量管理的要求，确定质量管理的总体目标，负责设计质量主体责任。确定设计生产主要技术环节及其质量控制点，以确保设计的产品和服务满足顾客和规范要求。

（1）道路工程设计质量控制的总体要求

总的说来，道路工程设计质量控制可使道路保持良好的线形，使路基、路面平整坚固，交叉口视野清晰，桥隧建筑的净空合理，为车辆安全行驶提供必要的通行条件。相反，如果道路存在线形设计缺陷、路面抗滑能力低下、交叉口控制不合理、桥隧建筑净空和结构不规范等问题，则可能导致行车事故的发生。

因此，为了确保道路工程的设计质量，凡是新建、改建、扩建的道路工程都必须先进行地质勘察，依据经审查合格的勘察报告进行施工图设计。对于在城市新开发区、科技园区、大型居住区内先行实施的道路工程，设计单位应根据建设单位的委托设计要求，充分考虑地块开发对道路的影响，设计时有必要采取相应的措施。工程地处软土地基的，设计单位应在施工图设计中明确地基处理的具体要求、位置和范围，工后沉降的指标控制除应满足技术规范外，还应充分考虑行车的安全。同时，设计单位应当配合工程施工，负责阐明设计意图和重要部位的设计内容，解决施工过程中因设计引起的技术问题，并按规定及时参加各阶段的验收。

（2）落实道路工程设计质量的内部审查制度

设计单位内部应严格落实"设—校—审"制度，设计人员应首先对设计文件（包括说明、图纸、工程量、计算书等）进行自校，确认无误后再交由校审人员校审。对重大项目，应严格执行"一校二审"的三级校审制度。设计单位应严格执行签字签章制度，相关设计人员应按照有关规定在设计文件上签字，不得代签或打印。执业资格注册人员应加盖执业注册章，并对工程设计质量终身负责。设计文件经本单位校审合格后方可盖章出图，未盖出图专用章的文件、图纸一律无效。

（3）落实道路工程设计质量的施工图会签制度

修改完成后的图纸由"设—校—审"人员分别签字后，交由项目负责人组织相关专业设计人员进行会签。各专业设计人员应对有关专业之间的配合关系及互提资料、数据是否准确、无错漏进行最终审查、确认，从而使设计成品满足项目及相关规范、标准要求，确保工程设计的总体质量。

（4）落实道路工程设计质量的施工图审查制度

施工图设计文件由项目业主报送建设主管部门认定的施工图审查机构进行审查，审查单位应按照有关法律、法规，对施工图中涉及公共利益、公众安全和工程建设强制性标准的内容进行审查。设计单位不得以施工图审查机构审查代替本单位的审查。施工图审查合格的设计文件，任何单位或个人不得擅自修改。若重大设计需进行变更，变更设计文件须重新报请原审批部门，由原审批部门委托施工图审查机构审查，经审查合格并加盖审查专用章后方可提交施工单位施工。工程竣工时，应以审查合格、加盖施工图审查专用章的设计变更后的设计作为验收依据。

（5）落实道路工程设计质量的检查制度

设计单位应有严格的设计控制流程和完善的设计质量管理制度，并根据相关流程开展设计，控制好设计质量。设计单位要严格按照有关规定选派技术职称和设计技术水平与设计项目质量管理要求相适应的、符合任职资格条件的人员，承担工程设计文件的审核、审定工作。各设计单位要改进质量管理方式，制定、完善质量责任制度及相应的考核办法，推行奖优罚劣措施，鼓励设计人员提高工程设计质量水平。

（6）落实道路工程设计档案的管理制度

工程成果资料和设计文件是工程建设的依据，国家有关部门批准的文件、规划红线、地形图、工程地质勘探资料是设计的依据。设计单位应尽量搜集前期和设计过程中所需的文件资料，并进行整理，按照技术档案要求做好档案管理工作，保证工程设计质量记录的可追溯性。

工程设计存档文件应包括加盖施工图审查合格专用章的全套施工图及计算书（包括修改、变更、补充的设计文件）、审查机构的审查意见书和审查合格书以及国家有关部门批准的文件、规划红线、地形图、工程地质勘探资料等作为设计依据的原始资料，除了纸质文件外，还可包括电子文档。全套存档文件的封面应加盖本单位存档印章。

（7）落实道路工程设计现场服务制度

设计现场服务是设计单位在工程建设施工现场所提供的技术交底（解释设计意图和要求）、处理现场设计变更等服务的活动。

设计单位要做好经审查合格并备案的施工图文件交底工作，对存在疑问或问题的要及时进行解答和处理。施工现场的技术服务工作要及时到位，不得以任何理由推迟和拖延，以免影响工程建设进度。对较大或复杂、重要的建设工程必须有驻施工现场设计代表，以便及时解决工程建设过程中出现的有关技术问题。

4.2 道路工程设计企业与项目的质量管理

根据工程设计行业、设计阶段等的特点，设计企业应对工程设计过程的质量进行控制，并形成管理制度。道路工程设计过程的质量控制应包括：工程设计项目承接与设计策划、工程设计方案论证与成品放行、工程设计成品交付与现场服务、工程设计企业与项目负责人的质量责任。

4.2.1 道路工程设计项目承接与质量策划

4.2.1.1 工程项目承接

工程项目承接前，设计企业应明确顾客的要求，并对顾客的要求进行评审。评审内容包括：按照招标文件的各项要求，评审本企业满足标书要求的能力，决定是否投标；投标书编制完成后，评价本企业能否满足招标文件的要求、做出的承诺是否适宜；中标后在签订合同前进行评审，确定合同与招投标文件是否有偏差，是否可接受，本单位做出的承诺是否可执行，是否有效。

工程项目承接后，合同或其他具有法律效力的证明文件应归档，并作为承接工程项目的凭据，纳入合同管理台账。设计企业必须严格按照合同约定进行设计，当设计范围或主要原则明显不符合合同条款时应重新签订合同，或签订补充合同。合同履行过程中所有书面或电子文件（包括往来信函、证据等）都应存档纳入合同管理台账。

4.2.1.2　工程设计策划

设计企业相关管理部门应依据设计合同下达设计任务书，确定工程项目负责人。工程项目负责人会同各专业负责人充分理解设计任务书和设计合同的各项要求，确定设计项目的范围和功能，对设计工作进行策划和安排。策划结果应形成设计计划，经有关部门审批后发布执行。

对有特殊要求的专项设计任务，应根据项目性质、规模、合同要求和设计阶段进行专项策划，并将策划结果纳入项目设计计划。设计计划应明确质量目标，保证内容完整，具有针对性和可操作性，满足设计任务书和合同的要求。

设计计划内容包括：设计的依据、范围、进度；质量目标和实现目标的措施；设计组织机构和职责分工；设计评审、设计校审及其他验证方法的时间、方法、内容和要求；设计成品交付的时间和方式，及与顾客或其他相关方沟通的方式和安排；设计分包的要求。

设计计划应由具有相应资格的人员审批。设计计划的变更作为策划的组成部分，当发生重大变更时，应按程序重新审核、批准。

4.2.1.3　工程设计输入与专业接口协调

工程设计输入应形成文件，确保设计输入是充分与适宜的。工程设计输入的内容包括合同及相关文件，设计基础资料，经审查批准的前一阶段的设计文件，现行适用的法律、法规、标准及企业自身的规定与要求。

项目负责人应对设计项目的内外接口进行管理，必要时，可编制设计协调规定。工程设计接口的质量控制要求：一是明确顾客、外单位和项目组各自职责和分工的范围、相互之间的边界条件、文件资料传递的途径、矛盾问题的处理方式等；二是上游专业提出的资料按设计输出控制，经过校审后提出，接收资料的专业应按设计输入控制，并评审其有效性。

4.2.1.4　工程设计分包

分包设计应符合法律法规要求。设计企业应对分包设计过程进行控制，建立分包设计管理规定。分包设计管理规定应包括下列内容：建立合格分包方的评价准则，并定期评价；选择具有相应资质的设计分包方，并签订工程设计分包合同；对分包方设计过程进行控制，并纳入本企业设计项目部（组）进行管理；对分包方的工作进行检查并按合同的要求对分包成果进行验收；设计分包完成后，对分包方的绩效进行评价。

4.2.2 道路工程设计方案论证与成品放行

4.2.2.1 工程设计方案论证

为确保工程设计方案满足设计输入的要求，应对工程设计方案的可行性、符合性进行论证，其结果形成书面文件。在实际工作中，可根据每个设计阶段项目的复杂性和重要程度，选择适当方式，按照工程项目的整体性方案和专业性方案来进行论证。设计方案论证的主要内容包括设计原则、技术方案及重要的专项设计文件。

4.2.2.2 工程设计文件校审与会签

工程设计图纸、计算书、报告等设计成品通常必须在放行前进行校审与会签。

设计校审要求设计人对出手成品进行自校，确认无误后提交校审；在提交校审时，应同时提供全部设计依据文件。设计成品的校审工作则由各专业具有相应资格的人员进行，不应跨专业签署，同样的设计、校核、审核、审定岗位一般不得兼任。

当校审发现不合格项时应进行记录，并将设计文件退回给设计人，设计人应进行修改，直至合格。设计文件的校审人在确认所有问题均得到解决后方可在设计成品文件上签署，不应先签后改。

设计成品文件会签在设计完成阶段进行，被签的设计成品文件必须经本专业校审后方可提交其他相关专业进行会签；会签人在会签时发现不符合要求的问题或有遗漏时，应进行记录，在确认改正后方可在会签栏内签署。

4.2.2.3 工程设计成品放行

设计成品包括可行性研究报告、方案设计、初步设计、施工图设计、计算书、概预算、数字化成果、修改更改文件等。设计企业应制定设计成品放行的内部交接管理制度，设计成品放行的质量控制应符合下列要求。

批准放行的责任人应在设计成品文件上签名。有关设计成品文件签署的规定，应包括签署流程、签署级别与权限等内容。

出图专用章、法人印章、注册工程师印章的使用应符合法律、法规和行政主管部门的规定。

为防止设计不合格品的非预期使用和交付，企业应制定不合格品的识别、评审、处置和验证的控制程序，对不合格品进行控制。

4.2.3 道路工程设计成品交付与现场服务

4.2.3.1 道路工程设计交底与图纸会审

设计交底是指在施工图完成并经审查合格后，设计单位在设计文件交付施工时，按法律规定的义务就施工图设计文件向施工、监理单位做出详细说明，并听取必要的工程技术方面的意见和建议。其目的是让施工、监理单位正确贯彻设计意图，使其加深对设计文件特点、难点、疑点的理解，掌握关键工程部位的质量要求。

图纸会审是指工程各参建单位（建设单位、监理单位、施工单位等相关单位）在收到施工图审查机构审查合格的施工图设计文件后，在设计交底前进行全面细致的熟悉和审查施工图纸的活动。其目的有两个：一是使施工单位和各参建单位熟悉施工图纸，了解工程特点和设计意图，找出需要解决的技术难题，并制订解决方案；二是为了解决图纸中存在的问题，减少图纸的差错，尽量排除图纸中的质量隐患。各单位相关人员应提早熟悉工程设计文件，并参加建设单位主持的图纸会审会议。建设单位应及时主持召开图纸会审会议，组织监理单位、施工单位等单位的相关人员进行图纸会审，并整理成会审问题清单，由建设单位在设计交底前约定的时间提交设计单位。

设计交底与施工图会审会议也可以同时进行，设计单位就施工图设计文件向施工、监理单位做出详细说明，并听取必要的工程技术方面的意见和建议；同时监理单位、施工单位向设计单位提出问题，并由设计单位做出解答。

4.2.3.2 工程设计更改

工程设计更改包括设计修改和设计变更。设计修改是指工程设计文件没有满足合同或法律法规要求时，设计企业依据相关审查结果，对工程设计文件进行的更改。设计变更是指设计企业满足合同或法律法规要求后，由非设计因素引起的设计更改。

而设计因素引起的设计修改应及时实施，确保在施工前完成。非设计因素引起的设计变更应在建设方确认的前提下进行。具体要求：设计更改应经本专业审核，涉及其他专业时，还应提交相关专业会签，并经授权人批准后签发。应根据更改的性质和对工程相关部分，特别是对已采购和施工部分的影响情况，决定是否需要进行方案论证。设计文件内容需要做重大更改的，在履行相关审批手续后，方可实施。必要时，设计人员应就更改情况对建设和施工单位进行交底。

4.2.3.3　现场服务

现场服务一般包括设计交底、主体工程验收、整体工程验收、施工期间技术问题的处理和合同约定的其他服务内容。通常设计企业应建立现场服务的工作程序，并根据现场服务的内容、深度及顾客要求，确定现场服务阶段工作的主要责任人和参与现场服务的其他人员的资格、职责、工作内容与服务方式。作为现场服务责任人员应及时到现场处理有关问题，反馈质量信息，必要时编制现场服务报告。当发生事故时，设计单位应当参与调查，进行原因分析，并对设计造成的质量事故提出相应的技术处理方案。

4.2.4　道路工程设计企业与项目负责人的质量责任

4.2.4.1　设计企业的质量责任

设计单位应当在其资质等级许可的范围内承揽工程，不得超越其资质许可的范围或者以其他设计单位的名义承揽工程，不得允许其他单位或者个人以本单位的名义承揽工程，不得转包或者违法分包所承揽的工程。

工程设计应根据勘察成果进行，勘察设计应当达到规定的内容及深度要求，设计文件应注明工程的合理使用年限。

设计单位应按照国家和行业有关规程、规范和标准进行设计，建立健全质量管理体系，制定质量管理制度，明确和落实设计质量责任，加强质量管理。

4.2.4.2　项目负责人的质量责任

工程设计项目负责人（简称设计项目负责人）是指经设计单位法定代表人授权，代表设计单位负责工程项目全过程设计质量管理，对工程设计质量承担总体责任的人员。设计项目负责人应当由取得相应的工程建设类注册执业资格并具备设计质量管理能力的人员担任。设计项目负责人应当严格遵守以下规定并承担相应责任。

应当确认承担项目的设计人员符合相应的注册执业资格要求，具备相应的专业技术能力。不得允许他人以本人的名义承接工程设计项目。

应当依据有关法律法规、项目批准文件、城乡规划、工程建设强制性标准、设计深度要求、设计合同（包括设计任务书）和工程勘察成果文件，就相关要求向设计人员交底，组织开展建筑工程设计工作，协调各专业之间及与外部各单位之间的技术接口工作。

应当要求设计人员在设计文件中注明工程合理使用年限，标明采用的建筑材料、建筑构配件和设备的规格、性能等技术指标，其质量要求必须符合国家规定的标准及建筑工程的功能需求。

应当要求设计人员考虑施工安全操作和防护的需要，在设计文件中注明涉及施工安全的重点部位和环节，并对防范安全生产事故提出指导意见；采用新结构、新材料、新工艺和特殊结构的，应在设计中提出保障施工作业人员安全和预防生产安全事故的措施建议。

应当核验各专业设计、校核、审核、审定等技术人员在相关设计文件上的签字，核验注册建筑师、注册结构工程师等注册执业人员在设计文件上的签章，并对各专业设计文件验收签字。

应当在施工前就审查施工图设计文件，组织设计人员向施工及监理单位做出详细说明；组织设计人员解决施工中出现的设计问题。不得在违反强制性标准或不满足设计要求的变更文件上签字。应当根据设计合同中约定的责任、权利、费用和时限，组织开展后期服务工作。在工程设计中，若使用未经国家和省级建设行政主管部门鉴定推广的新技术、新材料、新设备和新产品，必须对其技术性、安全性、经济性进行充分论证，并履行相应的审批手续。各设计单位要严格执行设计文件深度规定，对各专业设计说明的形式和内容应按照设计阶段深度的要求进一步规范，不得出现设计说明严重漏项或与图纸内容相矛盾的现象。

应当组织设计人员参加工程竣工验收，验收合格后在相关验收文件上签字；组织设计人员参与相关工程质量安全事故分析，并对设计原因造成的质量安全事故，提出与设计工作相关的技术处理措施；组织相关人员及时将设计资料归档保存。

设计单位应当加强对设计项目负责人履职情况的检查，发现设计项目负责人履职不到位的，及时予以纠正，或按照规定程序更换符合条件的设计项目负责人，由更换后的设计项目负责人承担项目的全面设计质量责任。

建设主管部门应加强对设计项目负责人履职情况的监管，在检查中发现设计项目负责人违反上述规定的，记入不良记录，并依照相关法律法规和规章实施行政处罚或依照相关规定进行处理。

4.3　城市道路工程技术设计质量管理

道路工程技术设计质量管理的重点就是加强工程技术设计质量的控制，使城市道路建设取得最大的经济效益、环境效益与社会效益。

4.3.1　道路横断面设计质量控制

根据道路等级、服务功能、交通特性，并结合各种控制条件，道路横断面设计应在规划红线宽度范围内合理布设。如果需要设置公交专用车道，其横断面应优先布置公交专用车道。当同一条道路横断面发生变化时，应设置过渡段。

4.3.1.1　横断面布置形式及适用性

根据不同的交通组织设计，道路横断面可分为单幅路、双幅路、三幅路、四幅路及特殊形式的断面。

单幅路是所有车辆都集中在同一个区域内混合行驶，机动车道布置在道路内侧，非机动车道布置在道路外侧，可以采用中心黄线分隔对向车流，车道边缘线分隔机动车与非机动车，适用于机动车与非机动车流量较小或其中一类流量较大但两者高峰时间错开的道路，还可以应用在"潮汐式"交通特征明显的道路。由于其施工方便，交通组织方便，故流量不大的次干道及支路较多采用。

双幅路是利用中央分隔带（或分隔墩、栏杆、绿化带）将一幅路的车行道一分为二，使对向车辆分开行驶。它适用于单向两条机动车道以上，非机动车较少的道路，部分次干道宜采用双幅路。

三幅路是在道路两侧用分隔带或分隔墩、栏杆、绿化等将一幅路的车行道一分为三，中间双向行驶机动车，两侧均单向行驶非机动车，它主要用于机动车和非机动车流量都较大的主、次干道。三幅路由于单独设置非机动车道后，占地相对较大，土地集约利用的优势不明显，且不利于今后机动车道的拓宽处理及道路横断面改造。

四幅路是在三幅路的基础上，再利用中央分隔带将中间的机动车道一分为二，分向行驶。它主要适用于宽度较大、机动车和非机动车流量都较大的主干路。

综上所述，单幅路、双幅路、三幅路、四幅路道路横断面适合不同等级的道路，应根据不同道路的交通性质选择。非机动车流量较大的道路应尽量选择三幅路或四幅路，如选择单幅路、双幅路，必须充分解决机动车和非机动车相互干扰的问题。

参考国内外其他城市的实践经验，并从大城市非机动车的发展特点看，笔者认为，干道及以上等级道路宜采用四幅路的布置方法，支路及个别次干道可以采用单幅路的布置方法。双幅路的非机动车道可以考虑引进路侧绿化带的内侧，与人行道、绿化带相结合布置；另外，吸收三幅路、四幅路的优点，机动车道与行人、非机动车道之间最好设置绿化带，还可以利用中央绿化带设置安全岛，以保证行人横过马路的安全。

4.3.1.2　横断面组成

城市道路的横断面通常由机动车道、非机动车道、人行道、分车带及绿化带等组成。应根据道路的等级、性质和红线宽度及有关交通特点，确定以上组成部分的宽度，并给予合理的布置。

机动车道路面宽度应包括车行道宽度及两侧路缘带宽度，单幅路及三幅路采用中间分隔物或双黄线分隔对向交通时，机动车道路面宽度还应包括分隔物或双黄线的宽度。

4.3.1.3　最小宽度设计控制

（1）单条机动车道最小宽度

我国城市道路单条机动车道最小宽度控制为3.25 m、3.50 m、3.75 m三档。许多城市道路在改建工程和条件受限的新建工程中试行缩窄车道的宽度，缩窄车道的最小宽度为3.25～3.50 m；部分地区还采取了更为明显的措施，将车道宽度减至2.7～2.8 m。北京市相关研究的成果证明了缩窄车道宽度的可行性。其理由：一是城市交通状况及车辆组成发生变化，尤其是车辆性能明显提高，横向安全距离以及车辆行驶时的摆动宽度，可以适当减小；二是现行公路或城市道路的车道宽度几乎都大于国外标准的规定。笔者参考相关资料，认为城市道路车辆行驶的速度低于60 km/h时，车道宽度不宜小于3.0 m；车速介于60 km/h至80 km/h之间时，车道宽度不宜小于3.25 m；车速高于80 km/h时，车道宽度不宜小于3.50 m。

（2）非机动车道最小宽度

横断面内与机动车道合并设置的非机动车道，设计时车道数单向不应少于2条，宽度不应小于2.5 m；而专门设置的非机动车道路面宽度还应包括两侧路缘带宽度，单向不宜小于3.5 m，双向不宜小于4.5 m。

（3）路缘带宽度

路缘带是分隔带的组成部分，与行车道连接，用行车道的外侧标线或不同的路面颜色来表示。其主要作用是诱导驾驶员视线和分担侧向余宽，以利于行车安全。车速大于等于60 km/h时，路缘带宽度为0.5 m，车速小于60 km/h时，路缘带宽度为0.25 m；非机动车道的路缘带宽度为0.25 m。

（4）人行道最小宽度

横断面内另一个重要组成部分是路侧带。路侧带一般由人行道、绿化带、设施带组成。按《城市道路工程设计规范》（CJJ 37—2012）的规定，其中人行道宽度必须满足行人安全顺畅通过的要求，其最小宽度一般不小于3 m，最小值为2 m；绿化带的宽度要求符合相关规定，其最小宽度不得小于1.5 m；公共设施可在行道树绿化带内统筹布置。因此，根据上述规定，各等级道路的路侧带宽度，即人行道宽度最小值应大于3.5 m，一般值应大于4.5 m。

4.3.2 道路平面设计质量控制

城市道路的平面设计是在城市道路网系统规划的基础上通过道路定线和详细的平面设计进行的。由于城市道路地处城市，设计人员在进行道路平面设计时必须考虑交通、建筑、地上或地下管线、绿化、照明以及各种构造物对道路的影响，因此，设计时必须综合分析各种因素，合理设计。平面设计的好坏，主要取决于能否实现汽车行驶安全、迅速、畅通、舒适，道路线形美观以及工程造价经济等目标。平面设计的主要内容包括平曲线半径的选择，曲线与直线的衔接，行车视距计算以及弯道内侧障碍物的清除，沿线桥梁、交叉口、道口、停靠站的平面布置等。

4.3.2.1 道路平面线形组合设计

道路平面线形由直线、平曲线组成，平曲线由圆曲线、缓和曲线组成。由于道路线形直接关系到道路使用功能和交通运输状态，尤其是关系到城市快速路、主干路的交通功能，道路线形组合也就显得尤为重要。

（1）直线

直线是常用的线形，具有测设简单、视距良好、行车方向明确、路线便捷、行车迅速通畅、操作驾驶简易等优点；但太长的直线干道会使司机视力疲劳，容易发生事故，同时，直线的几何形态灵活性差，有僵硬不协调的缺点，很难适应地形的变化。

（2）圆曲线

圆曲线最小半径是以汽车在曲线部分能安全又顺畅地行驶所需要的条件而确定的，即车辆行驶在道路曲线部分所产生的离心力等横向力不超过轮胎与路面的摩擦阻力所允许的界限。而代表横向力大小的系数 μ 值，影响着汽车的稳定程度、乘客舒适度、燃料和轮胎的消耗以及其他方面。因此，在计算最小圆曲线半径时，选择的 μ 值宜小于0.15。

选取圆曲线半径值的主要目的在于保证车辆可以在圆曲线范围内安全、顺畅地行驶。在城市道路设计规范中，在不同的地域特点、行驶类型、行驶速度等条件下规定了不同的曲线半径，当圆曲线半径不够大时，不但要设置缓和曲线，而且还要加高、加宽。当然半径的取用也并不是越大越好，要具体问题具体分析。所以在设计时，要根据设计车速选用合适的半径，充分考虑车辆在曲线路段行驶时的速度，做好曲线之间的圆润连接。

（3）直线与圆曲线间的衔接

车辆从直线路段驶入平曲线路段或从平曲线路段驶入直线路段时，为了缓和行车方向和离心力的突变，在直线路段和圆曲线路段间或半径相差悬殊的圆曲线路段之间需设置符合车辆转向行驶轨迹和离心力渐变的缓和曲线路段。

（4）线形组合

道路平面线形的组合，主要有以下四种类型：长直线—短曲线、长直线—长曲线、长曲线—短直线、连续的曲线。其中，长直线—长曲线和连续的曲线所组成的线形，从交通、安全、舒适、美观等方面来说都是较为理想的，这种线形在高等级公路上应用得尤为广泛。而在城市中，由于大部分城市采用的是方格网式道路网结构形式，因此，城市道路中直线是最主要的线形。由于道路交叉口的存在以及两侧街景与设施的变化，长直线在城市道路中并不会让人产生单调乏味的疲劳感觉。

在直线与平曲线组合设计时，不仅要合理选用各种线形指标，更重要的是要处理好各种线形间的衔接。设计人员应根据地形、地物、环境、安全、景观，合理设置直线、圆曲线、缓和曲线。对线形要求高的道路，应采用透视图法或三维手段检查设计路段的线形。

4.3.2.2　直线最小长度的控制

平曲线间最小直线长度是基于保证线形连续性考虑的。两相邻平曲线间的直线段最小长度应大于或等于缓和曲线最小长度。

能通视的同向或反向平曲线之间如果直线长度过短，面对同向曲线时会产生视觉错觉，将其误看成反向曲线，反向曲线半径如果不是足够大，除造成行车转向不便外，外形看起来也不柔和。因此，规范规定，当设计车速大于或等于60 km/h时，同向圆曲线间的最小直线段长度不宜小于设计速度数值的6倍，反向圆曲线间的最小直线段长度不宜小于设计速度数值的2倍。限制反向曲线间的最小长度不仅是考虑驾驶人员操作的方便，也是设置超高和加宽缓和的需要。当设计车速小于60 km/h时，可不受上述限制。

4.3.2.3　圆曲线最小半径的设计控制

圆曲线半径应根据地形、地物条件，选择大于或等于规范要求的指标值，以利于保证视距和行车安全。对于采用小半径的情况，特别是圆曲线半径小于不设缓和曲线的半径时，考虑圆曲线内侧的半径应大于规范要求，即平面设计指标应按照最不利位置进行选取。道路圆曲线最小半径有三类，即不设超高最小半径、设超高最小半径一般值及极限值。在设计中首先考虑安全因素，其次考虑节约用地及投资因素，并结合工程情况合理选用指标。采用小于不设超高最小半径时，曲线段应设置超高，超高过渡段内应满足路面排水要求。

在城市道路中，考虑对两侧街景的影响以及道路红线的限制，最好选用大于或等于不设超高的圆曲线最小半径值、不设加宽的圆曲线半径值；为方便测设，在不影响拆迁、经济性等其他因素的前提下，建议圆曲线半径选择大于或等于不设缓和曲线的圆曲线最小半径值。

4.3.2.4 平曲线与圆曲线最小长度的设计控制

道路平曲线与圆曲线最小长度控制的目的是避免驾驶员在平曲线上行驶时，频繁操控方向盘，高速行驶危险，加上离心加速度变化率过大，使乘客感到不舒适。

（1）日本公路技术标准的规定

《日本公路技术标准的解说与运用》认为，平曲线最小长度控制在车辆6秒的行驶距离，能达到缓和曲线最小长度的2倍。这实际上是一种极限状态，此时曲线为凸形曲线，驾驶员会感到操作突变且视觉不舒顺。为此，控制最小平曲线长度理论上应大于2倍缓和曲线最小长度。这样一来，既保证了平曲线设置的缓和曲线的最小长度，也能保留一段长度的圆曲线。

（2）公路路线设计规范的规定

《公路路线设计规范》（JTG D20—2017）中，规定了平曲线最小长度的"最小值"，为2倍缓和曲线最小长度，而此规范规定的"一般值"为"最小值"的3倍。

（3）城市道路设计规范的规定

《城市道路工程设计规范》（CJJ 37—2012）中，也规定了平曲线最小长度的"一般值"和"极限值"，并将缓和曲线最小长度的3倍作为"一般值"来考虑。而道路圆曲线最小长度为车辆3秒内的行驶距离。

4.3.2.5 缓和曲线最小长度的设计控制

对于车速要求较高的道路，为了使车辆能从直线段不降速而又能徐缓均匀地转入圆曲线上，在直线与圆曲线之间就需要插入一段缓和曲线。缓和曲线应采用回旋线，最小长度应根据设计车速合理选择。在一定车速下，当圆曲线足够大时，其两端的缓和曲线长度可为零，当圆曲线不够大时，必须设置缓和曲线。

缓和曲线最小长度系曲率变化需要的最小长度，其最小长度应符合《城市道路工程设计规范》（CJJ 37—2012）的有关规定，也可按离心加速度变化率或驾驶员操作反应时间计算确定。当设计车速小于40 km/h时，缓和曲线可采用直线代替，用以完成超高或加宽过渡。直线缓和段的一端与圆曲线相切，另一端与直线相接，相接处应予以接顺。

4.3.2.6 驾驶员行车视距的设计控制

车辆行驶时，为了保证行车安全，使驾驶员能看到前方一定距离的道路路面，以便及时发现路面上有障碍物或对向来车，使汽车在一定的车速下能及时制动或避让，从而避免事故发生。从上述发现障碍物开始到决定采取某种措施的这段时间内汽车沿路面所行驶的最短行车距离，称为视距。

该视距也是城市道路设计的主要技术指标之一，在道路的平面和纵断面上都必须保证这样一个视距。譬如平面上挖方路段的弯道和内侧有障碍物的弯道，以及在纵断面上的凸形竖曲线顶部、立交桥下凹形竖曲线底部处，均存在视距不足的问题，这些特殊部位的设计都应进行验算。

通常，视距包括停车视距、会车视距、错车视距和超车视距等，在城市道路设计中主要考虑停车视距。而在平曲线范围内为使停车视距符合有关规定值，应将平曲线内侧横净距范围内的障碍物清除掉，并根据视距绘出包络线图进行控制。

4.3.3 道路纵断面设计质量控制

通过道路中线的竖向剖面称为纵断面，并以车行道中心线的立面线形作为基本纵断面。设计时，如果道路上设有几条不在同一平面上的车行道，则应分别定出每条车行道中心线的纵断面。

4.3.3.1 最大纵坡、最小纵坡设计控制

车行道最大纵坡或最小纵坡是指该道路允许采用的最大、最小坡度值，这是道路纵断面设计中十分重要的控制指标。此类控制指标按规定可分为一般值和极限值两种。对新建道路来说，其最大纵坡应采用小于或等于前者的值；其他改建道路、受地形或其他特殊条件限制时，可采用后者的值。而最小纵坡应保证道路排水顺畅，其值不应小于0.3%。道路纵坡小于0.3%时，应设置锯齿形边沟或采用其他排水设施进行排水。

交叉口范围内的纵坡不应大于2.5%，困难情况下不应大于3%。

机动车与非机动车混合行驶的车行道，宜按非机动车骑行的设计纵坡度控制，最大纵坡度不宜大于2.5%，困难时不应大于3.5%，并按规范设置坡长限制。

4.3.3.2 最小坡长、最大坡长设计控制

车行道最小坡长的控制是基于汽车行驶平顺度、乘客的舒适性、视距和相邻两竖曲线的布设等方面考虑的。如果纵坡太短，转坡太多，纵向线

形呈锯齿状，不仅路容不美观，影响临街建筑的布置，而且车辆行驶时驾驶员变换挡会过于频繁而影响行车安全，同时导致乘客感觉不舒适。所以，纵坡坡长应保持一定的最小坡长，设计时按《城市道路工程设计规范》（CJJ 37—2012）规定的最小坡长选用。此项最小坡长取值统一为10秒内的汽车行驶距离。又根据理论计算结果，设计速度小于或等于60 km/h时，最小坡长由10秒内的汽车行驶距离决定；设计速度大于60 km/h时，最小坡长可由竖曲线半径值与最大坡长计算值决定。

最大坡长可根据汽车加、减速行程图，按不同设计速度、坡度得出不同的坡长限制值。而在纵坡变化处应设置竖曲线，竖曲线宜采用圆曲线，其最小半径与最小长度应按《城市道路工程设计规范》（CJJ 37—2012）规定的一般值选取，但受地形等特殊情况限制时可选取极限值。

4.3.3.3　平面与纵断面线形组合

（1）平、纵线形与立体组合

城市道路的线形是由道路平面与纵断面线形组合而成的一种立体线形。二者线形要素组合不当，或与自然环境不协调，必然会降低行车的安全性、舒适性，降低道路的通行能力。为此，其设计应遵循以下原则：道路线形不得出现转折、错位、突变等现象；平面与纵断面线形大小需考虑均衡，线形平顺，坡度恰当；等等。

（2）平、纵线形与"平包竖"组合

平面与纵断面线形组合设计包括平曲线与竖曲线、直线与纵断面的组合，以及平纵线形组合与自然景观的协调等方面的内容。其内涵是指在满足汽车运动学和力学要求的前提下，研究如何满足视觉和心理方面的连续性、舒适感，研究与周围环境的协调和良好的排水条件。

线形组合应满足以下基本要求：

应在视觉上自然地诱导驾驶员的视线，保持线形的连续性。在急弯、反向曲线或挖方边坡处均应考虑视线的诱导，避免遮断视线。

平曲线宜与竖曲线相互对应，且平曲线宜稍长于竖曲线；竖曲线半径宜为平曲线半径的10～20倍。

当平、竖曲线半径均较小时，其相互对应程度应较严格；随着平、竖曲线半径同时增大，其对应程度可适当放宽；当平、竖曲线半径均较大时，可不严格要求相互对应。

尽量避免凸形竖曲线的顶部或凹形竖曲线的底部与反向平曲线的拐点重合、小半径竖曲线与缓和曲线重叠等情况出现。

平曲线缓而长、竖曲线坡差小于1%时，可不要求平、竖曲线线位的对应，平曲线中可包含多个竖曲线或竖曲线略长于平曲线。

合理选择道路的纵坡度和横坡度，以保证排水通畅，而不形成过大的合成纵坡。

国内外研究资料表明，当平曲线半径小于2000 m、竖曲线半径小于15000 m时，平、竖曲线的相互对应对线形组合显得十分重要；随着平、竖曲线半径的增大，其影响逐渐减小；当平曲线半径大于6000 m、竖曲线半径大于25000 m时，其对线形的影响显得不很敏感。因此，线形设计的"相互对应，且平包竖"的基本要求需视平、竖曲线的半径大小来掌握其符合的程度。城市道路由于限制条件多，对于低等级道路不必强求平、纵线形的相互对应。

（3）最大合成坡度的控制

在设有超高的平曲线上，最大坡度既不在纵坡也不在超高上，而是在两者的合成方向上，这时的最大坡度叫合成坡度。在平纵组合设计时，考虑合成坡度不宜过大，设计车速小于或等于20 km/h时，最大合成坡度应控制在8%以内；设计车速大于20 km/h时，最大合成坡度应控制在7%以内；积雪或冰冻地区的合成坡度应控制在6%以内。

在超高缓和段的变化处，当合成坡度小于0.5%时，还应采取综合排水措施。

4.3.4　道路交叉口设计质量控制

道路交叉口是城市道路交通的咽喉，是人流、非机动车流和机动车流的汇集点，道路交叉口的工程设计质量很大程度上决定着城市道路交通系统的服务水平，其重要性不言而喻。

4.3.4.1　平面交叉口设计控制

平面交叉口间距应根据城市规模、路网规划、道路类型及其在城市中的区域位置而定；干路交叉口间距宜大致相等；各类交叉口最小间距应能满足转向车辆变换车道所需最短长度、满足红灯期车辆最大排队长度，以及满足进出口道总长度的要求，且不应小于150 m。

（1）平面交叉口须确保主干路或大交通量道路的通畅

平面交叉口应优先保证主干路或交通量大的道路通畅，其几何设计应结合管理方法综合考虑。平面交叉口范围内的平面线形宜采用直线，当采用曲线时其半径宜大于不设超高的最小圆曲线半径。纵坡应平缓，平面交叉口范围内的纵坡不宜大于2.5%，困难情况下不应大于3%。路段较短时，其长度应符合最小坡长的规定，并对称布置于交叉点的两侧。

交叉口通行能力应与路段通行能力相适应。信号控制交叉口应根据交通流量、流向确定进口道车道数。进口道车道数应大于上游路段的车道数，有条件时宜分设各流向的专用车道，并应满足其交通量所需的车道数要求。

由相交道路上的停车视距所构成的三角形称为视距三角形，在视距三角形范围内应具有良好的通视，妨碍驾驶员视线的障碍物应当清除，也不得有高出道路平面1.2 m的视线障碍物存在。

（2）新建平面交叉口的形式及相关要求

新建平面交叉口不得出现超过4叉的多路交叉口、错位交叉口、畸形交叉口和交角小于70°的斜角交叉口。交叉口内的交通组织和渠化方式应根据相交道路等级、功能定位、交通量、交通管理条件等因素确定。设计时应在不影响总体布局的前提下予以优化调整，渠化段设计不应压缩行人和非机动车的通行空间，其长度应满足车辆排队长度的需要。当通过压缩侧分带、拓宽红线设置右转车道或通过压缩中央分隔带、偏移中线设置左转车道时，应按照左、直、右排队长度中最长的来设计渠化段，并以停止线处起算长度，以防止相邻车道排队车辆阻挡后面车辆进入相应车道排队，造成"短车道"现象。

如果交叉口附近设置公交停靠站则根据公交车线路走向、道路类型、交叉口交通状况，结合站点类别、规模及用地条件合理确定。并保证乘客安全，方便换乘、过街，有利于公交车安全停靠、顺利驶离，且不影响交叉口的通行能力。另外，地块及建筑物机动车出入口不得设在交叉口范围内，且不宜设在主干路上，宜经支路或专为集散车辆用的地块内部道路与次干道相通。桥梁、隧道两端不宜设置平面交叉口。

（3）交叉口范围内道路竖向设计与排水设计

交叉口范围内的道路竖向设计，也称为立面设计控制，如相同等级道路相交时，为了维持各自的纵坡不变，可调整各自的横坡。有的只调整纵坡较小的道路的横断面形状，调整后使其横坡与纵坡较大道路的纵坡一致。主要道路与次要道路相交时，主要道路的纵、横断面均维持不变，而将次要道路的双向坡横断面逐渐过渡到与主要道路纵坡相一致的单向坡横断面。而道路纵坡的方向控制至少有一条道路须背离交叉口，如遇特殊地形，所有道路纵坡方向都向着交叉口时，必须在交叉口内设置雨水口和排水管道。

（4）雨水口布置

由于交叉口范围内汇水面积大，径流从路中汇流至道路边缘的时间长，因此应加大交叉口边缘排水纵坡或雨水口的泄水能力。一般设置雨水口时，应考虑地面水不宜流过交叉口处的人行横道或流入另一条道路，地表不得积水等因素。通常是将雨水口设在人行横道之前或低洼处；交叉口范围内的横坡可平缓些，一般不大于路段的横坡。

4.3.4.2 立体交叉口设计控制

本书省略，可参阅其他相关文献。

4.3.5 路基和路面设计质量控制

道路的路基、路面应具有足够的强度和稳定性以及良好的抗变形能力和耐久性。同时，路面面层还应满足平整和抗滑的要求，路面的主要类型有沥青混凝土路面、水泥混凝土路面等。路面面层类型的选用不仅要考虑道路的类型和等级，更需要考虑不同面层的适用范围。道路设计中应针对道路的不同性质、功能选用相应的铺面类型。

4.3.5.1 路基设计参数控制要求

把握路基断面形式应考虑其与沿线自然环境和城市环境相协调，避免深挖、高填。同时，根据不同道路等级和类别进行路基结构设计，因地制宜，合理利用当地材料和工业废料来修筑路基。

（1）路基回弹模量控制

路面厚度计算中唯一的路基参数，即路基回弹模量，应按道路等级选用。近年来，城市道路的轴载不断增大，车辆荷载作用于路基的应力水平和传递深度显著提高，本书依据上海等城市的设计经验，在不增加城市道路路面厚度的情况下，按道路等级或重交通荷载设定不同的路基回弹模量值，如：快速路的路床顶面土基设计回弹模量控制值可提高到40 MPa；主干路、承受重交通荷载的次干路为30 MPa；其他次干路、承受重交通荷载的支路为25 MPa；其他支路为20 MPa。当不满足上述要求时，应采取措施提高土基的回弹模量，并经现场检测，符合土基回弹模量或弯程控制值，才能施工。

（2）土质路基压实度控制

土质路基压实采用重型击实标准控制，最小压实度应符合《城市道路工程设计规范》（CJJ 37—2012）的规定。当受工程条件限制达不到上述要求时，应采取加固或其他处理措施。其中，非机动车道、人行道的路基荷载相对较低，故最小压实度标准可按机动车道降低一个等级，或按支路等级标准执行，但必须避免不同部位压实差异可能造成的稳定性隐患或者不均匀变形。

（3）路基设计高度控制

路基设计高度应使路肩边缘的路基相对高度不低于路基的毛细水上升高度，并满足冰冻的要求。一般来讲，快速路土基设计高度应控制在干燥或中湿状态，其他等级道路的土基宜控制在中湿状态，特别困难路段可控制在潮湿状态，桥梁接坡路段应控制在中湿状态。沿河及浸水路段的路基边缘高程控制，应不低于路基设计洪水频率的水位加雍水高、波浪侵袭高度和0.5 m的安全高度。同时，路基设计标高还应满足地下出水口标高、降坡等要求。

4.3.5.2 沥青混凝土路面结构设计控制

沥青混凝土路面应根据交通量确定相应交通等级，并根据累计标准轴次进行路面结构设计计算。由于非建成区渣土、钢材频繁运输的特殊性，新建道路易被损坏，设计时支路和次干路等级的道路可分别采用中等交通和重交通等级进行结构计算。而其路面结构层一般按面层、基层和垫层设计，主要基质沥青常采用A级70号道路石油沥青。

（1）面层设计控制

沥青面层直接受车辆荷载和自然因素的影响，故要求沥青面层平整、耐磨、抗滑。面层宜采用两层或三层式，中、下面层材料通常选用密级配沥青混凝土（AC），表面层材料应选用密级配改性沥青混凝土（AC）、沥青玛蹄脂（SMA）或橡胶沥青混凝土（AR）。由于表层所承受的压力最大，路面病害往往都是从表层开始外显，比如裂缝等，而路面的中层与下层主要是承载、保证路面的抗裂性能等，因此，面层设计控制应尽量通过结构优化组合来提升路面的整体性能与质量。表面层抗滑性能应以横向力系数SFC和路面构造深度TD（mm）作为主要使用性能指标进行质量控制；同时，设计时还应考虑铺设质量的控制，要求各层沥青混合料之间应连续施工并连接成为一个整体。

（2）基层设计控制

基层主要承受车辆的竖向荷载，并把面层传递下来的应力扩散分布到垫层，所以，基层应具有足够的强度、稳定性和良好的扩散应力性能，起主要承重作用，并具有较小的收缩（温缩、干缩）、较强的抗冲刷能力。常用基层可采用半刚性和刚性基层，前者适宜各等级道路和各类土基状况的路段，但必须保证充分碾压和有足够的养生时间；后者适用于"白加黑"路面、原有车行道局部拓宽路段、地下管线顶面覆土厚度小于70 cm的地段以及重交通、特重交通、港区等的新建道路工程。

水泥稳定碎石是目前最常用的半刚性基层材料，基层的最小厚度不小于15 cm，7天无侧限抗压强度指标可按特重交通3.5～4.5 Mpa、重交通及中交通3～4 Mpa和轻交通2.5～3.5 Mpa的强度要求进行控制。长安大学、天津市政工程研究院研究员先后分别采用静压法和振动成型法进行了骨架密实型级配和悬浮密实型级配的半刚性基层材料的研究，他们一致认为振动成型法设计的骨架密实型结构的性能是最优的，这一结论也得到了诸多省市工程实体的验证。因此，推荐选用振动成型法设计的具有较好强度、抗疲劳开裂性能与抗冲刷能力的骨架密实型级配的半刚性基层材料。

刚性基层材料有水泥混凝土、贫混凝土、多孔混凝土等，厚度一般为20～28 cm，最小厚度应大于15 cm。目前最普遍的刚性基层是混凝土基层，贫混凝土、多孔混凝土基层使用并不多。贫混凝土也称经济混凝土，是由粗、细级配集料与一定量的水泥和水拌和而成的一种混凝土。这种混凝土的水泥用量较普通混凝土少，由于胶结料含量少，空隙率一般较大，有利于界面水的排放。多孔混凝土中无粗、细骨料，其内部充满大量细小封闭的孔，孔隙率高达60%以上。

刚性基层应设置横缝和纵缝，并应灌入填缝料，其上应设置黏结层以加强沥青面层与刚性基层间的结合，并提高沥青混合料的抗剪强度。水泥混凝土基层应符合现行的《公路水泥混凝土路面设计规范》（JTG D40—2011）的有关规定。贫混凝土基层、多孔混凝土基层原则上可沿用水泥混凝土现有的原材料检验、配合比设计、施工设备、铺筑技术及所有的试验检测方法和手段，设计时可参考现行的《公路水泥混凝土路面设计规范》（JTG D40—2011）进行。

（3）垫层设计控制

垫层可调节和改善土基的水稳定性，并把基层传来的荷载扩散到土基。同时起到排水、隔温、稳定土基及减少变形等作用。垫层材料主要有粒料、无机结合料稳定土两类。

4.4 常见工程设计质量问题与处理措施

工程设计质量管理应通过设计过程监控与关键环节的审核来达到控制设计质量的目的，尤其是将设计的经济性与技术性作为设计质量的重要标准进行衡量。

4.4.1 管理方面存在的问题及处理措施

管理不当或管理松散，对工程设计质量的影响是显而易见的。由存在的问题追溯至问题产生的根源，落实措施，提高管理效能，从而提高工程设计质量。

4.4.1.1 设计质量问题

（1）人的影响因素

设计人员的知识结构与设计素质直接影响设计质量。设计者有时对施工方法不够了解，难以对现场施工做出正确的评价，从而导致施工困难。要提高工程设计质量就必须丰富设计者本身的经验，提高其知识素养，如此才能达到提高设计质量的目的。

（2）成本失控

成本失控的主要原因有：第一，设计概算不够深入，在项目投资申报时没有发现，从而导致施工图的设计超出预算，使项目在审批与执行中遇到困难，整个项目在设计阶段就被延误并造成成本追加；第二，施工图设计深度不够，导致在施工中出现不断修改的情况，最终项目实际成本超出预算。这些费用的增加不是因为不可控的因素，而是设计质量缺陷导致的。

（3）设计不足或过分设计

设计不足是指工程设计某局部功能不合乎规范，或业主提出新的要求，或材料、构件、设备等选择不够合理，与使用寿命要求不相符等。过分设计是因为设计保守，造成结构尺寸过大，钢筋数量过多等。设计不足和过分设计都会导致成本增加。

（4）设计缺陷

设计阶段形成的施工图如果出现质量问题，会导致各个专业的图纸不协调、图纸出现错漏等问题的产生，就达不到国家规范或者建设单位的要求。如果施工单位按照施工图进行施工就会发生质量问题，导致出现返工的情况，引发索赔纠纷，加大施工管理的难度。

4.4.1.2 对策措施

（1）制定质量控制要点

根据项目情况，制订造价控制计划，确定功能需求、建设标准、设计内容、设计目标等，并明确每个设计阶段的质量控制要点。

（2）实行限额设计

设计质量控制应突出对投资成本的合理控制，即按照批准的投资估算制定初步设计，按照初步设计概算控制施工图设计，将审核通过的投资预算和施工量分解到各个不同的专业中，即对投资进行细化，在保证使用功能的前提下设定成本目标。

（3）委托设计监理

因设计的专业性较强，如果由业主对其经济性与技术性进行控制，有时并不能完全实现目标管理，因此可在设计阶段引入监理，保证其设计质量。

（4）设计验收把关

设计验收是设计管理的关键环节，应实施重点监控，确保设计文件符合设计规范要求。主要监控内容如下。

总体方案验收。此项内容应由业主、设计、监理和专家组共同进行审核，并提出修改意见。具体审核其使用功能、标准评价、估算指标评价等，重点审核估算与可行性报告是否相符，保证估算指标科学性。

初步设计文件审核。一般情况下，设计文件的验收由业主组织监理、设计单位进行，审核初步设计文件是否符合总体设计方案的要求，审核设计文件是否完整，结构布局和选型是否合理等。同时对概算进行审核，主要是对设计的造价进行审核，保证概算编制规范，具有一定的时效性，计算、适用范围、价格选择等满足业主要求。

施工图审核。具体审核的项目：一是设计依据、设计任务、设计合同、初步设计意向之间应相互一致；二是设计深度、设计内容与施工、规范、合同等方面之间相互一致；三是结构计算、材料清单、尺寸标注等必须准确；四是专业图纸之间应保持相互一致，避免相互之间产生矛盾影响施工；五是审核预算书，要求施工图中工程量计量准确，定额套用或者单价套用符合相关计费标准，并满足总体成本应低于概算的要求。

（5）设计变更控制

如果出现重大变更，应进行经济技术比较，选择最为合理的技术方案加以解决，如造价超出幅度较大则应报主管部门进行审批，通过后方可执行。

4.4.2　城市道路设计技术问题

城市道路设计中比较常见的问题有线形设计、交叉设计、路基路面设计等方面的问题。

4.4.2.1　道路线形设计存在的问题及处理措施

（1）同向圆曲线间的直线长度

现行规范规定，当设计车速大于或等于60 km/h时，同向圆曲线间的最小直线段长度不宜小于设计速度数值的6倍，反向圆曲线间的最小直线段长度不宜小于设计速度数值的2倍。笔者认为不宜过分强调同向圆曲线间的直线段长度，建议把不设超高的缓和曲线作为直线段处理。选择平曲线半径应重点考虑曲线前后的衔接以及曲线附近的运行速度的连续性和均衡性，并不是越大越好。

（2）小偏角的设计

中心线转角小于或等于7°的情形。转角小于或等于7°的小偏角，容易引起驾驶员的错觉，其最大的问题是平曲线的长度看上去比实际的短，驾驶员容易产生急转弯的错觉，而偏角越小这样的错觉越明显。所以转角越小越要插入长的平曲线，必须使其产生道路在顺适地转弯的感觉。因此在设计车速较高，特别是连续流交通的道路上，为了保证行车安全，必须考虑小偏角的影响。而在设计速度较低的道路上，小偏角对行车安全的影响并不大。因此设计车速小于60 km/h的地面道路，设计时不用考虑小偏角的影响，只要满足平曲线的最小长度即可。如果在工程某路段必须设置小偏角，应尽量考虑设置在交叉口上。如果路线在交叉口处没有太大的转折（一般为3°～5°），也不需弯道设计，仅需在交叉口进行处理，这也是避免采用小偏角的一种有效办法。

（3）超高及加宽的设计

在曲线形路面行驶的车辆会产生离心力，其所产生的离心力需由横向力系数和超高横坡共同承担。尤其对于混合交通路段来说，由于超高设置过大，低速行驶的车辆易发生侧翻事故。因此，一般城市道路设计，特别是在靠近交叉口附近的路段，尽量不用小半径加超高的手法来满足设计行车速度的要求，而是选用不设超高的曲线半径进行设计。必须设计超高时，其超高坡度不宜大于1.5%，即不超过路面的设计横坡，横向力系数小于0.15。

路段加宽应按车道数加在机动车道的内侧，当内侧加宽有困难时，可在车道的内外侧同时加宽。其长度均采用缓和曲线或超高缓和段长度。

（4）最小纵坡的设计

纵断面设计应考虑当地的排水、防洪等实际情况。一般城市道路地形比较平坦，在纵坡小于0.3%的路段，路面排水可能不畅，行车车轮与路面间产生的"水膜"，会影响行车安全。因此，道路纵坡设计应尽量维持原来的地面高程及坡向。在纵坡小于0.3%的路段，应采取加大路拱横坡度、加密雨水口或设置锯齿形街沟等措施来解决排水问题，并保证道路与两侧建筑衔接得顺畅、美观。老路改造工程应尽量以拟合老路为原则，对沉降量较大的道路加铺罩面层，可按降低一级的要求设计车速标准、控制最小坡长，且应满足相邻纵坡坡长差小于等于0.5%的要求。

4.4.2.2 交叉口设计存在的问题

（1）交叉口平面设计存在的问题

交叉口平面设计前缺少交通设计环节，或者交通设计与交通规划阶段路段的交通量、交叉口转向交通量与预测结果不匹配，导致建成的交叉口不能满足现实的交通需求，成为路网中的拥堵点，不得不在道路运营期间对该路口进行改造。

其次，设计人员对交叉口平面设计参数的选取控制不严谨，过大或过小的缘石转弯半径、渠化岛位置、车道宽度等均会对交通安全、通行能力造成不利影响。交叉口范围内竖向设计不合理，导致交叉口内积水，影响交通安全和路面结构的寿命。

（2）交叉口路面结构设计存在的问题

一般整条道路不能仅采用同一种结构，还要考虑到车辆在交叉口内频繁的启动、刹车、转向等对路面的冲击荷载，而且交叉口内的交通量为相交道路交通量的叠加，寿命期内累计轴载次数会比一般路段大，因此会产生较多的路面病害，大大降低交叉口内路面结构的使用寿命。

（3）交叉口设施设置不合理

交通标志、标线、信号灯、照明、交通渠化岛、过街横道、人行过街安全岛、无障碍设施、护栏等各种各样的附属设施是道路交叉口安全、高效运行的保障，但在实际设计中，各种附属设施往往不齐全或设置不合理。另外，由于建设不同步，"马路拉链"现象时有发生，当后期发现某种设施需要埋设时，不得不对道路进行开挖和恢复，因此交叉口范围内通常是"重灾区"。

4.4.2.3 路基路面设计中存在的问题及其处理措施

（1）沥青路面的早期损坏

在现行路面结构设计中，一方面，交通车辆调查资料没有考虑到超载的问题，轴载换算公式也仅限于轴载小于130 kN的车型；另一方面，交通量预测在低等级道路的设计中未被充分重视，而且极易忽视地块建设期的交通情况，因而在设计中得不到准确的轴载次数，造成设计年限内累计标准轴次出现与事实不相符的情况，从而导致路面早期损坏。特别是在城市新区的建设中，道路等基础设施的建设往往早于两侧地块的开发建设，而道路路面结构设计时又忽略了地块开发建设时施工车辆的交通影响，导致道路交付没几年、远未达到设计年限，便已出现沉陷、车辙、开裂等各种损坏，严重影响车辆的通行。

防治措施有以下几点：

一是交通量调查时应充分考虑超载车的影响。在做交通量调查时，有条件的应调查轴载分布情况，没有条件的应增加超载情况调查，并据此换算标准轴载作用次数。新区道路路面设计时，应充分考虑超载车对轴载作用次数的影响，加大保险系数。

二是摒弃道路等级与路面结构设计挂钩的惯性思维。路面结构与交通等级正相关，也就是与设计年限内的累计当量轴次正相关。在设计年限内，道路等级低的累计当量轴次不一定比道路等级高的累计当量轴次低。

如在货车禁行的主城区内，一条以通行小车为主的城市主干道在设计年限内的累计当量轴次低于道路两侧尚在开发阶段的城市支路。因此，在路面结构设计时，应全面分析道路两侧的规划和现状用地情况，合理预测道路交通量及交通等级。

三是超载较多时应以半刚性基层层底拉应力为控制指标。超载对基层的损害远大于面层，因此当考虑超载时不能仅采用路表弯沉值为设计指标，不论道路等级高低均应进行半刚性基层层底拉应力验算。

四是加强基层结构及路基设计。为降低后期的养护维修成本，在新区道路路面设计时，应增加基层结构厚度，提高其强度，提高路基设计标准，做到即使路面损坏，也能尽量保证基层与路基的安全，做到只维修路面而不需要翻挖整个路面结构。

（2）水泥稳定碎石层的相关问题

新建道路基层一般选用半刚性结构层，即水泥稳定碎石层。水泥稳定碎石层一旦出现问题就会影响道路表面特别是柔性路面的质量。开裂是水泥稳定碎石基层比较容易出现的问题，沥青路面面层经常会受到这种开裂的影响，如果不及时对这些裂缝进行有效处理，路面将遭受破坏。在路面结构设计时，要严格按照新颁布的《城镇道路路面设计规范》（CJJ 169—2012）中提出的"水泥稳定类材料的压实度与7d 龄期抗压强度"的要求控制水泥稳定碎石层质量，保证路面工程安全、可靠、耐久，做到技术先进，经济合理。

水泥稳定碎石层是以级配碎石做骨料，采用一定数量的胶凝材料和足量的灰填充骨料的空隙，按嵌挤原理摊铺压实。水泥稳定混合料的强度要求大大高于级配碎石的强度要求，要提高强度，必须采用高水泥剂量，而这样做导致的结果就是基层开裂概率大大上升。如果能提高石料品质，减少细集料中的含泥量，降低粗集料中的压碎值和针片状含量，采用骨架密实型的级配设计，提高砂当量，就可以不降低强度标准。因此应该谨慎选取水泥稳定碎石的无侧限抗压强度，过低的话容易在行车的作用下导致松散，过高则容易造成基层开裂。

水泥稳定碎石层要有合适的压实厚度，厚度不能过大，也不能过小。如果过小（小于12 cm），水泥稳定碎石层就不能形成一个结构层，在摊铺、压实时容易产生问题；也不能过大（超过25 cm），过大摊铺有可能没问题，而压实就可能满足不了要求。因此，在路面结构设计时应设计合理的基层厚度，便于施工时分层碾压密实。

（3）路基拼接中存在的问题

新老路基相接时，要对不均匀沉降进行处理，否则，会导致纵向裂缝产生。提高新填土的压实度、挖台阶以及铺设土工格栅等都是保证新老路基拼接质量的主要措施。具体的拼接措施如下。

在地质条件好，不需要进行特殊路基处理的道路，采用挖台阶的方法。

在地质条件一般，沉降量不大但又不满足规定要求的路基，可以铺设碎石垫层或铺设土工格栅和土工布，土工格栅和土工布铺设时应符合绑扎和张紧的要求。

当沉降量较大，已经影响到老路基的使用时，需要采用复合地基的处理方法，减少新老路基的不均匀沉降量。

根据道路使用情况和理论计算分析，建议拓宽路基的横坡增加值小于原有路基的0.5%。

（4）桥头跳车

桥头跳车是路基路面设计方面普遍存在的问题，其影响因素很多，形成原因也很复杂，但路堤与桥台的沉降差异是桥头跳车的直接原因，道路的沉降量远大于桥梁的沉降量，就会形成台阶或使纵坡突变，导致行车时发生桥头跳车。设置过渡段路面结构、设置大尺寸搭板、提高路基压实度、加强地基处理等是处理桥头跳车的常用方法，笔者建议在设计时加强对路基顶层和搭板处路面结构的处理。

（5）交叉口及公交车停靠站的车辙

由于车辆在路口或公交车停靠站频繁启动、刹车，沥青路面在汽车荷载的反复作用下发生剪切或拉裂破坏，导致道路车辙产生，严重影响车辆通行。从产生原因来分，车辙主要有以下两类。

结构性车辙。沥青面层在温度、荷载的反复作用下产生剪切破坏，导致塑性剪切流变，车轮作用位置被压缩下陷；路面基层在重载作用下，由于自身的强度和刚度不足，产生永久变形。这种车辙一般深度和宽度都比较大，而且还经常伴有泛油、网裂等病害，多出现在公交车较多的道路交叉口。

磨损性、压缩性车辙。由于轮胎摩擦，沥青面层逐渐被磨耗、减薄；由于荷载作用，路面结构层逐渐被压实，出现轻微下陷。这种车辙较浅，其他并发病害较少，多出现在车辆荷载较小的城市道路。

鉴于上述情况，针对不同的道路性质，应对交叉口的进口道（包括渐变段）、公交车停靠站范围内的路面结构进行加强处理，上面层应综合考虑高温抗车辙、低温抗开裂、抗滑的需要；中面层应重点考虑抗车辙能力；下面层重点考虑抗疲劳开裂性能、密水性等。

（6）检查井及井周路面沉降破损

由于绝大多数排水管道以及检查井设置在车行道下，检查井周边的回填夯实特别困难，压实度检查也很难进行，在实际施工中常常被疏忽，导致在使用一段时间后，检查井周边发生沉陷、路面龟裂等通病，不仅降低了行车的舒适性，影响了沥青路面的平整度和外观质量，同时也会缩短沥青路面的使用年限。

若检查井必须设置在车行道下，则应想办法提高井圈周边的压实度。井圈范围内回填土选用内摩擦角较大的透水性材料就是一个不错的选择，如粗砂采用水密法就能达到较好的密实度，从而能较好地减少路基的压缩沉降，同时也有利于市政检查井周边缝隙中渗入的雨水顺利排出。

优化检查井设计，如采用分离式井盖座就是一个不错的选择。上海市政工程设计研究总院（集团）有限公司结合目前在建的工程及杭州市的实际情况，在传统窨井设计、使用情况的基础上，对检查井进行了优化：采用分离式井盖座，改变了传统检查井的井盖座直接由井筒上升的做法。分离式井盖座通过井盖座基础与道路紧密结合，而与井筒（身）保持相对分离。在道路发生沉降的时候，井盖座与路面一起下沉，减少相对位移。

4.4.2.4 路面弯沉的影响分析

（1）理论弯沉与结构层应力、应变的关系

按照弹性层状体系理论，路面理论弯沉与结构层内部的应力、应变在概念上都是等效的，都是基于同一个力学模型、同一组计算参数得到的，只是从不同角度反映了路面整体结构的力学响应状态。由此，沥青路面结构设计包含了上述弯沉和弯拉应力的验算指标。而事实上，当路面设计弯沉验算的条件满足时，弯拉应力验算的条件也同样得到了满足，相对工程设计而言，结构层的应力、应变指标尚存在局限性。

（2）弯沉与路面病害无必然联系

弯沉是反映路面结构在荷载作用下整体结构承载能力大小的指标，其与路面结构的各种病害形式和使用有一定的关系，但没有必然的联系。因此，单独一个弯沉指标并不能完全反映路面结构的使用状态，还需要通过材料组成设计、结构优化设计以及必要的应力或应变的控制指标等共同完善沥青路面结构和材料设计。一味地追求弯沉指标，或忽视弯沉指标，对于路面结构设计而言都是不可取的。

（3）半刚性基层与沥青面层弯沉的关系

资料显示，半刚性基层（含底基层）结构比较强时，整体路面结构的承载能力是稳定的——尽管沥青面层出现了不同程度的破损，半刚性基层或底基层出现一些裂缝，但路面结构的承载能力无明显衰减。也就是说，弯沉指标作为反映结构整体承载能力大小的指标，其衰减变化规律，反映了结构承载能力的衰减程度。从理论上讲，设计弯沉建立了与累计标准轴载作用次数（即疲劳寿命）的关系模型，并通过弯沉指标的大小体现路面承载能力的耐久性或疲劳寿命。

弯沉的测试结果并不能准确反映半刚性基层（含底基层）承载能力衰减的大小。如路面在运行几年后出现裂缝，能直观感到半刚性基层结构产生了严重损伤，导致弯沉值增加。但是，仅仅经过沥青面层的简单修补（并未维修半刚性基层），路面弯沉又明显减小，基本恢复到建成初期的水平，说明半刚性基层基本保持完好，或者说半刚性基层尽管已产生一些裂缝，但仍具有较强的承载能力。

由此说明：第一，尽管半刚性基层结构产生一些裂缝，如干缩裂缝、温度收缩裂缝，甚至疲劳断裂，但对路面结构整体承载能力没有显著影响；第二，沥青面层有可能先于半刚性基层遭受疲劳损坏，或者两者同时遭受了疲劳损坏。对于这种疲劳损伤，通过一般的连续的弹性层状体系理论是无法分析的。这就是理论与实际的差异，其关键在于沥青面层与半刚性基层之间是不可能形成完全连续状态的，特别是薄沥青面层，这种不连续状态对于沥青面层的力学损伤更为严重。

4.4.2.5　路面积水问题分析

除了施工原因，雨水口的尺寸和数量不足、位置设置不当也是雨天路面排水不畅，从而引起路面积水的原因。

设计中需要进行合理的雨水口泄水量计算，通过计算，合理选择雨水口的类型及间距，根据实际情况布置雨水口，避免雨水口泄水量不足造成内涝。在布设雨水口时还应注意港湾式公交停靠站、交叉口渠化段因路面拓宽而引起的道路低点位置变化。

§5 监理质量管理

工程监理应当遵守国家有关法律、法规，严格执行工程建设程序、强制性标准和有关标准、规范，遵循守法、诚信、公平、科学的原则。

5.1 工程建设监理概述

当前，国家十分重视工程监理这项工作，尝试建立新的工程建设管理体系，要求一些地方建设部门设立工程建设管理改革试点，其中有一项就是要求工程监理单位向政府主管部门报告工程监理情况，以充分发挥监理单位在质量控制中的作用。

一般说来，这项改革试点的工作阻力会很大，操作会有一定的难度，但是其中的意义很深远。如果试点改革成功的话，那对监理管理体制是重大突破，甚至是颠覆性的。因此，工程监理要借机发挥质量控制中的积极作用，努力担当，树立更有力的工作权威，推动工程质量管理水平更上一个台阶。

5.1.1 工程建设监理的基本概念

工程建设监理是由监理工程师及其他人员采取组织措施、技术措施、经济措施和合同措施等手段，对工程建设的工期、质量、投资等目标以及合同的履行进行有效的控制，使工程项目按工程承包合同确定的目标，按期、按量、保质完成的一系列监督管理活动。

5.1.1.1 相关概念

（1）监理

监理企业依据法律、法规、有关标准及合同约定，对工程施工质量、进度、造价进行控制，对合同、信息进行管理，履行法定安全生产管理的监理责任，参与协调工程建设相关方的关系。

（2）工程建设监理

工程建设监理企业接受业主单位的委托和授权，依据国家批准的工程项目建设文件，有关工程建设的法律、法规和工程建设监理合同以及其他工程建设合同所约定的旨在实现项目投资目的的监督管理活动。

（3）项目监理机构

工程监理企业派驻工程负责履行建设工程监理合同的组织机构。

（4）监理质量与质量管理

监理质量是指监理企业对监理服务过程的工作、服务满足国家法律法规和委托人要求的程度。质量管理是指监理企业对监理服务过程的工作、服务进行全过程、全方位的策划、组织、指挥、控制和协调的活动。

上述活动的主要内容包括了监理法规、监理机构及职能、监理信息反馈及处理。工程建设监理这项制度是工业社会专业化分工的产物，是促进工程建设事业按科学规律高速发展的重要管理方法。

5.1.1.2　工程建设监理的作用

（1）有利于确保工程质量

工程建设监理活动贯穿工程建设全过程，施工程序、施工操作及其相应管理始终都在严格的监督之下进行，工程建设监理活动可及时纠正任何不符合规范、规程的行为，从而避免质量事故，确保工程质量。

（2）有利于确保工期

在监理人员的监督管理下，可及时有效排除影响工期的各种不利因素，特别是大大减少甲、乙双方因扯皮、推诿等耽误工期的问题的发生。

（3）有利于控制总投资

一方面，由于实行招投标制度，严格按工程合同办事，资金支出得到有效控制；另一方面，通过严格审核施工过程中所发生的设计变更及其他不可预见性费用，通过采取预先算账、跟踪核查等手段，可避免建设资金浪费。

（4）有利于协调和维护

监理人员站在公正立场处理业主和施工单位之间的关系，缓解双方矛盾，及时排除影响工程建设的各种不利因素，并保证他们双方各自的合法权益，有利于加强对涉外工程的管理，维护我国国家利益和法律尊严。

5.1.1.3　工程建设监理的性质

工程建设监理是一种特殊的工程建设活动，它与其他工程建设活动有着明显的差异。这些差异在工程建设监理与其他工程建设活动之间画出了清楚的界线。工程建设监理具有以下性质。

（1）服务性

工程监理机构受业主的委托进行工程建设的监理活动，它提供的不是工程任务的承包，而是服务。而工程监理机构将尽一切努力进行项目的目标控制，但它不可能保证项目的目标一定实现，它也不可能承担不是它的失职而导致的项目目标失控的责任。

（2）科学性

工程监理机构拥有从事工程监理工作的专业监理工程师，他运用所掌握的工程监理的科学思想、组织、方法和手段从事工程监理活动。

（3）独立性

独立性指的是不依附性，它在组织上和经济上不能依附于监理工作的对象（如承包商、材料和设备的供货商等），否则它就不可能自主地履行其职责。

（4）公正性

工程监理机构受业主的委托进行工程建设的监理活动，当业主方和承包商发生利益冲突或矛盾时，工程监理机构应以事实为依据，以法律和有关合同为准绳，在维护业主的合法权益时，不损害承包商的合法权益，这体现了工程建设监理的公正性。

5.1.1.4　工程建设监理的任务

工程建设监理的首要任务是对工程建设项目实施"T、Q、C、C"控制。其中：T为工期目标的控制，该目标控制是通过一系列手段，采用运筹学、网络计划等措施，使工程项目建设工期控制在计划工期以内；Q为质量目标控制，工程质量目标控制主要是通过审核图纸，监督标准规范的实施，检查工程实体质量是否符合要求等手段加以控制；第一个C为费用目标的控制，即工程成本控制主要是通过核实已完成的工程量，通过审核修改设计和审核设计变更等加以控制；第二个C为合同管理，它是进行工期控制、质量控制及成本控制的有效工具。具体工作内容如下。

建设前期阶段的工作。此阶段主要进行建设项目的可行性研究，参与设计任务书的编制等。

设计阶段的工作。此阶段主要是提出设计要求，组织评选设计方案；

协助选择勘察、设计合同并组织实施；审查设计和概（预）算。

施工招标阶段的工作。此阶段主要是协助评审投标书，提出决标意见，并与业主方及承建单位签订承包合同。

施工阶段的工作。此阶段主要是协助编写开工报告，确认分包单位；审查施工组织设计、施工技术方案和施工进度计划，并提出修改意见；审查材料和设备清单及其所列的规格、质量；检查工程使用的材料、构件和设备的质量，以及工程进度和施工质量，参与验收分部分项工程，签署工程付款凭证；组织设计、施工单位进行工程竣工初步验收，提出竣工验收报告。

5.1.2 工程建设监理的质量责任

工程建设监理企业应建立质量管理组织机构，设置质量管理部门和岗位，配备质量管理人员，规定相应的职责和权限并形成文件，传递到各管理层。

5.1.2.1 构建质量保证体系（质量管理基本要求）

（1）设置项目监理机构

依据监理委托合同在施工现场建立项目监理机构，于开工前将项目监理机构的组织形式、人员构成及对项目总监的任命以书面形式告知建设单位。项目监理机构的组织形式和规模，应根据委托监理合同规定的服务内容、服务期限、工程类别、规模、技术复杂程度、工程环境等因素确定。

工程建设监理企业应当按照《建设工程监理工作标准》（DB13(J)/T161—2014），并根据监理合同履约的需要及建设单位要求，在进场前确定项目监理机构、配备项目监理必要的监理人员，必要时可设总监理工程师代表，但工程监理责任由总监理承担。

专业监理工程师由具有中级及以上专业技术职称、具有2年及以上工程实践经验并经监理业务培训的人员担任；可由具有工程或工程经济类相关专业本科及以上学历，5年及以上工程实践经验并经监理业务培训的人员担任；也可由具有工程或工程经济类相关专业大专学历，7年及以上工程实践经验并经监理业务培训的人员担任；也可由具有工程或工程经济类相关专业中专学历，10年及以上工程实践经验并经监理业务培训的人员担任。

监理员由具有工程或工程经济类相关专业中专及以上学历，并经监理业务培训的人员担任。

具有工程类注册执业资格或具有中级及以上专业技术职称、3年及以上工程实践经验、在监理企业工作并注册（以注册证书的签发日期为准）满2年及以上并经监理业务培训的人员，可担任总监理工程师代表或专业监理工程师。

（2）实行项目总监理工程师负责制

项目总监理工程师应当按照技术规范要求，在施工现场履行监理职责，确因正当事由临时离开施工现场的，应当指定总监理工程师代表代为行使其部分职权，但国家规定必须由总监理工程师负责的组织编制监理规划、审查施工组织设计文件等事项除外。其他岗位的监理人员由项目总监进行书面任命，人员资格应满足合同要求，并持证上岗。

监理单位与建设单位签订监理委托合同后，应于监理工作开始前10日内将项目监理机构人员组成主动告知工程所在地建设行政主管部门。

总监理工程师无特殊情况不得擅自变更。确需变更的，经建设单位同意后，由监理单位提交相关证明告知工程所在地建设行政主管部门。变更后的人员资格等级不得低于变更前的人员资格等级。未按规定擅自变更的，该总监理工程师一年内不能作为总监理工程师参加监理投标活动。

在委托监理合同到期后，项目监理机构应及时将总监理工程师及其他人员的履职情况告知工程所在地建设行政主管部门。如果在委托监理合同到期后项目建设未完成，仍需监理机构现场服务的，建设单位必须与监理单位重新签订延期服务合同，同时，将项目监理机构人员组成再次告知工程所在地建设行政主管部门。如果因特殊原因出现项目停止施工3个月以上的，经建设单位书面同意监理机构撤场的，监理单位应及时将建设单位的书面意见告知工程所在地的建设行政主管部门。工程复工前，监理单位须重新将监理机构的人员组成告知工程所在地建设行政主管部门。

总监理工程师必须具有国家注册监理工程师资格，应对监理工作质量负首要责任，履行法规和规范规定的管理职责，执行法律法规及相关技术标准，组织检查施工企业现场质量、安全生产管理体系的建立及运行，组织召开监理例会，组织分部工程验收及竣工预验收等工作。

每名注册监理工程师可担任一项建设工程监理合同的总监理工程师，当需要担任多项建设工程监理合同总监理工程师时，须经建设单位书面同意，且最多不得超过三项。

（3）召开工地例会

工程项目开工前，监理人员应参加由建设单位主持召开的第一次工地会议。第一次工地会议应包括以下主要内容：一是建设单位根据委托监理合同宣布对项目总监的授权，介绍工程开工准备情况；二是承包单位介绍施工准备情况；三是项目总监理工程师介绍监理规划的主要内容，并研究确定各方主体在施工过程中参加工地例会的主要人员，工地例会周期、地点及主要议题。

（4）熟悉合同文件

开工前，总监理工程师应组织监理人员熟悉"施工承包合同"和"建设工程监理合同"等合同资料，当发现合同中有错误或相关文件之间有不一致时，应及时报建设（代建）单位，由建设（代建）单位组织有关单位协调处理。

（5）施工环境条件调查

施工前，项目监理机构应对合同文件约定的施工条件进行调查，掌握有关环境情况。当发现施工条件与合同文件不一致，周边环境可能对正常施工产生较大影响时，应及时书面报告建设（代建）单位，由建设（代建）单位与有关单位协调处理。

（6）熟悉施工图纸

总监理工程师应组织监理工程师熟悉施工图纸，了解工程特点以及质量要求。熟悉施工图纸时应一并审查：施工图纸审批签认和审查手续是否齐全；设计文件是否完整，是否与图纸目录相符；应熟悉工程地质、水文地质勘察报告；施工图纸中所选用材料、构配件、设备等是否符合现行规范、规程要求；施工图纸规定的施工工艺是否符合现行规范、规程规定；施工图纸中有无遗漏、差错或相互矛盾之处。

项目监理机构应当将在施工图纸中发现的问题汇总，通过建设（代建）单位将问题以书面形式提交设计单位，便于设计单位在设计交底会上明确解决措施。

5.1.2.2 落实质量责任制

项目监理机构应根据工程特点建立健全质量保证体系，落实质量责任制，明确岗位责任。

监理单位应按合同要求及监理规范，配置符合要求的现场监理人员，并保证现场监理监管体系正常发挥作用。

监理单位对进入施工现场的原材料、半成品、构配件和设备机具的验收及管理应符合国家标准和合同约定；施工中使用的涉及结构安全的试块、试件和建筑材料必须执行见证取样和送检规定，未经检验合格的材料不得用于工程施工。

在工程材料检查验收工作中，监理工程师要严格控制材料的供应来源，其有权对所监理的项目的预拌混凝土、三渣/水泥稳定碎石、沥青混合料等实施延伸监理。

严格工序管理，市政道路工程每道工序完工后，必须由施工单位报验，经监理单位验收认可方能进入下一道工序施工。监理单位应按照技术规范标准，及时对施工单位自检合格的工序进行检查验收。

监理单位应严格按要求实施监理，对监理过程中发现的质量问题，必须认真督促施工单位进行整改，对拒不整改或整改不到位的，监理人员应及时上报监督机构。

5.2　建设工程监理企业的质量管理

5.2.1　质量管理的基本要求

监理企业应结合自身特点和质量管理需要，建立质量管理体系，对质量管理体系中的各项活动进行策划，形成文件，并通过检查、评价，持续改进质量管理活动的过程和结果。

5.2.1.1　质量方针和质量目标

（1）质量方针

监理企业的质量方针应与企业的经营管理方针相适应，体现质量管理的宗旨和方向。监理企业应遵守国家法律、法规，满足合同约定的质量要求；在工程监理过程中及工程竣工后，按合同约定服务于委托方，树立企业的良好形象；追求质量管理改进，提高质量管理水平。

（2）质量目标

工程监理企业应对上述质量方针的相关内容进行定期评审并做必要的修订。同时，根据质量方针制定质量目标，明确质量管理和监理服务质量应该达到的水平，实施具有质量目标的管理制度。

5.2.1.2　质量管理体系的策划

（1）策划的内容

工程监理企业应对质量管理体系进行策划，策划内容包括：一是质量管理活动、相关关系及活动顺序；二是组织机构、制度以及所需的资源。

（2）质量管理的内容

根据质量管理体系的范围确定质量管理内容，包括：质量方针和目标管理；组织机构和职责；人力资源和设备设施管理；投标和合同管理；工程项目监理质量管理；监理服务质量检查、评价和改进。

同时配备质量管理体系运行所需的人员、技术、资金、设备等资源，建立内部质量管理体系监控检查和评价机制，确保质量管理制度得到有效执行。

5.2.1.3　实施文件管理制度

实施文件管理制度，明确文件管理的范围、职责、流程和方法。有关质量管理体系运行的文件应包括质量方针和质量目标，质量管理体系的说明，质量管理制度，质量管理制度的支持性文件，质量管理的各项记录。其中，实施质量（监理）记录管理制度应明确记录的管理职责，规定记录的填写、标识、收集、保管、检索、保存期限和处置等要求。

5.2.2　组织机构和职责

监理企业应建立质量管理组织机构，设置质量管理部门和岗位，配备质量管理人员，规定相应的职责和权限并形成文件传递到各管理层。

5.2.2.1　组织机构

质量管理组织机构应涵盖企业管理层、质量管理部门及相关部门、项目监理机构。质量管理部门及相关部门的设立应有利于企业质量管理活动的开展。管理者代表负责质量管理体系的策划、实施、检查、评价、改进工作。

项目监理机构的设置应根据建设工程监理合同约定的服务内容、服务期限，以及工程类别、规模、技术复杂程度、环境等因素确定。

5.2.2.2　职责和权限

最高管理者、管理者代表、各管理部门、项目监理机构在质量管理方面的职责和权限并不相同。

最高管理者及管理者代表的职责和权限有：组织制定质量方针和目标；建立质量管理的组织机构；建立质量管理体系并确保其有效实施；培养和提高员工的质量管理能力；确定和配备质量管理所需的资源；评价并改进质量管理体系等。

质量管理部门的职责和权限有：协助管理层编制质量管理体系文件，组织制定企业质量管理工作标准；组织质量管理体系的运行，并对企业质量管理工作进行检查、评价；协助管理层做好企业内部质量管理体系的审核和管理评审工作；对质量管理体系运行过程中出现的及潜在的不合格项进行纠正、预防、持续改进。

项目监理机构的职责和权限有：合理设置内部组织机构及岗位，明确其职责和权限，配备符合要求的监理人员；履行质量管理职责，接受企业质量管理部门的指导、检查与评价，对存在和潜在的质量问题开展纠正和预防工作，并跟踪验证实施效果；认真履行监理合同规定的服务内容，保证项目监理机构的服务质量。

5.2.3 人力资源和设备的管理

根据监理企业质量管理长远目标制定人力资源发展规划，设置人力资源管理组织机构，建立人力资源管理制度和人力资源信息库，建立和保存人力资源管理过程的各项记录，满足企业战略发展及质量管理需要。必要时对监理设备设施的配备和使用维护管理等做出规定。

5.2.3.1 人力资源管理

（1）人力资源配置

监理企业应以文件的形式确定质量管理组织机构中与各层级质量管理岗位相适应的任职条件，配置符合要求的质量管理人员。各质量管理岗位的任职条件包括年龄、专业技能、所接受的培训、所取得的岗位资格、能力和工作经历等。

按照岗位任职条件以及监理合同及项目所在地政府主管部门规定的人员配置要求，配置项目监理机构人员，所配置的人员应满足项目监理机构质量管理的需要，应按照国家法律法规和建设行政主管部门的要求持证上岗。采取各种方式引进符合岗位要求的人员，对新进人员进行培训、考核，淘汰不合格的人员。

（2）培训与考核

监理企业人力资源管理组织机构应明确培训需求，根据需要制定员工培训计划，对培训对象、内容、方式及时间做出安排，评价培训效果，保存培训、培训效果评价的记录，以便于培训管理的持续改进。

举办各类执业资格的考前培训和继续教育培训等。

监理企业应建立员工绩效考核制度，规定考核的内容、标准、方式、频次，保存考核记录，并将考核结果作为质量管理评价和改进的依据。

5.2.3.2　监理设备设施管理

（1）监理设备设施的配备

根据工程项目类别、规模、技术复杂程度、工程项目所在地的环境条件等，按照建设工程监理合同的约定，配备满足监理工作需要的常规检测设备和工器具等监理设备设施，配备计划应在监理规划中明确，并按规定先审批后实施。

委托方应按照建设工程监理合同约定，为监理项目提供监理工作需要的办公、交通、通信、生活等设施，并适时调配监理设备设施的进退场时间。

（2）监理设备设施的使用

制定监理设备设施的采购、使用、维修保养等相关规定。使用检测、计量设备前，必须检查其是否有合格或准用标志，是否在有效检定期内。使用人员必须按检测、计量设备操作规程或使用说明书进行操作，并建立使用台账，保存记录。

（3）设备的检测

对检测、计量设备进行编号、登记，建立有效的检验、发放、验收、使用、封存、报废等控制程序，并按国家有关规定进行检定、校准，现场应留存检定（或校准）证书的原件或复印件。检测设备进场必须履行验收手续，交接双方应进行交接验收，并保留相应的记录。维修保养、封存、报废等必须履行审批手续并留有记录。

（4）委托方提供的设备设施、资料管理

监理项目部应按规定接收委托方提供的设施、设备，并应按建设工程监理合同约定的时间将其移交委托方。同时，建立委托方提供的设备设施管理台账。每台检测、计量设备均应有有效的检定或校准证书，较复杂设备还须有使用说明书或操作规程。妥善保管和使用委托方提供的设备设施，做好相应的记录；对于不能使用的设备设施应及时告知委托方进行处理。

5.2.4 工程项目监理质量管理

项目监理机构通过动态控制实现工程项目监理的质量管理，其主要内容是对工程项目监理的质量策划与准备、监理服务和相关服务质量予以控制。监理企业应对项目监理机构的监理服务质量进行指导、检查和评价。

5.2.4.1 质量策划与准备

项目监理机构的组织形式和人员配备应满足项目监理服务的需要，常规检测设备和设施的配备应满足项目监理工作的需要。监理企业应就监理合同、监理投标书及企业质量管理策划的结果向项目监理机构交底。

项目监理机构应按照规定的职责和要求，对工程项目监理服务进行策划，明确工作目标，确定监理工作制度、内容、程序、方法和措施，策划的结果形成监理规划。实施过程中，可根据实际情况进行调整、补充和修改，该规划须经监理企业技术负责人审批后实施。

5.2.4.2 监理过程的质量控制

（1）质量控制过程

项目监理机构应对工程质量进行控制，其主要内容包括：

①编写质量控制监理实施细则；

②对被监理单位的质量保证体系进行审查；

③对被监理单位申报的施工组织设计、专项施工方案等技术文件进行审查；

④对原材料、构配件、工器具与设备进行检查验收，对需进行抽样复试的材料、构配件进行见证取样；

⑤对检验批、隐蔽工程、分项工程、分部工程及时检查验收，对关键部位、关键工序、实体检测、设备调试应现场旁站，符合要求的应及时予以确认；

⑥现场发现质量事故隐患应及时要求被监理方整改，并检查、验收整改情况；

⑦对发生的工程质量事故，应及时报告委托方，督促被监理方提出经

认可的处理方案，对处理情况进行跟踪、验收；

⑧组织竣工预验收，对主要功能项目进行抽查，审查工程竣工资料，编写质量评估报告；参加委托方组织的工程竣工验收。项目监理机构应收集、整理、标识、贮存与质量管理有关的记录，项目竣工后按规定进行移交。对采用新材料、新工艺、新技术、新设备的专项施工方案进行审查，必要时对方案的实施进行检查和监督。

监理企业应督促项目监理机构及时组织项目竣工预验收；审查工程质量评估报告，审批监理工作总结；审核项目监理机构归档资料。监理企业应参与项目重大质量问题及事故的处理。

（2）进度控制过程

项目监理机构应对工程进度进行控制，其主要内容包括：编制进度控制监理实施细则；审核被监理单位的工程进度计划，对项目进度实施动态控制，定期向委托方报告。

监理企业应对项目监理机构的进度控制情况进行检查、监督。

（3）造价控制过程

项目监理机构应对工程造价进行控制，其主要内容包括：编制造价控制监理实施细则；审核被监理单位上报的资金使用计划，对项目造价实施动态控制，定期向委托方报告；审核被监理单位上报的已完成合格工程量；及时签发项目工程款支付证书，并报委托方；审核竣工结算。

监理企业应对项目监理机构的造价控制情况进行检查、监督。

（4）合同管理过程

项目监理机构应对工程合同进行管理，其主要内容包括：编制合同管理监理实施细则；建立项目合同台账，监督承包合同的执行情况；审核专业分包单位的资信；审查工程变更，发布变更令；协助委托方处理合同争议，及时处理索赔及反索赔。

监理企业应对项目监理机构的合同管理情况进行检查、监督。

（5）组织协调过程

项目监理机构应建立健全组织协调管理制度，协助委托方建立项目组织协调管理体系，协调建设各方的关系，公平、公正、独立地处理各种问题。监理企业应对项目监理机构的组织协调工作进行检查、监督。

（6）信息管理过程

建立并逐渐完善监理信息管理制度，编制项目监理机构的受控文件清单和质量记录清单。对委托方提供的设计文件、合同等进行登记和验证。

及时、准确、完整地收集、整理、编制、反馈、传递监理信息资料。监理签发的信息资料应有明确的标识和签字认可，对于留存的信息资料应妥善保管与防护。

审核被监理方上报的项目信息资料，项目竣工后应及时整理这些项目信息资料，及时移交、归档。

工程监理企业应对项目监理机构的信息管理工作进行检查、监督、评价。

（7）履行监理安全法定职责过程

工程监理企业应建立健全安全管理网络，完善安全管理制度，通过安全知识培训提高监理人员安全管理水平。项目监理机构应按照有关法律法规和规范要求履行监理安全法定职责，具体包括以下几个方面。

审查施工安全技术措施或者专项施工方案是否符合工程建设强制性标准。

实施监理过程中，发现存在安全事故隐患的，应当要求被监理方整改；情况严重的，应当要求被监理方暂时停止施工，并及时报告委托方。被监理方拒不整改或者不停止施工的，监理企业应当及时向有关主管部门报告。

按照法律、法规和工程建设强制性标准实施监理，承担安全生产监理责任。

审查危险性较大的分部分项工程的专项方案，并检查、监督其执行情况。

参与安全事故的调查、处理。

5.2.4.3 监理服务质量的管理

监理企业应建立并实施监理服务质量的检查与评价制度，明确各管理层对监理服务质量进行检查与评价的职责、权限、频度和方法。通过对监理服务质量信息的收集和分析，确定质量管理改进的目标，制定质量改进措施。

（1）服务质量的检查和评价

监理服务的质量可以从以下方面进行评价：法律、法规和标准规范的执行；质量管理制度及其支持性文件的实施；监理服务质量；项目质量管理策划结果的实施；对本企业、发包方或建设行政主管部门提出的意见和整改要求的落实；合同履行情况与质量目标的实现。

（2）监督整改效果

实施质量管理体系内部审核，对审核中发现的问题及其原因提出书面整改要求，并及时收集工程建设有关方的反馈信息，跟踪整改结果，确保质量管理体系发挥作用。

（3）监理服务质量问题的处理

建立监理服务质量问题处理和质量事故责任追究制度，规定监理服务质量问题控制、处置的职责、权限和流程。如采取措施，消除监理服务质量问题，妥善保存处理记录，并通报处理情况。

（4）监理服务改进措施

明确所收集的质量信息及其来源、渠道、方法和职责，识别需要改进的领域和机会。

最高管理者应按照规定的周期分析质量管理体系运行的状况，组织评审，并提出改进的目标和要求。

通过对质量管理体系的分析和评价，找出质量管理活动中存在的问题及其产生原因，并提出改进和创新的目标，完善措施。

5.2.4.4 相关方面的监理服务

（1）相关勘察设计的服务

根据工程监理合同约定的服务范围，按服务工作要求实施。协助委托方编制勘察设计任务书、选择勘察设计单位、签订工程勘察设计合同。督促和检查勘察设计单位履行勘察设计合同情况。审查勘察设计成果，提出勘察设计评估报告。审核勘察设计单位提交的费用支付申请，及时处理勘察设计工期及费用索赔事宜。协助委托方组织专家对设计成果进行评审，并向政府有关部门报审设计文件。

（2）质量回访

按照建设工程监理合同约定进行回访，监督质量缺陷的修复及验收。

工程质量回访对象为建设单位、监理单位、工程交付使用单位及新闻媒体、政府部门、社会公众等。

可以采用各种方式,如电话、书信、电子邮件、走访调查等方式进行回访。

可以是定期或不定期地进行回访,但在工程竣工验收后一年内至少应进行一次回访。在工程施工前期、施工期间、竣工验收后这三个环节,定期或不定期主动向建设单位、监理单位征求意见。

在回访前,应精心策划,确定质量回访部门、回访人员、回访对象和内容。编写回访提纲,联系回访对象,提出回访要求,做好回访安排。

回访过程中,针对回访对象提出的问题,要认真落实,能现场解决的现场解决,不能现场解决的,做好解释工作,将问题整理交给主管领导,并将处理结果反馈给回访对象。

每次回访应形成书面记录,必要时将回访记录提交被回访单位或养护单位、运营单位,建立工程回访档案。

5.2.5 监理工作质量评价标准

对监理工作进行评价的目的是提高监理企业的监管质量,保证工程质量。

5.2.5.1 监理组织机构的评价标准(25分)

(1)监理企业评价(6分)

按企业资质、监理合同、监理收费三项内容进行评价,满分各为2分。

其中:企业资质等级与所监理工程等级相符,且现场备有企业营业执照和资质证书复印件得2分,无复印件得1分。企业资质等级与所监理工程等级不相符,该工程项目总分评定为0分。

采用《建设工程监理合同》(示范文本)(GF—2012—0202),且现场备有建设工程监理合同(含补充合同或协议)原件或复印件,合同中工程概况、服务范围和内容、总监理工程师、签约酬金、期限等填写清晰、完整、有效得2分。但未采用《建设工程监理合同》(示范文本)(GF—2012—0202),或合同中工程概况、服务范围和内容、总监理工程师、签约酬金、期限等填写模糊不清、有缺项得1分。现场无合同原件或复印件、合同无效,均得0分。

实行政府指导价的实际收费不低于国家监理收费标准规定下限得2分,

低于国家监理收费标准规定下限得0分。

（2）监理人员（13分）

对总监理工程师和其他监理人员进行评价，满分分别为6分、7分。

总监理工程师执业资格、注册符合规定，有单位法定代表人书面授权，符合相关建设工程监理从业人员管理规定，且常驻现场可得6分；未常驻现场得4分。总监理工程师不符合下列各项之一，该项总分评定均为0分。

①不具备国家规定的有关执业资格或未按规定注册在本单位的；

②在不同项目上兼职、兼任工程项目数不符合有关规定的，又有证据表明不到岗或到岗率低于合同约定的、对所监理的工程项目监理工作及相关工程资料不熟悉的；

③未经建设单位书面同意变更，又未在政府主管部门进行相应的备案变更，以及一年内变更三次以上（含三次）的。

其他监理人员的执业资格及注册符合相关规定，专业配置满足需要，数量符合合同约定或监理规划进退场计划，且均在岗可得7分。其中：

如在岗人员数量不低于合同约定或监理规划进退场计划的70%，只得4分；低于合同约定或监理规划进退场计划的70%，得2分；低于合同约定或监理规划进退场计划的50%，得0分。

专业配置不能满足需要，或不符合有关要求的，得0分。

主要人员（监理工程师及以上岗位）执业资格及注册不符合相关规定、无证上岗、假证执业、不在岗所占比例大于合同约定或监理规划进退场计划的30%的，得0分。

（3）监理设施（6分）

按办公设施、技术资料和上墙资料进行评价，满分各为2分。

①具备单独的现场办公用房，办公设施（文件柜、电脑、打印机、数码相机等）满足监理工作需要，并配备常规检测设备和工器具的（按规定和合同约定需设置监理现场实验室的应符合相应要求）得2分。

基本满足上述需要的，得1分；不能满足上述需要的，得0分。

②现场配备图集、标准、规范、手册及相关法律法规的，得2分；现场部分配备图集、标准、规范、手册及相关法律法规的，得1分；未配备的，得0分。

③企业营业执照、资质证书及人员执业资格上墙齐全的，得1分。

现场企业标识、岗位职责、监理制度、监理工作图表、台账记录齐全的，得1分。

5.2.5.2 质量安全监理的评价标准（20分）

（1）工程质量监理情况（10分）

每发现一项违反国家现行标准、规范、规程中强制性条文而导致的质量隐患，有相关监理指令发出，但尚未在规定时限内整改到位，扣1分，扣完10分为止。

每发现一项施工单位未按批准的施工组织设计（方案）施工，且监理未识别，或未按程序正确处置，扣1分，扣完10分为止。

每发现一项违反国家现行规范、规程、标准中强制性条文而导致的质量隐患或明显的工程质量缺陷，且监理未正确识别，无相关监理指令发出，扣2分，扣完10分为止。

（2）现场安全监理情况（10分）

每发现一项违反国家现行标准、规范、规程中强制性条文而导致的安全隐患，有相关监理指令发出，但尚未在规定时限内整改到位，扣1分，扣完10分为止。

每发现一项施工单位未按批准的施工组织设计安全技术措施或安全专项方案施工，且监理未识别，或未按程序正确处置，扣1分，扣完10分为止。

每发现一项违反国家现行标准、规范、规程中强制性条文而导致的安全隐患，且监理未识别，无相关监理指令发出，扣2分，扣完10分为止。

5.2.5.3 监理实施过程及监理资料管理评价标准（50分）

（1）现场监理资料管理（2分）

制定现场监理资料和信息管理的职责分工、收发传递和分类存放等管理制度，资料及时、准确、完整地反映实施监理的过程，设有专人管理，分类整理符合规定的，得2分，不完全符合的，得1分。

监理文件资料多处出现前后矛盾、逻辑混乱、签字造假、越权签署等严重弄虚作假情况，或多处明显与实施过程不符的，该工程项目总分评定均为0分。

（2）监理规划、监理实施细则（4分）

①监理规划方面（2分）。

监理规划编制及时，内容具有指导性和针对性，编审程序完整有效，得2分；指导性和针对性较差，可得1分；编审程序不符合规范得0分。

现场无监理规划、无监理岗位人员姓名及职责分工、无各阶段人员进退场计划、无安全生产监理责任相关内容的，其中一项不符均得0分。

②监理实施细则方面（2分）。

对专业性较强、危险性较大的分部分项工程编制了监理实施细则，内容齐全，时效性、针对性、可操作性强，编审程序符合规范得2分。其中，内容不齐全得1分；内容不齐全，时效性、针对性、可操作性差，或编审程序不符合规范均得0分。

无危险性较大的分部分项、无保温节能内容的，本项均得0分。

现场无监理实施细则，或与本建设工程项目不相符的，或审批签字弄虚作假的，本项均得0分。

（3）工程开工报审（4分）

①单位工程开工方面（2分）。

审查现场施工质量安全管理组织机构、管理制度及专职管理人员和特种作业人员的资格，开工报审表签署有效，所附证明文件资料齐全，得2分。如发现不符合规定，并发出了监理通知单或工作联系单得1分；未识别得0分。

②分包工程开工方面（2分）。

审核施工单位报送的分包单位资格报审表，分包单位的营业执照、企业资质等级证书、安全生产许可文件、类似工程业绩、专职管理人员和特种作业人员的资格证等相关证明文件及附件齐全，签署有效得2分。

发现附件不全或签署无效，发出了监理通知单，得1分；未识别，得0分。

单位工程、分包工程开工未报审，又未正确处置，本项得0分。

开工条件不符合规定，又未识别，本项得0分。

（4）施工图审查及图纸会审纪要（2分）

工程勘测资料和施工图、施工图审查报告及回复、设计交底（会审）签认有效齐全，会审中遗留的问题后续处理闭合得2分。

发现存在的问题，并发出了相关指令，但后续处理未闭合得1分。

现场无合法勘测资料和设计文件，会审纪要中遗留问题后续处理未闭合，又未识别，本项均得0分。

（5）施工组织设计、专项施工方案报审（4分）

①施工组织设计报审方面（2分）。

施工组织设计编审程序符合相关规定，施工进度、施工方案及工程质量保证措施符合施工合同要求，资源（资金、劳动力、材料、设备）供应计划满足工程施工需要，质量安全技术措施符合工程建设强制性标准，施工总平面布置科学合理，有详细的审查意见得2分。

上述内容针对性较差，监理指令发出，得1分。

未审核、编审程序不符合相关规定、质量安全技术措施有违反强制性条文的，监理未识别，本项均得0分。

②专项施工方案报审方面（2分）。

按规定编制齐全，审批程序符合相关规定，工程质量安全保证措施符合有关标准，无违反强制性条文的内容，按规定组织专家论证的附有论证报告，有详细的审查意见，得2分。

有违反强制性条文的内容，监理指令发出，得1分。

未审核或编审不符合相关规定，有违反强制性条文，监理未识别，本项均得0分。

（6）工程材料、构配件、设备报审（3分）

用于工程的材料、构配件、设备施工单位报审（品种、批次、数量）符合规定，质量证明文件齐全，见证取样或平行检验按照有关规定或监理合同约定进行，得3分。

施工单位报审（品种、批次、数量）不符合规定，质量证明文件不齐全，监理指令发出，得2分。

上述问题未识别，或未按规定见证取样、弄虚作假，或将不合格材料用于工程，本项均得0分。

（7）施工控制测量成果报验（2分）

测量依据、测量人员资格和测量成果符合标准及规范要求，报审表有效齐全；审核平面控制网、高程控制网，复核控制桩，并具有独立的复测资料和控制桩保护措施，得2分。

上述相关内容不符合标准及规范要求、报审表不齐全，发出监理指令，得1分。

上述内容存在问题，监理未识别，或未审查、未对控制桩进行复核，又无复测资料，本项均得0分。

（8）检验批、分项工程、分部工程报验记录（3分）

检验批、分项工程质量验收记录有效，验收依据完整，按规定或合同约定须平行检验，有监理平行检验记录；分部工程质量控制资料完整，安全、功能检验和抽测结果符合规定，观感质量符合要求，监理验收意见签署及时有效，资料保存完好，得3分。

若未与工程同步收集整理验收资料，或未按规定保存资料，得2分。

未验收或验收不合格进入下一道工序施工，监理未采取措施处置；又未进行安全及功能性检验，或者抽测结果、观感质量验收不符合要求，监理未识别；或将不合格检验批、分项工程、分部工程验收均得0分。

（9）巡视、旁站监理记录（3分）

制定巡视、旁站监理制度，对施工现场的巡视满足需要和合同约定，并对关键部位、关键工序的施工质量进行了旁站，所填写的巡视、旁站记录及时，内容具体完整，签署齐全，整改情况闭合，得3分。

旁站时间和数量不能满足需要、合同约定和相关规定，巡视、旁站记录及时性、完整性、有效性、闭合性不足，得2分。

未按规定对关键部位、关键工序旁站，或旁站记录弄虚作假均得0分。

（10）监理通知单及回复单（3分）

发现施工质量问题和安全隐患，及时签发监理限期整改通知单；整改完毕进行复查，并提出复查意见；监理限期整改通知单及回复单格式符合规定，填写及时、完整、有效，得3分。

发现施工质量问题和安全隐患，要求限期整改，未闭合；或监理通知单及回复单格式不符合规定，填写及时性、完整性、有效性较差，得2分。

质量问题和安全隐患未识别，或未及时发出监理限期整改通知单，或质量问题和安全隐患处理不当，监理无复查结论，本项均得0分。

（11）监理例会、专题会议（3分）

定期召开监理例会，研究解决与工程监理相关的问题，并根据监理工作需要，主持或参加监理专题会议，解决专项问题。会议记录有专用记录本，记录完整，经整理后发出的会议纪要，可追溯性强，且经各参会单位会签，得3分。

有专用记录本，所发出的会议纪要内容基本齐全，具有一定的可追溯性，且经各参会单位会签，得2分。

无专用记录本，所发出的会议纪要内容较为简单，只具有一定的可追溯性，且经各参会单位会签，得1分。

总监理工程师较少主持和出席会议；议定事项落实不够，处理问题不闭合；或会议纪要整理不及时，内容不齐全，可追溯性差；或未经各参会单位会签，本项均得0分。

（12）监理日志（3分）

监理日志真实反映监理情况，记录及时，内容详细，能与其他监理资料相印证且能闭合，总监理工程师及时进行了审阅，签署有效，得3分。

符合以上其他条件，但总监理工程师未能及时审签，得2分。

无监理日志或日志不能真实反映监理情况，日志内容与其他监理资料不能相印证，弄虚作假，本项均得0分。

（13）监理月报（3分）

按规定每月准时编制监理月报，内容符合规范要求，采用规定的统一格式，经总监理工程师审核签认，并提交建设单位和监理单位，得3分。

未能编制监理月报（有间断），或内容不符合要求，或未采用统一格式，得2分。

连续2个月及以上无监理月报，或未经总监理工程师审核签认，本项均得0分。

（14）安全监理工作及资料（4分）

履行安全监理法定职责的主要内容：

①在监理规划中，制定安全监理工作内容、流程、方法和措施，编制危险性较大的分部分项工程相应的监理实施细则。

②审查施工单位现场安全生产规章制度的建立和落实情况。

③审查施工单位安全生产许可证及施工单位项目经理、专职安全生产管理人员和特种作业人员资格。

④核查施工机械设备和施工机具的生产（制造）许可证、产品合格证、验收手续、检测合格证明文件及备案登记情况。

⑤审查施工组织设计中的安全技术措施或者危险性较大的分部分项工

程安全专项施工方案是否符合工程建设强制性标准。

⑥对超过一定规模的危险性较大的分部分项工程专项施工方案，审查施工单位是否组织专家进行论证，是否按专家意见进行了修改完善。

⑦巡视检查施工单位是否按照已批准的安全专项施工方案组织施工，是否定期检查和旁站危险性较大的分部分项工程施工作业情况。

⑧在实施监理过程中，发现工程存在安全事故隐患，签发监理通知单，要求施工单位整改；情况严重的，在及时报告建设单位的同时签发工程暂停令。

⑨施工单位拒不整改或者不停止施工的，及时向有关主管部门报送监理报告。

涉及以上安全生产管理内容的监理工作资料包括：安全监理通知单，对重大危险点源等的日常安全巡查记录，施工机械设备和施工机具的生产（制造）许可证、产品合格证、验收手续、检测合格证明文件及备案登记的检查记录，（安全）监理旁站记录，（安全）监理日志，特种人员上岗证书审查记录等。

上述安全监理工作资料有效、及时、完整，得4分；不完整，得2分。

以上第⑤⑥⑧⑨任何一项资料不及时或无效的，本项均得0分。

（15）进度控制、造价控制及合同管理资料（4分）

抽查进度控制、造价控制及合同管理资料，程序符合规范、处理及时、签署有效、内容完整，得4分。

程序不符合规范、处理不及时、签署无效、内容不完整，每发现一项扣1分，扣完4分为止。

（16）其他文件记录（3分）

抽查程序正确、处理及时、内容完整、签署有效，得3分。

发现程序有误、处理不及时、内容不完整、签署不全或无效，每项扣1分，扣完为止。

5.2.5.4 相关单位的意见（5分）

（1）建设单位意见（3分）

综合评价等级设为"优""良""一般"和"差"四个等级，得分分别为3分、2分、1分、0分。

（2）施工单位意见（2分）

综合评价设为"优良""一般"和 "差"三个等级，得分分别为2分、1分、0分。

5.3 工程监理过程质量控制

工程监理质量控制就是贯彻落实国家有关工程建设法律、法规、技术标准及设计文件和合同约定。

5.3.1 监理准备阶段的质量控制

根据工程特点和施工难点，编制有针对性的监理规划和监理实施细则，其内容应符合工程建设强制性标准要求，并严格按规定审批。

（1）《监理规划》编制及审批

《监理规划》的主要内容应包括：工程概况，监理工作的范围、内容、目标，监理工作依据，监理组织形式、人员配备及进退场计划、监理人员岗位职责，监理工作制度，工程质量控制，工程造价控制，工程进度控制，安全生产管理，合同与信息管理，组织协调，监理工作设施，质量通病防治、绿色施工及低影响建设监理措施。

在实施建设工程监理过程中，实际情况或条件发生变化而需要调整监理规划时，应由总监理工程师组织专业监理工程师修改，并经监理单位技术负责人批准后报建设单位。

（2）《监理实施细则》编制

《监理实施细则》编制依据有已批准的监理规划，工程建设标准、工程设计文件，实施性施工组织设计、（专项）施工方案，建设（代建）单位文件要求等。《监理实施细则》应包括专业工程特点，监理工作流程，监理工作要点，监理旁站方案，监理工作方法及措施（包括质量通病防治措施等）。

在实施建设工程监理过程中，监理实施细则可以根据实际情况进行补充、修改，并经总监理工程师批准后实施。

（3）首次交底及进场培训

监理机构组织对监理人员进行交底。交底内容包括监理投标与合同承诺事项、工作职责和监理目标，工程概况、特点，工程难点、重点、风险管理要点及主要措施，项目人员与设备管理工作要求，质量管理工作要求，资料管理工作要求，公司对项目管理的要求，关键技术信息和知识管理采集要点，项目开工、竣工审核要点，有关协调工作要求，其他相关交底事项。

组织对监理人员进场教育培训。培训内容包括相关法律、法规，工程验收规范或标准，工程项目总体情况及工程特点、难点及应注意事项，当地建设行政主管部门、建设（代建）单位的相关文件要求，自身安全注意事项等。

组织对施工单位交底。交底内容包括：监理组织机构设置和人员配备及授权，明确适用的国家及有关工程建设监理的政策、法律、法规，阐明有关合同中约定的建设（代建）单位、监理单位和承包单位的义务，介绍监理工作内容，介绍监理控制工作的基本程序和方法，提出有关报表的报审要求及工程资料的管理要求。

各级交底及培训应留下书面记录或会议纪要，书面记录和会议纪要应由参加交底的人员签字并存档。

（4）上墙资料

项目监理机构应在办公室、会议室等办公场所将有关资料与图表上墙。上墙资料包括：项目工程介绍图（含项目工程概况、参建单位）、监理组织机构、监理岗位职责、监理工作程序、监理工作纪律、施工平面图、施工形象进度图、总监质量安全责任书等。

5.3.2　工程项目的开工审查

（1）基本建设手续审查

施工前，总监理工程师应审查工程项目的施工许可证、质量安全监督手续、施工合同等基本建设手续。监理单位应留存经建设（代建）单位盖章的所有基本建设资料的复印件。

（2）资质、资格审查

项目监理机构对施工单位和分包单位资质及人员资格进行审查。审查内容：营业执照、资质证书、安全生产许可证、现场施工管理机构的质量管理体系、质量管理专职人员及其他人员资格证书、特种作业人员操作资格证书等有关资料、其他按规定应审查的资料。项目监理机构应对工程试验室资质及试验范围进行检查。

总监理工程师对审查合格予以签认，监理单位留存经报审单位盖章的复印件，同时上报建设（代建）单位留存。

（3）单位工程、分部分项工程、检验批的划分与审批

施工前，施工单位项目经理部根据《实施性施工组织设计》制订的工程质量控制方案和验收规范，进行单位工程（子单位工程）、分部工程（子分部工程）、分项工程、检验批的划分，项目监理机构应对照设计图纸和验收规范进行审批，并以此作为施工质量监督和管理的基础。

审批的文件应报建设（代建）单位和质量监督机构备案。

（4）开工报告签署

项目监理机构对开工条件应认真审查，对满足开工要求的，总监理工程师签署审查意见并报建设单位批准后，签发工程开工令。开工条件审查包含：工程质量监督手续、施工许可证是否办理；征地拆迁工作能否满足开工和工程进度需要，道路及水电、通信等能否满足开工要求；设计交底和图纸会审是否已完成；施工单位现场管理人员是否已到位，施工机具、施工人员是否已进场；主要工程材料是否已落实进场，首批建筑材料是否已进场并检验合格；施工方案或施工组织设计是否已经总监理工程师批准；（交桩）测量放样复核是否完成；施工单位质量保证体系是否已经建立健全并运转正常，施工现场其他内容是否能满足工程施工需要等。

5.3.3 施工阶段的监理质量控制

（1）现场监理质量管理

城市道路建设现场监理质量管理的主要内容包括：施工图现场核对制度，开（复）工报告审批制度，变更设计审查制度，工序质量检查签认制度，原材料、半成品、构配件及设备进场检验及不合格材料退场制度，施工测量复测检查与确认制度，工程质量检查制度，隐蔽工程检查制度，关键工序或关键部位旁站制度，工程质量事故报告和处理制度，监理日志、周（月）报、例会及文档管理制度，教育培育制度及资料归档管理制度等。

（2）采取旁站、巡视和平行检验方法

监理人员采取旁站、巡视和平行检验等形式实施工程监理，并对施工单位报审的建筑材料、建筑构配件和设备进行检查，不得将不合格的建筑材料、建筑构配件和设备按合格签字。如果发现施工单位未按照设计文件施工、违反工程建设强制性标准施工或者发生质量事故的，应当按照建设工程监理规范规定及时签发工程暂停令。

在实施监理过程中，发现存在安全事故隐患的，项目总监应当要求施工单位整改；情况严重的，应当要求施工单位暂时停止施工，并及时报告建设单位；施工单位拒不整改或者不停止施工的，项目总监应当及时向有关主管部门报告，主管部门接到项目总监报告后，应当及时处理。项目总监应当审查施工单位的竣工申请，并参加建设单位组织的道路工程竣工验收，不得将不合格工程按照合格签认。

（3）工程质量控制工作

在施工过程中，承包单位对已批准的施工组织设计进行调整、补充或变动时，应经专业监理工程师审查，并应由总监理工程师签认。

专业监理工程师应要求承包单位报送重点部位、关键工序的施工工艺和确保工程质量的措施，审核同意后予以签认。当承包单位采用新材料、新工艺、新技术、新设备时，专业监理工程师应要求承包单位报送相应的施工工艺措施和证明材料，组织专题论证，经审定后予以签认。项目监理机构应对承包单位在施工过程中报送的施工测量放线成果进行复验和确认。

专业监理工程师应对承包单位报送的拟进场工程材料，构配件和设备的工程材料、构配件、设备报审表及其质量证明资料进行审核，并对进场的实物按照委托监理合同约定或有关工程质量管理文件规定的比例采用平行检验或见证取样方式进行抽检。

对未经监理人员验收或验收不合格的工程材料、构配件、设备，监理人员应拒绝签认，并应签发监理工程师通知单，书面通知承包单位限期将不合格的工程材料、构配件、设备撤出现场。

项目监理机构应定期检查承包单位的直接影响工程质量的计量设备的技术状况。安排监理人员对施工过程进行巡视和检查。对隐蔽工程的隐蔽过程、下一道工序施工完成后难以检查的重点部位，专业监理工程师应安排监理员进行旁站。专业监理工程师应根据承包单位报送的隐蔽工程报验申请表和自检结果进行现场检查，符合要求的予以签认。对未经监理人员验收或验收不合格的工序，监理人员应拒绝签认，并严禁承包单位对下一道工序施工。

专业监理工程师应对承包单位报送的分项工程质量验评资料进行审核，符合要求后予以签认；总监理工程师应组织监理人员对承包单位报送的分部工程和单位工程质量验评资料进行审核和现场检查，符合要求后予以签认。对施工过程中出现的质量缺陷，专业监理工程师应及时下达监理工程师通知，要求承包单位整改，并检查整改结果。

监理人员发现施工存在重大质量隐患，可能造成质量事故或已经造成质量事故，应通过总监理工程师及时下达工程暂停令，要求承包单位停工整改。整改完毕并经监理人员复查，符合规定要求后，总监理工程师应及时签署工程复工报审表。总监理工程师下达工程暂停令和签署工程复工报审表，宜事先向建设单位报告。质量事故导致工程需返工处理或加固补强的，总监理工程师应责令承包单位报送质量事故调查报告和经设计单位等相关单位认可的处理方案，项目监理机构应对质量事故的处理过程和处理结果进行跟踪检查和验收。

总监理工程师应及时向建设单位及本监理单位提交有关质量事故的书面报告，并将完整的质量事故处理记录整理归档。

（4）监理信息报送制度

月报。项目监理机构每月应将所监理项目的进度、质量控制、安全状况等信息（电子文档）上报当地工程质量安全监督机构；对于迟报、瞒报、谎报、不报行为，工程质量安全监督机构应予以通报处理，对总监理工程师记不良行为记录一次，并予以信用扣分。

季报。监理企业应加强对项目监理机构的管理，对各项目监理机构的工作每个月至少检查一次（工期不足1个月的项目至少检查一次），每季度应向工程监督机构报告检查情况，对于迟报、瞒报、谎报、不报行为，工程质量安全监督机构应予以通报处理，并予以信用扣分。

建设单位评价。在基础、主体结构、工程竣工验收前，由建设单位对项目监理机构出勤情况、从业能力、职业道德等进行综合评价，评价结果上报当地工程监督机构。

异常问题及时报告。项目监理机构对发现的质量问题、安全隐患，以及参建各方主体违反工程建设强制性标准或不严格履行法定建设程序和质量安全责任的行为，应及时下达监理通知单，并跟踪复查整改落实情况，确保问题闭合处理，留存资料完整。对施工单位拒不改正的，应当及时报告建设单位；对施工单位拒不改正或者不停止施工，施工现场发生质量和安全事故的，项目监理机构应立即以书面形式向建设行政主管部门或工程质量安全监督机构报告。

5.3.4 监理单位档案管理

监理单位资质：营业执照（复印件）、企业资质证书（复印件）。

监理中标文件：中标通知书、监理委托合同。

监理单位组织机构、人员相关证书资料；质量保证体系文件；项目总监授权书；建筑工程项目负责人法定代表人授权书和监理单位项目负责人工程质量终身责任承诺书；各岗位监理人员的任命文件、资质证书、身份证（复印件）。

监理规划：监理规划审批表及监理规划。

监理实施细则包括以下内容：

监理制度：签证制度，会议制度，季报（月报）制度，资料管理制度，工程开工、复工申请制度，材料半成品质量检验制度，工程质量事故报告及处理制度，巡视旁站制度，工程质量检验制度，监理人员学习和考核制度，信息管理制度等。

施工单位资质、组织机构、人员审查资料：施工单位资格报审表、施工单位组织机构及质量体系备案表、施工单位进场人员报审表、施工单位特种作业人员报审表。

分包单位资格审查资料：分包单位资格报审表、分包合同（协议）备案表。

设计交底与图纸会审：设计交底及图纸会审会议纪要、设计交底记录。

施工组织设计（方案）报审：施工组织设计报审表，各分项、分部工程施工方案报审表，专项施工方案报审表（包括专家意见表）。

工程开工、复工报审及工程暂停令：工程开工申请报告及开工令、工程暂停令、复工申请报告。

测量核验资料：测量交桩记录，控制桩复测报审表（包括阶段复测），测量放样报审表，测量控制网加密成果表，监理抽测资料，各阶段及竣工验收测量记录。

工程材料、构配件、设备的质量证明文件：进场验收记录，工程材料、构配件、设备报审表（包括合格证、出厂质量证明文件、抽检试验报告），见证取样记录，监理平行检验资料，不合格材料退场、复试记录。

工程试验资料：工程变更申请单、变更会议纪要、变更审批单、变更实施指令；隐蔽工程验收资料；监理工程师通知单、监理工程师通知回复；监理工作联系单；报验申请表。

会议纪要：第一次工地会议纪要、周（月）工地例会纪要、专题会议纪要。

往来函件：上级文件、政府主管部门文件及来函、质量监督部门函件、勘察设计单位函件、施工单位函件等。

日常监理记录：监理日记、监理日志、监理月报。

旁站、巡视、日常检查资料：旁站记录，巡视记录，周、月度检查记录，专项检查记录，节假日、季节性检查记录，公司级检查记录。

质量缺陷（问题）处理文件：质量缺陷（问题）调查报告，质量缺陷（问题）处理方案，质量缺陷（问题）处理施工记录，质量缺陷（问题）处理验收记录，质量缺陷（问题）处理报告。

质量事故处理文件：质量事故报告，质量事故调查报告，质量事故处理方案，质量事故处理施工记录，质量事故处理验收记录，质量事故处理报告。

检验批、分项、分部等验收资料（台账）：检验批质量验收记录，分项工程质量验收记录，分部（子分部）工程质量验收记录，分部（子分部）工程通过验收各方会签表，安全及功能检验和抽查记录表，观感质量验收记录表。

竺工验收资料：工程验收报告，单位（子单位）工程质量竣工验收记录，单位（子单位）工程质量控制资料核查记录，单位（子单位）工程安全和功能检验资料核查及主要功能抽查记录，单位（子单位）工程观感质量检查记录。

监理报告。

监理工作总结。内容包括工程概况，监理组织机构监理人员和投入的监理设施，监理合同履行情况，监理工作成效，施工过程中出现的问题及其处理情况和建议，工程照片。

工程影像资料。

5.3.5 质量监督机构质量监督

质量监督机构应当按照统一要求，对现场监理的质量保证体系运行情况、总监理工程师到位履职情况、监理日常工作履约情况、落实监理职责情况以及对关键工序巡查旁站情况等进行监督检查，重点检查监理工作质量和监理合同履约情况。同时，充分运用信息化手段，加强对监理单位及个人行为的跟踪和监管，逐步形成对监理行业及监理人员的动态管控和约束机制。

质量监督检查内容如下：

检查各施工阶段项目监理机构人员、设施的配备情况，以及监理企业对项目监理机构工作的定期检查情况；检查监理机构及监理人员工作质量及监理效果情况。

抽查监理资料的内容是否完整有效、表格使用是否规范、人员签字是否准确，重点检查监理规划和监理实施细则、施工组织设计和专项施工方案报审资料、材料（构配件、设备）进场和分部分项工程报验资料、监理工程师通知单及回复、旁站和平行检验记录。

监督参建各方主体行为，抽查工程实体质量和现场安全防控措施，结合资料情况，检查项目监理机构是否切实履行监理职责，能否及时发现问题并正确处理。

监督主要分部（子分部）工程和单位工程质量验收，检查各验收环节的监理控制措施和质量责任是否落实到位。

5.4 存在的问题与应对措施

目前，监理企业面临诸多问题，这些问题有来自企业内部的，也有来自行业和政策层面的，监理企业只有正视并妥善解决这些问题，才能健康发展。

5.4.1 行业和政策层面存在的问题和应对措施

5.4.1.1 存在的问题

（1）监理行业价格有待进一步规范

国家发改委发布的《关于放开部分建设项目服务收费标准有关问题的通知》（发改价格〔2014〕1573号）以及《关于进一步放开建设项目专业服务价格的通知》（发改价格〔2015〕299号）对全面放开建设监理收费做出明确规定。监理收费放开后，监理企业面对的是恶劣的市场环境。以杭州市为例，原来执行的监理收费标准价8折的最低限价被取消，取而代之的是监理收费标准价8折的最高限价，甚至出现了7折、6折最高限价，评分方式也是以平均价甚至是最低价中标。监理业务的平均监理收费率同比出现大幅度下滑。过低的监理收费导致企业投入减少，服务质量无法保证，工程质量安全面临着严峻考验，不利于建筑市场规范稳定与监理行业健康发展。

（2）监理从业人员素质有待进一步提高

监理单位从事的监理工作属于企业行为，其性质是与造价、咨询、代理、设计等企业一致的，提供的是技术咨询服务。但作为智力密集型的监理企业尚达不到劳动密集型施工企业的效益水平，更无法与造价、咨询、代理、设计等企业相比，其收入与工作性质不匹配，造成人员平均素质下滑，进而影响行业吸引力，形成恶性循环。在执业过程中，监理依据建设单位与施工单位签订的施工承包合同内容开展工作，其在安全生产管理中是没有执法权的，而各类法规、文件将监理企业与项目实施主体施工单位同等对待，且监理工作范围也远远超出了当初引进监理时参考的国外FIDIC质量控制、进度控制和投资控制"三控制"管理内容。监理工程师的职业风险高、责任大，监理人员执业时权利与责任不对等，致使高素质人才不愿意进入监理行业。这与国外监理工程师的高收入、受社会普遍尊重大相径庭。

（3）政府投资项目工期对监理工作质量的影响

城市道路工程大部分属于城市基础设施建设范围，一般由政府投资建设。项目的规划、实施均带有政府行政色彩，建设过程需更多地考虑社会影响，项目工期的制定往往受重大事件、节日、民生保障等因素影响，这些施工特点经常会对工程质量产生负面影响。而建设单位作为政府投资项目的实施主体，本身也接受行政命令，遵照考核要求，在工程质量与工程工期出现冲突时，往往会做出妥协。监理单位受建设单位委托，其工作长期处于从属地位，其作用发挥受到很大限制。

（4）监理工作依据分散化考验监理人员能力

在城市道路工程施工质量监理的早期，现场监理人员依据CJJ系列合订本进行现场工程质量管理。管理范围明确、管理条文清晰，随着建筑市场的发展，各类规范不断更新，分类细化，建设主管部门针对以往出现的问题不断推出规范性文件、指导手册等。监理工作的依据已经出现分散化现象，且不同的地域往往带有地方特色。这一方面为提高地方城市道路工程质量提出了针对性标准，另一方面也对监理人员收集、学习相关规范、文件、标准提出更高要求。

（5）不同地区市场准入条件不同带来不公平

有些地区政府按照国家要求放开了当地招投标市场，对前来参与的投标者一律给予"市民"待遇，投标者剧增，给当地企业带来了严重冲击。而有些地方政府依然固守着地方保护主义，体现在招标文件上当地注册、当地业绩等占有明显的分值，这就客观上给取消地方保护地区的企业带来了不公平。

5.4.1.2 应对措施

监理工作面临的问题是监理企业自身管理、建筑行业发展和建设主管部门监管多重因素综合作用的结果，监理企业除了通过建设主管部门、行业协会呼吁改善行业环境之外，目前更多的是要在企业自身管理上寻找解决办法。

（1）进行监理业务转变，适应市场形势

监理企业可以通过监理业务经营多元化，提供工程咨询、监理、造价、代理、项目管理、全过程咨询和政府采购等服务，真正实现监理全过程、全方位的服务。通过多元化经营吸引素质相对较高的，有造价、咨询等方面专业特长的人员加入，为业主提供高水平的技术咨询服务；延伸监理产业服务链，不断探索和推广全过程工程咨询的转型升级之路。

（2）提高监理人员整体素质

监理企业作为提供高智能、高技术服务的咨询服务机构，一方面要积极吸纳懂工程技术、懂经济、懂管理和懂法律的复合型人才投身监理事业，另一方面又要加强企业内部的管理，做好现有监理人员的培训教育工作，促使监理人员学习工程技术有关规范、文件、标准，对监理项目、监理人员加大考核力度，确保一线监理人员工作水平。

（3）充分发挥协会作用，加强行业自律

充分发挥监理协会的作用，加强行业自律，制定一些有效的措施来规范监理工程师的执业准则和行为规范；批评和打击监理行业内的不良行为，鼓励和表扬行业内的模范事迹和行业标兵，弘扬敬业和奉献精神；遏制监理市场无序竞争。同时，监理协会应发挥联系政府与企业的纽带作用，反映行业现实情况和企业呼声，为政府制定和完善法律、法规提供实践依据，为行业发展出谋划策。

（4）推进市场公平准入招投标平台建设

大力推进各地区市场公平准入和招投标设置条件，取消地区和行业壁垒限制条件。

5.4.2 现场监理层面存在的问题和应对措施

5.4.2.1 存在的问题

（1）一段道路，多家监理

在城市道路的建设中，多产权单位往往同步施工（如强电、弱电、供水、燃气、供热等），由于传统的行业管理特性，统一管理在结构实施阶段一般还难以实现，专业管线的土建内容具有"短平快"的特点，传统施工队伍在工程监理方面由于传统或者资质方面的限制，往往存在多家监理的情况，这直接影响城市道路工程的质量管理的统一性，导致实际管理中存在互相推诿的情况。

（2）重安全文明施工监理，轻质量监理

近年来，随着社会对工程安全和文明施工要求的提高，各级各类监管部门检查频繁，加上安全事故一旦发生往往直接对监理进行处罚，导致监理单位有限的管理力量向安全文明管理工作倾斜，在监理力量不足或经济效益受制的情况下，有限的高质量监理人员的关注重点往往在安全文明施工管理方面，出现"弄得灵清的监理都在开会"的情况。

（3）对项目整体施工组织不把控或缺乏把控能力

被动跟随施工单位监理，影响对施工质量的预控。这方面问题在其他类型的工程项目中普遍存在，但由于城市道路工程具有上马快、施工组织变化频繁等特性，监理对施工组织的预控更为被动，其往往为了兼顾项目整体目标而在工程质量控制方面网开一面。

（4）监理对项目的控制力不足

这种情况目前普遍存在，有监理人员尤其是总监理工程师的能力、素质、职业道德方面的原因，也有管理部门和建设单位干预过度、不重视监理工作的原因。城市道路牵涉的产权单位、管理单位多，社会要求也高，影响工程进展的因素多。监理人员能力不足，很容易使工程质量目标控制效果受到影响。同时，在城市中施工，各方面的干预会相对更频繁、更深入，当某方面的监管或管理力度加强的时候，难免会影响其他工程目标的实现，包括工程质量。

（5）特殊处理工艺的质量监理缺乏明确依据，监理工作开展无所适从

在设计阶段，对常见的横穿行车道路开挖回填、既有管线保护、中粒沥青路面临时开放交通等城市道路施工特殊工况，往往不提供专项设计措施以保障工程质量。工程预算或计价规则在城市道路实施特点方面反映不足，虽然近年来在文明施工、交通便道等方面的预算上已有一定体现，但在技术方面、质量保证措施方面的体现还存在较大差距。大多以措施费包干的形式一并处理，导致工程实施期间既缺乏资金支持，又缺乏可行的规范施工措施，导致监理工作无所适从。

5.4.2.2 应对措施

通过类似综合管廊等城市基础设施形式的推广，在城市道路建设中推进行业的归并，尤其是涉及道路主体及各配套设施的施工和监理应统一实施。

督促安全文明施工已成为常规监理工作内容，在监理单位内部加强对安全文明施工监理人员的培养和专职部门的建设，职权和经济手段两方面

并重，提升安全文明监理人员的地位，尝试实行安全监理工作的独立运行机制。

借国家推行全过程项目管理的契机，将监理工作的介入时机前移，提前充分了解项目特性，从而在项目的设计、施工组织等整体性实施方面发挥监理单位的咨询作用，最大限度实现科学的施工组织设计，为保障质量目标创造条件。

城市道路工程的特点决定了其除了工程本身的各项控制目标，还包括复杂的社会目标。目前监理单位基本是从施工阶段才开始介入，在项目管理方面的控制力远远不够。除了加强复合型监理人才的培养，同上一条建议一样，推行全过程的工程咨询，深化和前移监理在项目运行周期中的深度和时机，这有助于提升监理单位的控制力，进而发挥和提升监理对包括质量目标在内的项目建设目标的专业控制力度。

针对城市道路工程实施特点，要圆满完成道路工程建设任务，除了要提高设计深度，在相关规范的适用性方面要进一步研究深化，对新工艺、新材料的应用也要以结果导向为主，避免拘泥于新建工程的工序。

§6 城市道路工程施工质量管理

城市道路工程施工质量管理，需要系统有效地运用质量控制与管理的基本原理，完善施工质量管理体系，落实项目质量责任，通过对项目实施过程中各个环节的质量控制，有效预防工程质量事故的发生，在政府的监督下实现城市道路工程的质量目标。

6.1 城市道路工程施工质量概述

城市道路作为城市工程建设的重要组成部分，其施工质量不仅是衡量地方政府办事能力的重要指标，也是影响人民群众生活质量的重要因素，对城市的建设与发展来说，意义重大。而工程施工阶段是工程实体最终形成阶段，也是最终形成工程产品质量和工程使用价值的重要阶段。

6.1.1 城市道路工程施工质量等级分类

6.1.1.1 按路面结构强度分类

城市道路按路面结构强度来分类，可分为高级路面和次高级路面两类。

高级路面具有路面强度大、刚度大、稳定性好的特点。它使用年限长，适应繁重交通量且路面平整，适合车辆高速行驶，车辆的运输成本低，建设投资高，养护费用少，适用于城市的快速路、主干路、公交专用道路。

次高级路面的强度、刚度、稳定性、使用寿命、车辆行驶速度、适应交通量等均低于高级路面，且维修、养护、运输费用较高，城市次干路、支路可采用。

6.1.1.2 按力学特性分类

城市道路按力学特性来分类，可分为柔性路面和刚性路面两类。

柔性路面在荷载作用下产生的弯沉变形较大，抗弯强度小，在反复荷载作用下产生累积变形，它的破坏程度取决于极限垂直变形和弯拉应变。

柔性路面的主要代表是各种沥青类路面，包括沥青混凝土（英国标准称压实后的混合料为混凝土）面层、沥青碎石面层、沥青贯入式碎（砾）石面层等。

刚性路面在行车荷载作用下产生板体作用，抗弯拉强度大，弯沉变形很小，呈现出较大的刚性，它的破坏程度取决于极限弯拉强度。刚性路面的主要代表是水泥混凝土路面。

6.1.2　城市道路工程施工特征

城市道路工程通常包括桥梁（含人行天桥和通道桥）、道路、给排水（给水、雨水和污水）、电力、通信、燃气、路灯等专业工程，工程量大，且各专业工程相互制约，施工中须统筹安排，协调配合。

6.1.2.1　工程施工现场影响因素多

（1）前期准备时间短，施工进度急

市政道路工程通常都非常紧急，工期较短，工程量较大。为了尽可能地减少施工对城市交通、市民生活及市容市貌的影响，施工单位在安排市政道路工程的施工计划时常常会采用倒排工期法，要求工期只能提前不许延后，在这些客观因素的影响下，施工过程中极易产生质量问题。

（2）施工场地狭窄，动迁量大

城镇道路工程施工不但影响居民生活，工程进度的控制难度也比较大。施工期交通组织安排应尽量避免对交通及行人产生大的影响。基于这种情况，施工单位更要把计划做细，把各个工序衔接好，只有这样才能在最短的工期内完成几乎难以完成的施工任务。

（3）原材料比重大

一般情况下，原材料约占市政道路工程总造价的50％，材料是决定工程成败的关键。所以在选择材料的时候必须慎而又慎，须进行材料市场调查，材料质量优中选优，保证施工材料的可靠性。

6.1.2.2　工程施工易产生质量变异的因素

质量变异可分为正常质量变异和非正常质量变异两类。前者是指由经常发生但对质量影响不大的偶然性因素引起质量正常波动而形成的质量变异；后者则是指由不经常发生但对质量影响很大的系统性因素引起质量异常波动而形成的质量变异。

（1）偶然性因素

一般如系统材质不均匀，机械设备的正常磨损，操作细小差异，一天中温度、湿度的微小变化等，这些因素引起的正常质量波动，其特点是无法或难以控制，且符合规定数量的样本的质量特征值的检验结果服从正态分布。

（2）系统性因素

如使用系统的规格品种有误、施工方法不妥、操作未按规程、机械故障、仪表失灵、设计计算错误等，非正常质量变异的特点则是可控制、易消除，且符合规定数量的样本的质量特征值的检验结果不呈正态分布。

6.1.3　城市道路施工阶段的质量控制过程

施工质量控制过程一般分三个阶段，即施工准备控制、施工过程控制、施工质量持续改进。施工质量控制应贯彻全面、全员、全过程质量管理的思想，运用动态控制原理来组织实施。

6.1.3.1　施工质量控制方法

工程质量控制是指对工程项目质量实施情况的监督和管理。这项工作的主要内容包括：对工程项目质量实际情况的评估，工程质量与质量标准的比较，质量误差确认，质量问题的原因分析和纠偏措施。这一系列活动以解决问题、提高质量为目的，是一项贯穿全过程的工程质量管理工作。

（1）施工质量控制的方法

核检清单法。核检清单是一种独特的结构质量控制方法。

质量检验法。质量检验是指测量、检验和测试等用于保证工作结果与质量要求相一致的质量控制方法。

控制图法。控制图法是用于开展工程项目质量控制的一种图示方法。它建立在统计质量管理方法基础之上，利用有效数据建立控制界限，如果项目过程不受异常原因的影响，从项目运行中观察得到的数据将不会超出这一界限。

帕累托图法。帕累托图（Pareto chart）是一种表明"关键的少数和次要的多数"关系的一种统计图表，它也是质量控制中经常使用的一种方法。帕累托图又叫排列图，它将有关质量问题的要素进行分类，从而找出"关键的少数"（A类）和"次要的多数"（C类），以便对这些要素采取

ABC分类管理的方法。

统计样本法。这是指选择一定数量的样本进行检验，从而推断总体的质量情况，以获得质量信息和开展质量控制的方法。

流程图法。这种方法主要用于在项目质量控制中，有关分析项目质量问题发生在项目流程的哪个环节和造成这些质量问题的原因以及这些质量问题发展和形成的过程。

趋势分析法。趋势分析法是指使用各种预测分析技术来预测项目质量未来发展趋势和结果的一种质量控制方法。

（2）工程质量控制的几种结果

工程质量控制的结果是质量控制和质量保障工作所形成的综合结果，也是工程项目质量管理全部工作的综合结果。这种结果的主要内容包括：

质量的改进。质量的改进是指通过项目质量管理与控制提高项目质量。质量的改进是项目质量控制和保障工作共同作用的结果，也是质量控制最为重要的一项结果。

项目质量的接受。项目质量的接受包括两个方面：一是指项目质量控制人员根据质量标准对已完成的项目结果进行检验后，对该项结果所做出的接受和认可；二是指项目业主（客户）或其代理人根据项目总体质量标准对已完成的项目工作结果进行检验后做出的接受和认可。

一旦做出了接受项目质量的决定，就表示一项项目工作或一个项目已经完成并达到了项目质量要求。如果做出不接受的决定就应要求项目返工和恢复并达到项目质量要求。

返工。返工是指在项目质量控制中发现某项工作存在质量问题，并且其工作结果无法被接受时所采取的将有缺陷或不符合要求的项目工作结果重新变为符合质量要求的一种工作。返工既是项目质量控制的一个结果，也是项目质量控制的一种工作和方法。

一般返工的原因有三个，即项目质量计划考虑不周、项目质量保障不力、出现意外变故。返工所带来的不良后果有三个，即延误项目进度、增加项目成本和影响项目形象。重大或多次项目返工有时会导致整个项目成本突破预算，并且无法在批准工期内完成项目工作。在项目质量管理中，返工是最严重的质量后果之一，项目团队应尽力避免返工。

核检结束清单。这也是项目质量控制工作的一种结果。当使用核检清单开展项目质量控制时，已经完成了核检的工作清单记录是项目质量控制报告的一部分。这一项目质量控制工作的结果通常可以作为历史信息使用，以便对下一步项目质量控制所做的调整和改进提供依据和信息。

项目调整和变更。项目调整和变更是项目质量控制的一种阶段性和整体性的结果。它是指根据项目质量控制的结果和面临的问题（一般是比较严重的，或事关全局性的项目质量问题），或者是根据项目各相关利益方提出的项目质量变更请求，对整个项目的过程或活动所采取的调整、变更和纠偏行动。

某些情况下，项目调整和变更是不可避免的。例如，当发生了严重质量问题而无法通过返工修复项目质量时，或当发生了重要意外而进行项目变更时都会出现项目调整的结果。

6.1.3.2 施工准备阶段的质量控制

通过调研和详勘，须针对工程项目不确定因素和质量影响因素，进行质量影响分析和质量风险评估，编制实施性施工组织设计和质量保证计划。如应做好城市道路沿线的地下管线（道）的探测与保护工作，以防止对工程进度产生不利影响。

（1）组织准备

采用适当的建制形式组建施工项目部，建立质量管理体系和组织机构，建立各级岗位责任制。在满足施工质量和进度的前提下合理组织和安排施工队伍，选择熟练的专业工程操作技能人员，组织有关质量管理和质量标准的培训。

（2）技术管理准备

施工合同签订后，施工项目部及时索取工程设计图纸和相关技术资料，指定专人管理，并公布有效文件清单。项目技术负责人组织相关人员对设计图纸进行分析、审核，认真领会设计意图，掌握施工设计图纸和相关技术标准的要求。如发现设计图纸有错误或不合理的地方，及时提出质疑或修改建议，并履行规定的手续予以核实、更正。

编制能指导现场施工的实施性施工组织设计，确定主要（重要）分项工程、分部工程的施工方案和质量安全等保证计划。根据施工组织，分解和确定各阶段质量目标和质量保证措施。确认分项、分部和单位工程的质量检验与验收程序、内容及标准等。

（3）技术交底与培训

单位工程、分部工程和分项工程开工前，技术负责人对全体施工人员进行书面技术交底。施工作业人员应参加质量和安全技术培训，经考核后持证上岗。作业人员中的特殊工种应进行资格认证，无证或资格不符合者，严禁上岗。

（4）物资准备

按质量计划中关于工程分包和物资采购的规定，经招标程序选择并评价分包方和供应商，保存评价记录。各类原材料、成品、半成品必须具有质量合格证明资料并经进场检验，不合格的不准使用。施工机具设备根据施工组织设计进场，性能检验应符合施工需求。按照安全生产规定，配备充足且质量合格的安全防护用品。

（5）现场准备

设计技术交底、交桩给定的工程测量控制点应进行复测，当发现问题时，应告知建设单位，由建设单位与勘察设计单位协商处理。同时，做好设计、勘测的交桩和交线工作，建立施工控制网并测量放样；建立符合国家及地方标准要求的工地现场试验室。按照交通疏导（通行）方案修建临时施工便线，导行临时交通。按施工组织设计中的总平面布置图搭建临时设施，包括施工用房、用电、用水、用热、燃气、环境维护等。

6.1.3.3　施工过程中的质量控制

工程施工项目由一系列相互关联、相互制约的作业过程（工序）构成，控制工程项目施工的质量，必须控制全部作业过程，即各道工序的施工质量。

施工作业主要过程质量控制包括以下几个方面。

（1）分项工程（工序）质量控制

每个分项工程（工序）施工前，施工人员应对作业人员进行书面技术交底，交底内容包括工具及材料准备、施工技术要点、质量要求及检查方法、常见问题及预防措施等。项目技术负责人根据建设单位或监理工程师提出的有关施工方案、技术措施及设计变更要求，向施工人员进行书面交底。

分项工程（工序）的检验和试验应符合过程检验和试验的规定，对查出的质量缺陷应按不合格控制程序及时处置。施工管理人员还应记录工程施工情况，形成施工日志。

（2）特殊过程质量控制

对施工项目质量计划规定的特殊过程，应设置工序质量控制点进行控制。对特殊过程的控制，除应执行一般过程控制的规定外，还应由专业技术人员编制专门的作业指导书。对不太成熟的工艺或缺少经验的工序应安排试验，编制作业指导书，并进行首件（段）验收。编制的作业指导书，应经项目部或企业技术负责人审批后执行。

（3）不合格产品质量控制

控制不合格物资进入项目施工现场，严禁不合格工序或分项工程未经处置就转入下一道工序或分项工程施工。对发现的不合格产品和过程，应按规定进行鉴别、标识、记录、评价、隔离和处置。

对不合格产品和过程的处置应根据不合格程度，按返工，返修，让步接收或降级使用，拒收或报废四种情况进行处理。构成质量事故的，应按国家法律、行政法规规定进行处理。对返修或返工后的产品，应按规定重新进行检验和试验，并应保存记录。

进行不合格让步接收时，工程施工项目部应向建设单位提出书面让步接收申请，记录不合格程度和返修情况，双方签字确认让步接收协议和接收标准。对影响工程项目主体结构安全和使用功能不合格的产品，应邀请建设单位或监理单位、设计单位，共同确定处理方案，报工程所在地建设主管部门批准。检验人员必须按规定保存不合格控制的记录。

6.1.3.4 施工质量持续改进的步骤与内容

（1）预防与策划

定期召开质量分析会，对影响工程质量的隐患，采取预防措施。对可能出现的不合格产品，应制定防止再发生的措施并组织实施；对质量通病应采取预防措施；对有严重缺陷的产品，应实施预防措施控制程序。有必要定期评价预防措施的有效性。

（2）纠正

对建设、监理、设计单位或质量监督部门提出的质量问题，应分析原因，制定纠正措施。对发现的不合格信息，应分析并记录处理结果。通过检查发现的工程质量问题或不合格报告，由施工项目技术负责人组织判定不合格程度，制定纠正措施予以纠正。对严重不合格或重大质量事故，按方案实施纠正措施。

实施纠正措施时应由施工技术负责人验证并记录纠正结果；应对严重不合格或重大质量事故采取纠正措施并对实施效果进行验证，上报施工企业管理层。施工项目部或责任单位应定期评价纠正措施的有效性，并进行分析、总结。

（3）检查、验证

通常，施工项目部按项目质量计划组织检查，了解执行情况，并进行内部审核和考核评价，验证实施效果。针对质量控制中出现的问题、缺陷或不合格情况，项目负责人应召开由有关专家参与的质量分析会进行总结，并制定改进措施。

6.2　工程项目施工质量管理

施工企业应建立并实施工程项目施工质量管理制度，对工程项目施工质量管理策划、施工组织设计、施工准备、施工质量和施工服务予以控制。

6.2.1　施工单位的质量责任

施工单位是工程建设的重要责任主体之一。施工阶段是建设工程实物质量形成的阶段，勘察、设计工作质量均要在这一阶段得以实现。由于施工阶段影响质量稳定的因素和涉及的责任主体均较多，协调管理的难度较大，施工阶段的质量责任制度尤为重要。

6.2.1.1　施工单位对施工质量负责

《建筑法》规定，施工企业对工程的施工质量负责。《建设工程质量管理条例》进一步规定，施工单位对建设工程的施工质量负责。施工单位应当建立质量责任制，确定工程项目的项目经理、技术负责人和施工管理负责人。

（1）施工单位法定的质量责任

施工单位是建设工程质量的重要责任主体，但不是唯一的责任主体。建设工程质量要受到多方面因素的制约，在勘察、设计质量没有问题的前提下，整个建设工程的质量状况，最终取决于施工质量。因此，从法律上确立施工质量责任制，要求施工单位对施工质量负责，也就是要对自己的施工行为负责，这样既可避免让施工单位承担过多的工程质量责任而开脱建设单位及其他主体的责任，又可避免让建设单位及其他主体承担过多的工程质量责任而忽略施工单位应承担的施工质量责任。建设工程各方主体依法各司其职、各负其责，以使建设工程质量责任真正落到实处。

（2）施工单位的质量责任制

施工单位的质量责任制是其质量保证体系的一个重要组成部分，也是施工质量目标得以实现的重要保证。建立质量责任制，主要包括制订质量目标计划，建立考核标准，并将其层层分解落实到具体的责任单位和责任人，特别是工程项目的项目经理、技术负责人和施工管理负责人。落实质量责任制，不仅是为了在出现质量问题时可以追究责任，更重要的是通过层层落实质量责任制，做到事事有人管、人人有职责，加强对施工过程的全面质量控制，保证建设工程的施工质量。

6.2.1.2　总分包单位的质量责任

《建筑法》规定，建筑工程实行总承包的，工程质量由工程总承包单位负责，总承包单位将建筑工程分包给其他单位的，应当对分包工程的质量与分包单位承担连带责任。分包单位应当接受总承包单位的质量管理。

《建设工程质量管理条例》进一步规定，建设工程实行总承包的，总承包单位应当对全部建设工程质量负责；建设工程勘察、设计、施工、设备采购的一项或者多项实行总承包的，总承包单位应当对其承包的建设工程或者采购的设备的质量负责。总承包单位依法将建设工程分包给其他单位的，分包单位应当按照分包合同的约定对其分包工程的质量向总承包单位负责，总承包单位与分包单位对分包工程的质量承担连带责任。

据此，无论是实行建设工程总承包还是对建设工程勘察、设计、施工、设备采购的一项或者多项实行总承包，总承包单位都应对其所承包的工程或工作承担总体的质量责任。这是因为在总分包的情况下存在着总包、分包两个合同，所以就有两种合同法律关系。

总承包单位要按照总承包合同的约定对建设单位负总体质量责任，这种责任不论是总承包单位造成的还是分包单位造成的，总承包单位都必须承担。

总承包单位在承担责任后，可以依据分包合同的约定，追究分包单位的质量责任，包括追偿经济损失。

分包单位应当接受总承包单位的质量管理。总承包单位与分包单位对分包工程的质量还要依法承担连带责任。当分包工程发生质量问题时，建设单位或其他受害人既可以向分包单位请求赔偿，也可以向总承包单位请求赔偿；进行赔偿的一方，有权依据分包合同的约定，对不属于自己责任的那部分赔偿向对方追偿。

6.2.1.3 质量责任的具体内容

施工单位对工程施工质量负责，应当按合同约定设立现场质量管理机构、配备工程技术人员和质量管理人员，落实工程施工质量责任制。

施工单位是由相关专业人员组成的、具有相应资质、进行生产活动的企业。施工单位应当在其资质等级许可的范围内承揽工程，并对建设工程的施工质量负责。

分包单位必须具备相应的资质；除劳务作业分包外，所有专业工程分包均应得到建设单位的同意；承包人应当设立并派驻项目管理机构，组织管理所承包工程的施工活动。

施工单位必须按照工程设计图纸和施工技术标准施工，规范施工行为。

建立健全施工质量检验制度，严格工序管理，做好隐蔽工程的质量检查和记录。按规定实施班组自检、工序交接检、专职质检员检验的质量控制程序；对分项工程、分部工程和单位工程进行质量自评。检验或者自检不合格的，不得进入下一道工序或者投入使用。

建筑材料、成品、半成品、构配件、机械设备投入使用前，必须进行检验，合格的方可使用。其中也包含了建设单位提供的建筑材料、成品、半成品、构配件、机械设备等。

施工单位应当加强施工过程质量控制，并形成完整、可追溯的施工质量管理资料，主体工程的隐蔽部位施工还应当保留影像资料。对施工中出现的质量问题或者验收不合格的工程，施工单位应当负责对其做返工处理；对在保修范围和保修期限内发生质量问题的工程，施工单位应当履行保修义务。

对工程竣工验收以后发生的质量问题予以保修。《建设工程质量管理条例》规定："建设工程在保修范围和保修期限内发生的质量问题，施工单位应当履行保修义务，并对造成的损失承担赔偿责任。"

6.2.2　工程施工质量管理

施工单位的质量管理关系到城市道路工程的最终质量。只有施工单位建立完善的质量管理组织体系、完备的岗位责任制，全面加强质量控制，严格实施项目班组的自检、互检、交接检，才能创造出优质的精品工程。

6.2.2.1　施工组织管理

施工组织管理主要是对项目施工人员和施工计划进行控制管理，主要涉及施工人员和施工计划的组织安排。

（1）施工人员资格

作为施工总承包，为保证施工质量，必须严格审核施工分包单位，分包单位经规范流程严格审核通过后方可进场施工。

保证各类工程技术人员、质量管理人员等配置齐全，并对工程技术人员、质量管理人员的从业资格进行审核确认，针对参与项目的施工人员队伍开展全员施工安全质量教育培训。

派驻安全员、质量员全程在场检查安全质量状况，避免出现安全质量事故引发的人员伤亡和工程返修等带来的损失，以保证施工成本和工程进度按计划实施。

（2）施工进度安排

应对施工计划进行宣传，尤其是项目关键节点控制，必要时可在施工现场设置标语和进度规划表，以鼓舞士气并使参与人员有明确的目标。

为保障施工质量，遇施工条件恶劣的情况，如雨季汛期、低温严寒、大风冰冻、高温酷暑等极端条件时，在条件允许的情况下可推迟施工，在场人员可以从事项目质量安全教育培训、辅助工作、场地清理及机械设备车辆维护保养等工作，从而弥补项目延期带来的进度损失，此正所谓"磨刀不误砍柴工"。

从现场施工的经验来看，恶劣天气条件下赶时间施工的路段质量相对较差，施工时难度往往较大，安全隐患也往往较多。为减少对项目进度的影响，可在天气条件较好时合理安排施工，因工期需要可以适当增加机械设备和人员的投入，以弥补相应的工期影响。

6.2.2.2　施工过程管理

施工过程管理是提高施工质量最关键的环节，自施工单位确定后，应立即组建工程施工项目部，主要管理措施具体如下。

（1）原材料管理

施工中所使用的材料直接影响城市道路工程质量，材料质量的好坏决定了道路工程质量的优劣，使用寿命的长短。施工材料的好坏对施工质量的优劣起决定性作用。故必须重视材料质量，加强对材料的质量管理。

大宗原材料的采购必要时应进行公开市场招标，原材料、成品、半成品、构配件、机械设备必须有出厂质量合格证书、出厂检验报告及复试报告，尤其是对于水泥、钢材、砂石、沥青等物资的采购应进行验收监控。使用前必须按现行国家有关标准的规定开展见证取样工作。

应对沥青等重要原材料的生产商、供货商的资质进行备案核查，对采购人员的采购业务进行严格审批，防止以次充好的情况出现，机械设备还须有制造许可证。

（2）施工机械设备

一般施工单位应使用工程机械行业中路面机械质量好、知名度高的企业产品，如沃尔沃、福格勒、维特根、阿特拉斯、鼎盛、宝马格、徐工、三一重工等路面机械的产品质量在行业内均具有较好口碑，在采购成本和维修成本上性价比较高。

采用上述品质优良的机械产品，一方面能大大节约工期，减小劳动强度，降低人工投入，提高施工效率；另一方面，性能稳定的机械设备对于路面施工质量大有保障。

目前城市道路在施工基础条件和路面美观性上的要求越来越高，要打造出优质的城市道路工程，必须使用产品质量成熟稳定、自动化效率高、精度等级高、符合人性化设计且经久耐用的压路机、摊铺机、铣刨机等施工机械设备。

（3）施工质量过程控制

施工质量控制应贯彻全面、全员、全过程质量管理的思想，运用动态控制原理，进行质量的事前控制、事中控制和事后控制。

事前质量控制可从以下方面着手：

一是在正式施工前进行的事前主动质量控制，通过编制施工质量计划，明确质量目标，制订施工方案，设置质量管理点，落实质量责任，分析可能导致质量目标偏离的各种影响因素，针对这些影响因素制定有效的预防措施，防患于未然。

二是充分发挥技术和管理层面的整体优势，把长期形成的先进技术、管理方法和经验教训，创造性地应用于工程项目，并加强现场的技术交流，使各个施工环节衔接好。

三是采用会议、培训、技术交底等多种形式，由施工技术管理人员对施工内容、重点部位、操作要点、施工方法、质量要求、施工重点、安全保护措施等进行指导与明确，并对施工人员的反馈负责指导和处理。

四是要求针对质量控制对象的控制目标、活动条件、影响因素进行周密分析，找出薄弱环节，制定有效的控制措施和对策。

事中质量控制指在施工质量形成过程中，对影响施工质量的各种因素进行全面的动态控制。这也称作业活动过程的质量控制，包括质量活动主体的自我控制和他人监控。

第一，自我控制是主动的，即作业者在作业过程中主动对自己质量活动行为的约束和技术能力的发挥，以完成符合预定质量目标的作业任务；他人监控是对作业者的质量活动过程和结果，由来自企业内部的管理者和企业外部的有关方面进行监督检查。

第二，施工质量的自控和监控是相辅相成的系统过程。自控主体的质量意识和能力是关键，是施工质量的决定因素；各监控主体所进行的施工质量监控是对自控行为的推动和约束。因此自控主体必须正确处理自控和监控的关系，在致力于施工质量自控的同时，还必须接受来自建设单位、监理单位等方面对其质量行为和结果所进行的监督管理，包括质量检查、评价和验收。自控主体不能因为监控主体的存在和监控职能的实施而减轻或免除自身的质量责任。

第三，事中质量控制的目标是确保工序质量合格，杜绝质量事故发生。控制的关键是坚持质量标准，重点是对工序质量、工作质量和质量控制点的控制。

第四，工序（检验批）质量控制是过程质量控制的基本点，是现场质量控制的重要内容。建立工序质量控制点，即在加强一般工序质量控制的同时，采取有效的方法，对关键工序和特殊工序进行重点控制，保证工序经常处于受控状态。

第五，试验室建设应符合相关标准要求，配齐试验技术人员，并做到持证上岗；配齐试验仪器设备，满足城市道路检测的需要。试验方法应符合现行国家规范规程的要求，可通过评审确认试验室试验能力。试验要及时，数据要准确、可靠，一切应以数据说话，用数据来指引城市道路施工。外部监督检测的比例一般不超过规定取样数量的30%。

事后质量控制也称为事后质量把关，以使不合格的工序或最终产品（包括单位工程或整个工程项目）不流入下一道工序、不进入市场。具体内容包括对质量活动结果的评价、认定，对工序质量偏差的纠正，对不合格产品进行整改和处理。其重点是发现施工质量方面的缺陷，并通过分析提出施工质量改进的措施，保持质量处于受控状态。

总之，以上三大过程不是互相孤立和截然分开的，它们共同构成有机的系统过程，其实质也就是质量管理中PDCA循环的具体化，在每一次滚动循环中不断提高，使质量管理和质量控制得到持续改进。

6.2.2.3 质量问题处理

当出现城市道路工程质量问题时，总监理工程师签发工程暂停令，停止对存在质量缺陷和相关联部分工程的施工，以防止工程质量事故进一步发展或扩大，同时在 24 小时内出具质量事故报告。

质量事故报告包括该工程概况，事故发生的时间、性质、现状和发展变化情况，以及事故调查中的数据、资料，对事故原因的初判和事故主要涉及的质量负责人等情况。

由事故调查组进行现场事故调查，并给出相应的技术处理措施，对于提出的技术处理措施，组织相关单位讨论分析给出技术处理方案，并予以审核确认。审核后的技术处理方案，施工单位应给出详细的技术处理细节，最后的处理结果由建设、设计等有关单位共同检查认可。

当质量缺陷经修补可以达到要求，并不影响使用功能或外观要求时，一般采取修补处理的方式；如果有严重的质量问题，对结构安全和使用有重大影响而仅仅靠修补无法挽回时，一般需要返工处理；工程质量事故按修补方案处理无法保证使用要求和安全指标，而又无法返工处理，可以限制使用如结构卸荷或减荷。然而对某些工程质量问题，虽然不符合规范要求，但经过分析、论证后确定对工程使用功能影响不大时，可以不做处理。

6.3 沥青路面的施工质量控制

目前沥青路面已成为我国城市道路的主要应用形式，其柔性特性与车轮形成两级减震，大大提高了行车舒适性。沥青路面具有快速成形、旋即开放交通等优点，且修复速度极快，碾压后即可通车，保证了城市道路通行顺畅，减少交通压力，故城市道路建设首推沥青路面。本节以城市沥青路面为主简要介绍道路工程现场的施工质量控制要求。

6.3.1 路面结构

城市沥青路面结构一般由面层、基层和路基组成，层间结合必须紧密稳定，以保证结构的整体性和应力传递的连续性。大部分道路结构是多层次的，如面层分上面层、中面层和下面层，基层、路基也分多层。

行车荷载和自然因素对路面的影响随深度的增加而迅速衰减，对路面材料的强度、刚度和稳定性要求也随之迅速降低。故需按道路的使用要求、行车荷载、受力状况、地质条件和自然因素的不同来合理选择不同性质和规格的材料分别铺设路基、基层和面层等结构层。

6.3.2 路基施工质量控制

城市道路工程具有路线长、沿线地质水文条件多变、结构物终年外露等特征，道路路基的稳定性和道路面层的施工质量决定了道路的寿命。

6.3.2.1 路基类型

路基按材料可分为土方路基、塘渣路基、宕渣路基、石方路基等。路基断面形式有：路堤，即路基顶面高于原地面的填方路基；路堑，即全部由地面开挖出的挖方路基；半填半挖路基，即横断面一侧为填方，另一侧为挖方的路基。

一般路基材料应选用最佳含水率的黏土、黄土、灰土等。当土料过干或过湿时，应采取加水或晾干等措施使土料的含水率趋近于最佳含水率。而高液限黏土、高液限粉土及含有机质的细粒土，不宜用作路基填料。因条件限制而必须采用时，应掺水泥或石灰等结合料进行改良。

地下水位高时，宜提高路基顶面标高。在设计标高受限，未能达到中湿状态的路基临界高度时，应选用水泥稳定土或石灰稳定土做路基填料，同时必须在道路两侧边坡设置排水沟渠、渗沟等进行排水，防止雨水侵入路基，对路基造成软化破坏。

塘渣路基、宕渣路基及石方路基顶面应铺设整平层。整平层可采用细粒径碎石、石屑或水泥稳定细粒土，其厚度视路基顶面不平整程度而定，一般为10～15 cm。

6.3.2.2　路基施工的特点

路基施工为露天作业，受自然条件影响大；施工区域内的专业类型多、结构物多，各专业管线纵横交错；专业之间及社会配合工作多、干扰多，导致施工变化多。

路基工程包括路基本身及有关的土（石）方、沿线的涵洞、挡土墙、路肩、边坡、排水管线等项目。

路基施工以机械作业为主，人工配合为辅；人工配合土（石）方作业时，必须设专人指挥；采用流水或分段平行作业方式。

6.3.2.3　路基施工的程序

（1）准备工作

按照交通导行方案设置围挡，导行临时交通。开工前，施工项目技术负责人应依据获准的施工方案从质量安全技术角度，向施工人员强调工程难点、技术要点、安全措施等，使作业人员掌握要点，明确责任。施工控制桩防线测量，建立测量控制网，恢复中线，补钉转角桩、路两侧外边桩等。

（2）附属构筑物施工

地下管线、涵洞（管）等构筑物是城市道路路基工程的组成部分。其中，涵洞（管）等构筑物可与路基（土石方）同时施工；新建地下管线施工必须遵循"先地下，后地上""先深后浅"的原则；既有地下管线等构筑物需采取拆改、加固保护等措施；修筑排水设施，为后续的土石方工程施工创造有利条件。

目前杭州市新建道路工程正在进行综合管廊建设的大胆实践，即将各类给排水管道、煤气管道、电力电信管道等分层安放在牢固且巨大的高强混凝土管廊中，保证各类管线在使用中不发生破坏，且便于人员后期检修维护。

（3）路基土石方施工

路基土石方施工包括开挖路堑、填筑路堤，整平路基或摊铺路基、压实路基、休整路基，修建防护工程等。

6.3.2.4　路基施工质量控制要点

（1）填土路基（填方路基）

路基填土不得使用腐殖土、生活垃圾土、淤泥、冻土块或盐渍土。填土内不得含有草、树根等杂物，粒径超过10 cm的土块应打碎。排除地面积水，清除草、树根等杂物。妥善处理暗洞、坑穴，并分层填实至原地面标高。

填方段内应事先找平，当地面坡度陡于1∶5时，需修成台阶形式，每层台阶高度不宜大于30 cm，宽度不应小于1 m。根据测量中心线桩和下坡脚桩，分层填土压实。一般每层控制厚度在30 cm，下层填土合格后，方可进行上层填筑。路基填土宽度应比设计宽度宽50 cm。

碾压前检查铺筑土层的宽度和厚度，合格后即可碾压，碾压应"先轻后重"，最后碾压应采用不小于12 t的压路机。填方高度内的管涵顶面填土50 cm以上才能用压路机碾压。填土至最后一层时，应按设计断面、高程控制填土厚度，并及时碾压修整。

一般压实方式分重力压实（静压）和振动压实两种。压实原则为"先轻后重，先静后振，先低后高，先慢后快，轮迹重叠"。压路机最快速度不宜超过4 km/h。碾压应从路基边缘向中央进行，压路机轮外缘距路基边应保持安全距离。碾压不到的部位应采用小型夯压机夯实，防止漏夯，要求夯击面积重叠1/4～1/3。

（2）挖土路基（挖方路基）

施工前应清除地面积水，妥善处理暗洞、坑穴，并分层填实至原地面标高。根据测量中线和边桩开挖。挖方段不得超挖，应留有碾压到设计标高的压实量。挖土时应自上向下分层开挖，严禁掏洞开挖，机械开挖时，必须避开构筑物、管线。在距离道边1 m范围内应采用人工开挖；在距直埋缆线2 m范围内必须采用人工开挖。

碾压时应视土的干湿程度采取洒水或晾晒等措施，以保证土的含水率趋近于最佳含水率。过街雨水支管、沟槽及检查井周围应用水泥混凝土抹面填实。

（3）石方路基

修筑石方路基时应进行地表清理，先码砌边部，然后逐层水平填筑石料，确保边坡稳定。先修筑试验段，以确定松铺厚度、压实机具组合、压实遍数和沉降差等施工参数。宜选用12 t以上的振动压路机、25 t以上的轮胎压路机或2.5 t的夯锤压实。路基范围内的管线、构筑物四周的沟槽宜回填土料。

6.3.2.5　路基施工质量检查验收

路基质量检查主控项目为压实度、密度和弯沉值；一般项目有允许偏差和边坡要求等。不符合质量标准时应采取措施改进。路基应平整、坚实致密，无显著轮迹、翻浆、弹簧、波浪、起皮、积水等现象。

6.3.3　基层施工质量控制

6.3.3.1　基层概况

基层是路面结构中的承重层，主要承受车辆荷载的竖向力，并把面层下传的应力扩散到路基。基层可分为上基层和底基层，一般也将上基层直接称为基层，两类基层结构性能、施工或排水要求不同，厚度也不同。基层的材料与施工质量是影响路面使用性能和使用寿命的关键因素。

应根据道路交通等级和路基抗冲刷能力来选择基层材料。湿润和多雨地区，宜采用排水基层。未设垫层且路基填料为细粒土、黏土质砂或级配不良砂（承受特重或重交通），或者为细粒土（承受中等交通）时，应设置底基层。底基层可采用级配粒料、水泥稳定粒料或石灰粉煤灰稳定粒料等。

常用基层材料为无机结合料等稳定基层材料，其属于半刚性基层，包括水泥稳定基层、石灰粉煤灰稳定基层、石灰稳定基层等，其强度大，整体性好，适用于城市快速路、主干道等交通量大、轴载重的道路。所用的工业废渣（石灰粉煤灰等）应性能稳定，不易被风化、腐蚀。在特重交通道路也选用贫混凝土、碾压混凝土等刚性基层或沥青混凝土柔性基层；重交通道路也选用沥青稳定碎石柔性基层。湿润和多雨地区，繁重交通路段宜采用水泥稳定排水基层，以防止下渗水影响路基。

6.3.3.2　常用基层材料分类

目前大量采用结构较密实、孔隙率较小、透水性较小、水稳性较好、适宜于机械化施工、技术经济较合理的水泥、石灰粉煤灰及工业废渣稳定材料施工基层，这类基层通常被称为无机结合料稳定基层，这类材料是在粉碎的或原状松散的土（包括各种粗、中、细粒土）中，按配合比要求掺入一定量的水泥或石灰粉煤灰等无机结合料和水拌和而成的，被称为水泥或石灰类稳定材料。视具体所用材料的不同，又称为水泥（石灰类）稳定土、水泥（石灰类）稳定粒料等。

（1）水泥稳定基层

水泥稳定基层有良好的板体性，其水稳性和抗冻性都比石灰稳定基层好。水泥稳定基层的初期强度高，其强度随龄期增长。水泥稳定基层在暴露条件下容易干缩，低温时会冷缩，从而导致裂缝的产生。

其中水泥稳定细粒土（简称水泥土）的干缩系数、干缩应变以及温缩系数都明显大于水泥稳定粒料，水泥土产生的收缩裂缝会比水泥稳定粒料的裂缝严重得多；水泥土强度没有充分形成时，表面遇水会软化，容易导致沥青面层龟裂破坏；水泥土的抗冲刷能力低，当其表面遇水后，容易产生唧浆冲刷，导致路面出现裂缝、下陷，并逐渐扩展。为此，城市高级路面的基层一般选用水泥稳定粒料基层。目前杭州地区普遍采用水泥稳定粒料排水基层。

（2）石灰稳定基层

石灰稳定基层有良好的板体性，但其水稳性、抗冻性以及早期强度不如水泥稳定基层。石灰稳定基层的强度随龄期增长，并与养护温度密切相关，温度低于5 ℃时强度几乎不增长。

石灰稳定基层的干缩和温缩特性十分明显，且都会导致裂缝的产生。与水泥稳定基层一样，其收缩裂缝严重，因此其强度未充分形成时表面会遇水软化，容易产生唧浆冲刷等损坏，其中石灰土已被严格禁止用于高等级路面的基层，只能用作高等级路面的底基层。石灰稳定粒料可用于高等级路面的基层与底基层。

（3）石灰工业废渣稳定基层

石灰工业废渣稳定基层中，应用最多、最广的是石灰粉煤灰类的稳定土（粒料），简称二灰稳定土（粒料），其特性在石灰工业废渣稳定基层中具有典型性。

二灰稳定土有良好的力学性能、板体性、水稳性和一定的抗冻性，其抗冻性能比石灰土高很多。

二灰稳定土早期强度较低，但随龄期增长并与养护温度密切相关，温度低于4 ℃时强度几乎不增长；二灰稳定土中的粉煤灰用量越多，早期强度越低，3个月龄期的强度增长幅度就越大。

二灰稳定土也具有明显的收缩特性，但小于水泥土和石灰土，也被禁止用于高等级路面的基层，而只能做底基层。二灰稳定粒料可用于高等级路面的基层与底基层。

6.3.3.3 施工质量控制要点

（1）水泥稳定基层与石灰稳定基层

材料与拌和。水泥、石灰、土、集料拌和用水等原材料应进行检验，符合要求后方可使用，并按照规范要求进行材料配比设计。城区施工应采用厂拌（异地集中拌和）方式，不得使用路拌方式，以保证配合比准确且达到文明施工要求。根据原材料含水率、集料的颗粒组成变化，及时调整拌和用水量。稳定土拌和前，应先筛除集料中不符合要求的粗颗粒。

运输与摊铺。拌成的稳定土类混合料应及时运送到铺筑现场，一般水泥稳定土自搅拌至摊铺完成，不应超过3小时。运输中应加盖苫布，防止水分蒸发和扬尘污染环境，以达到文明施工的要求。宜在气温较高季节施工，施工最低气温为5℃。

厂拌石灰土类混合料摊铺时路基表面应湿润。雨期施工应防止水泥、石灰和混合料淋雨；降雨时应停止施工，已摊铺的应尽快碾压密实。

压实与养护。压实系数应经试验确定。摊铺好的稳定土应当天碾压成活，碾压时的含水率宜在最佳含水率的±2%范围内。水泥稳定土应在水泥初凝前碾压成活。直线和不设超高的平曲线段，应由两侧向中心碾压；设超高的平曲线段，应由内侧向外侧碾压。纵、横接缝（槎）均应设直槎。纵向接缝宜设在路中线处，横向接缝应尽量减少。压实成活后应立即洒水（或覆盖）养护，保持湿润，直至上部结构施工为止。养护期应封闭交通。

（2）石灰粉煤灰稳定基层（二灰混合料）

材料与拌和。对石灰、粉煤灰等原材料应进行质量检验，符合要求后方可使用。按规范要求进行混合料配合比设计，使其符合设计与检验标准的要求。采用厂拌（异地集中拌和）方式，强制式拌和机拌制，配料应准确，拌和应均匀。拌和时应先将石灰、粉煤灰拌和均匀，再加入砂砾（碎石）和水均匀拌和。混合料含水率宜略大于最佳含水率。混合料含水率应视气候条件适当调整，使运到施工现场的混合料含水率接近最佳含水率。

运输与摊铺。运送混合料应覆盖苫布，防止水分蒸发和遗撒、扬尘，以达到文明施工要求。宜在气温较高季节施工，施工最低气温为5℃。根据试验确定松铺系数，控制虚铺厚度。

压实与养护。每层最大压实厚度为20 cm，且不宜小于10 cm。碾压时采用先轻型、后重型压路机碾压。禁止用薄层贴补的方法进行找平。应以"宁高勿低，宁刨勿补"为原则。混合料的养护采用湿养方式，始终保持表面潮湿，也可采用沥青乳液和沥青下封层进行养护，养护期视季节而定，常温下不宜小于14天。

6.3.3.4　施工质量检查与验收

质量检查与验收项目：主控项目为压实度、弯沉值和7天无侧限抗压强度；一般项目有基层允许偏差等要求。不符合质量标准时应采取措施改进。基层应平整、坚实致密，不得有浮土、脱皮、松散等现象。

6.3.4　面层施工质量控制

6.3.4.1　面层类型

目前城市道路面层一般以沥青路面面层为主。高等级沥青路面面层可分为磨耗层、面层上层、面层下层，或称为上（表）面层、中面层、下（底）面层。

（1）热拌沥青混合料面层

热拌沥青混合料，包括SMA（沥青玛蹄脂碎石混合料）和OGFC（大空隙开级配排水式沥青混合料）等嵌挤型热拌沥青混合料，适用于各种等级道路的面层，其种类应按集料公称最大粒径、矿料级配、空隙率划分。

（2）冷拌沥青混合料面层

冷拌沥青混合料适用于支路及以下等级道路的面层、支路的表面层，以及各级沥青路面的基层、连接层或整平层；冷拌改性沥青混合料可用于沥青路面的坑槽冷补。

（3）温拌沥青混合料面层

温拌沥青混合料是通过在混合料拌制过程中添加温拌剂降低基质沥青的粘温曲线以改变基质沥青物理性质，在拌和温度为120～130℃的条件下生产的沥青混合料。其与热拌沥青混合料的适用范围相同。

（4）沥青贯入式面层

沥青贯入式面层宜用作城市次干路等级以下道路面层，其主石料层厚度应依据碎石的粒径确定，厚度不宜超过10 cm。

（5）沥青表面处治面层

沥青表面处治面层主要起防水、防磨耗、防滑和改善碎（砾）石路面的作用，其集料最大粒径应与处治层厚度相匹配。

6.3.4.2 沥青混合料的种类

优质的热拌沥青混合料具有稳定度高、车辙动稳定度高、肯塔堡飞散损失小等特点。

（1）普通沥青混合料（AC型沥青混合料）

杭州地区普遍采用70号沥青拌制的沥青混合料，适用于城市各级道路、停车场等场所。

（2）改性沥青（Modified bitumen）混合料

改性沥青混合料是指掺入橡胶、树脂、高分子聚合物、磨细的橡胶粉或其他填料等外掺剂（改性剂），使沥青或沥青混合料的性能得以改善的沥青混合料。与AC型混合料相比，改性沥青混合料具有较好的路面抗流动性能（高温下抗车辙的能力），良好的路面柔性和弹性（低温下抗开裂的能力），较高的耐磨耗性能。改性沥青混合料的这种特性能延长道路使用寿命，该混合料在城市快速路和主干道中被广泛使用。

（3）SMA（沥青玛蹄脂碎石混合料)

SMA是一种由沥青、矿粉及纤维稳定剂组成的沥青玛蹄脂结合料，填充于间断级配的矿料骨架中所形成的混合料。SMA是一种间断级配的沥青混合料，5 mm以上的粗骨料比例高达70%～80%，矿粉的用量达7%～13%("粉胶比"超出通常值1.2的限制）。SMA中的沥青用量较多，高达5.5%～7%，黏结性要求高，且选用的是针入度小、软化点高、温度稳定性好的改性沥青、高黏度改性沥青。

SMA是当前国内外使用较多的一种抗变形能力强、耐久性好的沥青面层混合料，适用于城市快速路和主干道。

（4）OGFC（透水沥青混合料)

大空隙开级配透水沥青混合料主要由粗集料、细集料、少量填料和高黏度改性沥青组成，设计空隙率在20%左右。与密级配沥青路面相比，透水沥青路面能快速排除积水，其排水原理是其拥有较大空隙，能贮存积水，使雨水快速渗透，从而达到排水的效果。其间雨水慢慢向地下渗透或蒸发，减缓雨水的流出速度，减轻城市下水道的负担，防止路面积水泛滥。

OGFC主要适用于具有特殊排水要求的城市快速路、主干路、高架桥面和隧道等。

（5）再生沥青混合料

由于加热和各种自然因素的作用，沥青路面中的沥青逐渐老化，胶体结构改变，导致沥青针入度减小、黏度增大，延度降低，反映沥青流变性质的复合流动度降低，沥青的非牛顿性质更为显著。沥青老化削弱了沥青与骨料颗粒的黏结力，造成沥青路面的硬化、脆化，进而使路面骨料脱落、松散，降低了道路耐久性。

沥青的再生是沥青老化的逆过程。在已老化的旧沥青中，加入具有低黏度成分的油料（即再生剂），或者加入适当稠度的沥青材料，利用科学合理的工艺，调配出具有适宜黏度并符合路用性能要求的再生沥青。相比旧沥青，再生沥青复合流动度有较大提高，流变性质大为改善。

沥青路面材料再生是将需要翻修或者废弃的旧沥青路面，经过铣刨、翻挖、回收、破碎、筛分，再添加适量的新骨料、新沥青，重新拌和成为具有良好路用性能的再生沥青混合料，用于铺筑路面面层中的中、下面层或基层，不得用于路面上面层。

再生料应干燥洁净，无沥青黏结的砂石料含量小，含泥量小，颗粒级配良好，再生料占热再生沥青混合料质量百分比不得超过30%。再生料的质量应满足国家现行规范要求。

再生沥青混合料能够节约大量沥青和砂石材料，节省工程投资。同时，有利于处理废料，节约能源，保护环境，因而具有显著的经济效益和社会效益。

6.3.4.3　沥青面层材料使用质量控制

沥青路面使用的各种原材料运至现场后必须取样进行质量检验，经评定合格方可使用，不得以供应商提供的检测报告或商检报告代替现场检测。必须对沥青路面集料的料源进行调查，料源应尽可能就地取材。质量符合使用要求，石料开采必须注意环境保护，防止破坏生态平衡。集料粒径规格以方孔筛为准。不同料源、品种、规格的集料不得混杂堆放。

（1）沥青质量控制

我国行业标准《城镇道路工程施工与质量验收规范》（CJJ 1—2008）规定：城镇道路面层宜优先采用A级普通沥青，不宜使用煤沥青。优质沥青具有针入度低、软化点高、延度大、动力黏度高、黏附性4级以上、耐久性优良等特点。沥青应附有沥青质保单，并且要按规范要求进行试验，经评定合格后方可使用。目前杭州地区普遍使用70号普通沥青。上面层普遍使用SBS（I–D）改性沥青，也使用SBS（I–C）改性沥青、高黏度改性沥青等特种沥青。

（2）粗集料质量控制

粗集料必须由具有生产许可证的采石场生产或施工单位自行加工。粗集料应有足够的强度和耐磨性能、洁净、干燥、表面粗糙、无风化、无杂质、含泥量小、良好的颗粒形状，接近立方体，多棱角（针片状小），质量技术要求应符合《城镇道路工程施工与质量验收规范》（CJJ 1—2008）有关规定。每种粗集料的粒径规格（即级配）应符合工程设计的要求。

粗集料应具有较大的表观相对密度，较小的压碎值、洛杉矶磨耗损失率、吸水率、针片状颗粒含量以及水洗法小于0.075 mm颗粒含量和软石含量。如城市快速路、主干路表面层粗集料压碎值不大于26%、洛杉矶磨耗损失率不大于28%等。

路面抗滑表层粗集料应选用坚硬、耐磨、抗冲击性好的碎石或破碎砾石，不得使用筛选砾石、矿渣及软质集料。用于沥青路面表面层及抗滑表层的粗集料应符合施工规范中关于石料磨光值的要求。城市快速路、主干路的表面层（或磨耗层）的粗集料的磨光值（PSV）应不小于42（雨量气候分区中干旱区—潮湿区），以满足沥青路面耐磨的要求。

粗集料与沥青的黏附性应有较大值，城市快速路、主干路的集料对沥青的黏附性应大于或等于4级，次干路及以下道路应大于或等于3级。

目前杭州地区拌制沥青混合料的粗集料规格主要有25～38 mm、13～25 mm、6～13 mm、3～6 mm、10～20 mm、6～15 mm、10～15 mm、5～10 mm、3～5 mm等。

（3）细集料质量控制

细集料应洁净、干燥、无风化、无杂质、含泥量小，质量技术要求应符合《城镇道路工程施工与质量验收规范》（CJJ 1—2008）的有关规定。

热拌沥青混合料的细集料宜采用优质的天然砂或机制砂，在缺砂地区，也可使用石屑。细集料应与沥青有良好的黏结能力。

热拌密级配沥青混合料中天然砂用量不宜超过集料总量的20%，SMA、OGFC不宜使用天然砂。

目前杭州地区拌制沥青混合料的细集料规格主要有0~3 mm、0~6 mm等。

（4）填料质量控制

沥青混合料的填料宜采用石灰岩或岩浆岩中的强基性岩石等憎水性石料经磨细得到的矿粉，原石料中的泥土杂质应除尽。矿粉应洁净、干燥，不含泥土成分，外观无团粒结块，其质量应符合施工规范的技术要求。

城市快速路、主干路的沥青面层不宜采用粉煤灰作填料。

沥青混合料中的矿粉质量应符合《城镇道路工程施工与质量验收规范》（CJJ 1—2008）的有关规定。

（5）纤维稳定剂质量控制

纤维稳定剂技术要求应符合《城镇道路工程施工与质量验收规范》（CJJ 1—2008）的有关规定，不宜使用石棉纤维，纤维稳定剂应在250 ℃高温条件下不变质。

（6）其他外掺物质量控制

其他外掺物如抗剥落剂、改性剂（颗粒）、温拌剂、颜料剂、再生剂、岩沥青等的技术要求应符合国家现行规范要求或相关规定。

6.3.4.4　沥青面层施工质量控制

本书主要介绍热拌沥青混合料配合比设计、路面施工工艺，阐述沥青混合料面层施工质量控制要点。

（1）施工准备阶段的质量控制

沥青混合料配合比设计。通常依据同类道路与同类材料的施工实践经验，经配合比设计确定矿料级配和沥青用量。城市快速路和主干路的热拌沥青混合料的配合比设计则包括目标配合比设计、生产配合比设计及生产配合比验证三个阶段。

第一个阶段：目标配合比设计是按实际使用的原材料计算各种原材料的用量比例，配合成沥青混合料的矿料级配，并进行马歇尔试验，确定沥青最佳用量，以此矿料级配及沥青用量作为目标配合比，供拌和机确定冷料仓的供料比例、进料速度及试拌使用。

第二个阶段：生产配合比设计是对经过拌和机二次筛分后进入热料仓的骨料取样进行筛分，以确定各热料仓的骨料比例，供拌和机中控室使用。同样反复调整冷料仓进料比例以达到供料均衡，并取目标配合比设计的最佳沥青用量，并以±0.3%最佳沥青用量进行马歇尔试验，确定生产配合比的沥青用量。

第三个阶段：生产配合比验证是采用生产配合比进行试拌、铺筑试验路段，并采用沥青混合料及路上芯样进行马歇尔试验，由此确定生产用的标准配合比，而标准配合比则作为生产控制的依据和质量检验的标准。

施工机械与检测仪器的配置。配齐施工机械与质量检测仪器及相关配件，做好开工前的保养、调试和试机，并保证在施工期间一般不发生有碍施工进度和质量的故障。沥青面层机械化连续摊铺作业，须配备以下主要施工机械：沥青混合料摊铺机、移动式自动找平基准装置、压路机、自卸汽车等。

试验段选择。沥青面层施工开工前，均须先做试验段。一般通过沥青混合料组成设计，拟订试验段铺筑方案，审批同意后，采用重新调试的正式施工机械，铺筑试验段。试验段宜选在直线段，长度不少于200 m。同时，根据各种相匹配的机械施工能力，确定合适的施工机械型号、数量及相应的组合方式。

通过上述试验段作业及检验，拟确定下列质量控制参数：摊铺机的操作方式及摊铺温度、摊铺速度，初步振捣夯实的方法和强度，自动找平方式等；压实机具的选择、组合，压实顺序、碾压温度、碾压速度及遍数；施工缝处理方法；各种沥青层的松铺系数。确定施工产量、效率及作业段的长度，制订施工组织计划；全面检查材料及施工质量是否符合要求；确定施工组织及管理体系、质保体系、人员、机械设备、检测设备、通信及指挥方式。

（2）透层、粘层、封层的质量控制

透层铺筑。透层是为使沥青混合料面层与非沥青材料基层结合良好，在基层上洒布能很好渗透入表面的沥青类材料薄层。沥青混合料面层摊铺前应在基层表面洒布透层油，在透层油完全渗入基层后方可铺筑。根据基层类型选择渗透性好的液体沥青、乳化沥青做透层油。

粘层铺筑。粘层是为加强路面沥青层之间，沥青层与水泥混凝土路面之间的黏结而洒布的沥青材料薄层。粘层油宜采用快裂或中裂乳化沥青、改性乳化沥青，也可采用快凝或中凝液体石油沥青。粘层油宜在摊铺面层当天及时洒布。

封层铺筑。铺筑在面层表面的称为上封层，铺筑在面层下面的称为下封层。封层油宜采用改性沥青或改性乳化沥青，封层集料应质地坚硬、耐磨、洁净且粒径与级配应符合要求。

透层、粘层宜采用沥青洒布车或手动沥青洒布机喷洒，喷洒应呈雾状，洒布均匀，用量与渗透深度宜按设计及规范要求并通过试洒确定。不得随意洒布，不得漏洒，洒布不到位处应进行人工补洒。封层宜采用层铺法表面处治或稀浆封层法施工。

（3）沥青混合料生产的质量控制

沥青混合料必须在沥青拌和厂（场、站）采用拌和机机械拌制。拌和厂的设置应符合国家有关环境保护、消防、安全等的规定。

①拌和机拌制性能要求。

热拌沥青混合料可采用间歇式拌和机或连续式拌和机拌制。连续式拌和机应具有根据材料含水量变化调整矿料上料比例、上料速度、沥青用量的功能。当工程材料由多处供料、来源或质量不稳定时，不得采用连续式拌和机拌制。沥青混合料拌和设备的各种传感器必须定期检定，每年不少于一次。冷料供料装置须经标定得出集料供料曲线。间歇式拌和机在拌和过程中应逐盘打印沥青及各种矿料的用量及拌和温度等的数据。

沥青应采用导热泊加热，对沥青与矿料进行加热拌和，调节沥青混合料的出厂温度，使其符合规范要求。当混合料出厂温度过高，超过废弃温度时不得使用该沥青混合料。沥青混合料施工温度宜通过试验确定，并根据实际情况确定使用。

沥青混合料拌和时间应以混合料拌和均匀、所有矿料颗粒全部裹覆沥青结合料为度，并经试拌确定。通常间歇式拌和机每锅拌和时间不宜少于45 s（其中干拌时间不得少于5 s），改性沥青和SMA混合料的拌和时间应适当延长。

间歇式拌和机的振动筛规格应与矿料规格相匹配，最大筛孔宜略大于混合料的最大粒径，其余筛的设置应考虑混合料的级配稳定，并尽量使热料仓大体均衡，不同级配混合料必须配置不同的筛孔组合。

拌和机拌制的沥青混合料应均匀一致、无花白料、无泛油料、无结团成块或严重的粗细料离析现象，不符合要求的不得使用，并应及时调整。

间歇式拌和机宜备有保温性能好的成品储料仓，贮存过程中混合料温降不得大于10 ℃，且不能有沥青滴漏，普通沥青混合料的贮存时间不得超过72 h，改性沥青混合料的贮存时间不宜超过24 h，SMA混合料只限当天使用，OGFC混合料宜随拌随用。

出厂的沥青混合料应逐车用地磅称重，并进行外观质量及温度检查验收。记录规格型号、温度及出厂时间，签发运料单。外观质量不合格及温度异常的沥青混合料严禁出厂。

②沥青混合料的运输与布料。

每次使用前后运料车必须清扫干净，在车厢板上涂一薄层防止沥青黏结的隔离剂或防粘剂，但不得有余液积聚在车厢底部。在拌和机向运料车上装料时，运料车应多次挪动位置，平衡装料，以避免混合料离析。运料车运输混合料宜用苫布覆盖保温、防雨、防污染。苫布覆盖需牢固，不得在运输途中松散影响保温。冬季低温时还应覆盖保温棉被。

运料车进入摊铺现场时，轮胎上不得沾有泥土等可能污染路面的脏物，否则宜设水池洗净轮胎后进入工程现场。在摊铺地点凭运料单接收沥青混合料，对混合料质量进行检查验收，不符合施工温度要求，或已经结成团块、已遭雨淋的沥青混合料，均不得铺筑。运料车必须服从施工现场指挥在指定区域等候，按卸料顺序排列，只有正在卸料车辆的后一车可以掀掉苫布。

应按施工方案安排运输和布料，热拌沥青混合料宜采用较大吨位的运料车运输，但不得超载运输，运料车的运力应稍有富余，施工过程中摊铺机前方应有运料车等候。对高等级道路，宜待等候的运料车多于5辆后开始摊铺。

摊铺过程中运料车应在摊铺机前10～30 cm处停住，空挡等候，由摊铺机推动前进开始缓缓卸料，避免撞击摊铺机。在有条件时，运料车可将混合料卸入转运车经二次拌和后向摊铺机连续均匀地供料。运料车每次卸料必须倒净，尤其是对改性沥青或SMA混合料，如有剩余，应及时清除，防止硬结。

SMA及OGFC混合料在运输、等候过程中，如发现有沥青混合料沿车厢板滴漏，应采取避免措施。施工中遇下雨、大风或设备故障等原因停工待命的应立即采取保温措施。进入施工区域须经施工部门同意，不得急刹车、急弯掉头使透层、粘层、封层及路面成品、半成品造成损伤，不得擅自驾车进入新做成品道路。

③沥青混合料摊铺作业。

铺筑沥青混合料前，必须制订沥青路面施工方案，对施工班组进行施工技术交底，并保证合理的施工工期。项目负责人应安排好施工前现场验收的时间节点，并保障其准确性，施工前检查验收作业面（并与基础面高差、平侧石平顺及高差、横坡纵坡情况、清洁度、铣刨平顺度等）的质量。当日计划施工的作业面被污染时，必须按施工要求清扫干净后方可铺筑沥青混合料，洒油作业时不得污染周边环境。若作业面质量不符合要求，明确不具备施工条件的，或未按规定洒布透层或粘层油的，不得铺筑沥青面层。

利用全站仪或GPS进行导线测量，直线段测点由人工拉点加密，中桩中线偏位在要求以内，保证沥青每幅宽度；高程桩位设置高程点应保证厚度和高程达到规范要求，曲线段根据半径加密，要求施工前完成测量放样工作。钢丝绳设置要求每段钢丝绳线性顺直、绷紧，不得出现漏绑现象，钢筋桩不得有歪斜现象。直线每摊铺幅打出线形石灰线，包括机非隔离和中央隔离带位置，大岔口先按摊铺顺序打出摊铺幅线形石灰线。对原有老道路应先明确道路中心线再施工，确保施工坡度准确。施工一般按慢车道及小岔口—快车道—大岔口顺序进行。有时为确保路面平整度，对于小岔口施工也可采用先整幅施工主路，再施工岔口的顺序。

所有工作面摊铺后、碾压前应及时清扫工作面外的沥青混合料颗粒，防止骨料颗粒被压碎影响路面。应对沥青混合料逐车进行外观质量检查和测温检查，并进行记录，若发现有明显花白料、泛油料、沥青含量偏差大及料温偏差大影响施工的，一律不得铺筑。

用沥青混合料铺筑城市快速路、主干路时，一台摊铺机的铺筑宽度不宜超过6 m（2车道）或7.5 m（3车道以上），通常宜采用两台或更多台数的摊铺机前后错开10～20 m呈梯队方式同步摊铺，两幅之间应有3～6 cm宽度的搭接，并躲开车道轮迹带，上下层的搭接位置宜错开20 cm以上。

摊铺前应提前0.5～1 h预热摊铺机熨平板使其不低于100℃。铺筑时熨平板振捣或夯实装置应选择适宜的振动频率和振幅，以提高路面初始压实度。熨平板加宽连接应调节至摊铺的混合料没有明显的离析痕迹。

摊铺机必须缓慢、均匀、不间断地摊铺，不得随意变换速度或中途停顿，以提高平整度，减少混合料的离析。摊铺速度宜控制在2～6 m/min的范围内。对改性沥青混合料及SMA混合料宜放慢至1～3 m/min。当发现混合料出现明显的离析、波浪、裂缝、拖痕时，应分析原因，予以消除。

摊铺机应采用自动找平方式，铺设下面层或基层时宜采用有钢丝绳引导的高程控制方式，铺设上面层时宜采用平衡梁或雪橇式摊铺厚度控制方式，铺设中面层时根据情况选用找平方式。直接接触式平衡梁的轮子不得黏附沥青。铺筑改性沥青或SMA路面时宜采用非接触式平衡梁。

上面层摊铺前应按照设计标高调整好井座标高，路面较宽时宜采用双机联铺的摊铺方式。遇有双侧路缘石时，双侧可采用路缘石引导纵向找平仪标高法，搭接处采用平衡梁法或铝合金引导纵向找平仪标高法。遇无路缘石时，宜全部采用平衡梁法或铝合金引导标高法。

井（窨井、雨水井等）座与已铺路面标高不一致时以路面标高为准。若普通井的井顶面标高与已铺路面高差1 cm以内，可人为进行接顺处理；高差1 cm以上的不进行接顺处理，待后续对井标高进行调整并修复路面。对于可调式窨井应在摊铺后立即进行二次提升处理。

沥青路面施工的最低气温应符合规范要求，寒冷季节遇大风降温，不能保证迅速压实时不得铺筑沥青混合料。热拌沥青混合料的最低摊铺温度根据铺筑层厚度、气温、风速及下卧层表面温度按规定执行。每天施工开始阶段宜采用较高温度的混合料。

沥青路面雨季施工时，沥青面层不允许下雨时或下层潮湿时施工。

沥青路面冬季施工时，城市快速路、主干路的沥青混合料面层在低于5 ℃时严禁施工。次干路及以下道路在施工温度低于5 ℃时，应停止施工。粘层、透层、封层严禁冬季施工。

沥青混合料面层集料的最大粒径应与分层压实层厚度相匹配。一般每层的压实厚度不宜小于集料公称最大粒径的3倍。如AC-13C的集料公称最大粒径为13.2 mm，则压实厚度不宜小于4 cm。每层的松铺系数应根据试铺试压确定。施工中随时检查铺筑层厚度、路拱及横坡，并以铺筑的沥青混合料总量与面积之比校验平均厚度。松铺系数的取值可参考表6-1中所给的范围。

表6-1 沥青混合料的松铺系数

种 类	机械摊铺松辅系数	人工摊铺松辅系数
沥青混凝土混合料	1.15～1.35	1.25～1.50
沥青碎石混合料	1.15～1.30	1.20～1.45

摊铺机的螺旋布料器转动速度与摊铺速度应保持均衡。为减少摊铺中沥青混合料的离析，布料器两侧应保持有不少于布料器2/3高度的混合料。摊铺的混合料，不宜用人工反复修整。当不得不由人工做局部找补或更换混合料时，需仔细进行，特别严重的缺陷应整层铲除。

不具备机械摊铺条件时（如路面狭窄部分，平曲线半径过小的匝道或加宽部分，以及小区道路等小规模工程），可采用人工摊铺作业。半幅施工时，路中一侧宜预先设置挡板（枕木）。摊铺时应扣锹布料，不得扬锹远甩。铁锹等工具宜沾防黏结剂或加热使用。边摊铺边整平，严防骨料离析。摊铺不得中途停顿，并尽快碾压。低温施工时，卸下的沥青混合料应覆盖篷布保温。

④沥青路面压实成形。

压实施工应配备足够数量、状态完好的压路机，选择合理的压路机组合方式，根据沥青混合料温度严格控制初压、复压、终压（包括成形）时机。压实层不宜大于10 cm，各层压实度及平整度应符合要求。为达到最佳效果，沥青混合料压实宜采用钢筒式静态压路机与轮胎压路机或振动压路机组合的方式。

压路机应以慢而均匀的速度碾压。碾压温度应根据沥青和沥青混合料种类、压路机、气温、层厚等因素经试压确定。改性沥青混合料初压开始温度应不低于150 ℃，碾压终了的表面温度应处于90～120 ℃间。SMA、OGFC沥青混合料初压开始温度应不低于160 ℃，碾压终了的表面温度也应处于90～120 ℃间。

初压应在混合料摊铺后较高温度下进行，并不得出现推移、开裂等情况。

通常宜采用钢轮压路机静压1～2遍。碾压时应将压路机的驱动轮面向摊铺机，从外侧向中心碾压，在超高路段则由低向高碾压，在坡道上应将驱动轮从低处向高处碾压。碾压路线及碾压方向不应突然改变而导致混合料产生推移，压路机启动、停止必须减速缓慢进行。相邻碾压带应重叠1/3～1/2轮宽，最后碾压路中心部分，压完全幅为一遍。当边缘有挡板、路缘石、路肩等支挡时，应紧靠支挡碾压。当边缘无支挡时，可用耙子将边缘的混合料稍稍耙高，然后将压路机的外侧轮伸出地缘10 cm以上碾压，也可在边缘先空出宽30～40 cm，待压完每一遍后，将压路机大部分重量位于已压实过的混合料面上再压边缘，以尽量避免混合料向外推移。

采用轻型钢筒式压路机或关闭振动装置的振动压路机碾压2遍。初压后用3 m直尺检查平整度、路拱，必要时予以适当修整。复压应紧跟在初压后开始。碾压路段总长度不超过80 m。

密级配沥青混合料的复压宜优先采用重型轮胎压路机进行搓揉碾压，以增加密水性，其总质量不宜小于25 t，吨位不足时宜附加重物，使每一只轮胎的压力不小于15 kN，冷态时的轮胎充气压力不小于0.55 Mpa，轮胎发热后不小于0.6 MPa，且各只轮胎的气压大体相同，相邻碾压带应重叠1/3～1/2的碾压轮宽度，碾压至要求的压实度为止。

对以粗集料为主的较大粒径的混合料基层，尤其是大粒径沥青稳定碎石基层，宜优先采用振动压路机复压。厚度小于3 cm的薄沥青层不宜采用振动压路机碾压。振动压路机的振动频率宜为35～50 Hz，振幅宜为0.3～0.8 mm。层厚较大时选用高频率大振幅，以产生较大的激振力，厚度较薄时采用高频率低振幅，以防止集料破碎。相邻碾压带重叠宽度为10～20 cm。振动压路机折返时应先停止振动。

当采用三轮钢筒式压路机时，总质量不小于12 t，相邻碾压带宜重叠后轮的1/2轮宽，并不应小于20 cm。对路面边缘、加宽及港湾式停车带等大型压路机难以碾压的部位，宜采用小型振动压路机或振动夯板做补充碾压。碾压遍数应经试压确定，不宜少于4～6遍，达到要求的压实度为止。

终压应紧接在复压后进行。终压可选用双轮钢筒压路机或关闭振动的振动压路机碾压，不宜少于2遍，至无明显轮迹为止。路面压实成形的终了温度应符合施工规范的要求。

SMA路面的压实不宜采用轮胎压路机碾压，以防将沥青混合料搓揉挤压上浮。SMA路面宜采用振动压路机或钢筒式压路机碾压。振动压路机应遵循"紧跟、慢压、高频、低幅"的原则，即紧跟在摊铺机后面，采取高频率、低振幅的方式慢速碾压。如发现SMA混合料高温碾压有推拥现象，应复查其级配是否合适。

OGFC路面宜采用不小于12 t的钢筒式压路机碾压。压路机的碾压长度应与摊铺速度平衡为原则选定，并保持大体稳定。压路机每次应由两端折回的位置阶梯形地随摊铺机向前推进，使折回处不在同一横断面上。在摊铺机连续摊铺的过程中，压路机不得随意停顿。

碾压轮在碾压过程中应保持清洁，有混合料粘轮应立即清除。可在钢轮上涂刷隔离剂或防黏结剂，但严禁刷柴油。当采用向碾压轮喷水（可添加少量表面活性剂）的方式时，必须严格控制喷水量，喷出的水应呈雾状，不得漫流，以防混合料降温过快。轮胎压路机开始碾压阶段，可适当烘烤、涂刷少量隔离剂或防黏结剂，也可喷少量水，并先到高温区碾压使轮胎尽快升温，之后停止洒水。轮胎压路机的轮胎外围宜加设围裙保温。

压路机无法压实的构造物接头、道路拐弯死角、路面加宽部分及某些路边缘等局部地区，应采用振动夯板压实。对雨水井与各种检查井的边缘还应用人工夯锤、热烙铁补充压实。

平石边、井边、小岔口处，先采用平板夯压边，再采用压路机碾压。压路机不得在未碾压成形的路段上转向、掉头、加水或停留。振动压路机在已成形的路面上行驶时应关闭振动。在当天成形的路面上，不得停放各种机械设备或车辆，不得散落矿料、油料及杂物。工完料清，对铣刨完不能当日施工的路面（铣刨返修路面）以喷洒乳化沥青的方式控制现场扬尘。

加强对沥青路面成品的保护，铺筑好的沥青层应严格控制交通，保持整洁，不得污染，严禁在沥青层上堆放施工产生的土或杂物，严禁在已铺沥青层上制作水泥砂浆。防止雨水井被堵塞，保证窨井盖完好；平侧石平顺，无破损、污染、啃边现象。

⑤沥青路面接缝处理。

在施工缝及构造物两端的连接处操作时必须仔细，保证路面接缝坚实致密、平顺、线性顺直，切割处理时，不得产生明显的接缝离析。上下层的纵缝应错开15 cm（热接缝）或30～40 cm（冷接缝）。相邻两幅及上下层的横向接缝均应错位1m以上。

采用梯队作业方式摊铺时应选用热接缝，将已铺部分留下10～20 cm宽暂不碾压，作为后续部分的基准面，然后跨缝压实。半幅施工采用冷接缝时，宜加设挡板（枕木）或将先铺的沥青混合料切割出顺直接缝，另半幅施工前必须将缝边清扫干净，涂刷粘层油后再铺新料，新料跨缝摊铺与已铺层重叠5～10 cm，软化下层后铲走重叠部分，碾压时先在已压实路面上行走，碾压新铺层10～15 cm，然后压实新铺部分，再伸过已压实路面10～15 cm，将接缝压实紧密。上下层的纵缝应错开15 cm以上，表层的纵缝应顺直，且宜留在车道区画线位置上。

高等级道路的表面层纵横向接缝应采用垂直的平接缝，以下各层和其他等级的道路的各层应尽量采用垂直的平接缝，也可采用斜接缝。平接缝宜采用机械切割，使工作缝成直角连接。清除切割时留下的泥水，干燥后涂刷粘层油，铺筑新混合料，接槎软化后，先横向碾压，再纵向充分压实，连接平顺。

窨井边、平侧石边及新旧路面接缝的处理应平整顺直。所有纵向、横向冷接缝切割处理、保持直顺，接缝处必须涂刷粘层油，接缝位置应合理，以保证成品路面外表美观。

6.3.4.5 沥青面层施工质量检查与验收

沥青路面面层质量检查与验收项目：主控项目为原材料质量、混合料质量、混合料配合比、路面压实度、路面厚度和路面弯沉值；一般项目有面层允许偏差等要求。不符合质量标准时应采取措施改进。面层应平整、坚实致密，不得有裂缝、麻面、油斑、轮迹、松散等缺陷，表面无杂物、油污等，外表美观。接缝坚实致密、平顺、线性顺直。平侧石等构筑物无污染。

6.4 城市道路工程质量管理中存在的问题及处理措施

6.4.1 工程质量管理中普遍存在的问题

影响城市道路工程质量的因素很多，较难控制。城市道路工程施工中普遍存在下列现象。

一是"变"。项目变，投资变，工期变，决策失误更得变。似乎变是必然的，但变得太多太快，带来的损失必然是巨大的。

二是"差"。质量意识薄弱，施工人员素质差，机械设备差，检测装备差，路面平整度差，外部环境差等。

三是"粗"。立项粗，设计粗，图纸粗，施工准备粗，施工程序粗，检测数据粗，验收粗等。

四是"漏"。设计漏项，施工漏做，工序之间漏检，监理、施工方面管理中疏漏等。

五是"裂"。因工期紧，管网沟槽回填较深又无时效期而造成下沉断裂。路基压实、养护不够造成开裂，沥青抗老化性能差，造成路面网裂等。

这些问题若不尽早根除，势必会损害城市的形象和政府在市民中的形象。

追溯问题产生的根源，我们发现，原因不外乎以下几种。

开工急。急于开工，匆忙设计，匆忙选择施工队伍；施工队伍又不得不匆匆忙忙进场，有些工程甚至边设计边施工，忙中出错，使得施工工序、工程质量很难得到保证。

工期紧。一般来说，城市道路工程的工期都很紧，这是城市道路施工的最大特点。城市道路工程的另一特点是绝大部分工程要在雨季施工，而这个时期又正是各种管道铺设或路基施工的阶段，管道沟槽回填后难以压实，路基含水量大，其密实度和强度很难保证。由于工期太紧，又不能不施工，存在质量问题是可以想见的。

作业面狭窄。城市道路工程施工场地往往很难封闭交通，人流难以控制，加之诸如电力、电信、有线电视、煤气、自来水、排污管道等各种管线相互交织，彼此干扰，使得原本狭窄的场地显得更加拥挤，同时使得质量管理工作更为零散，增加了质量管理的难度。

扯皮多。城市道路工程施工中情况十分复杂，关系到各个方面，各方相互推诿、扯皮的情况多。

施工工段细小。为平衡关系，把工程化整为零，造成工程质量难以控制。

利低料减。由于市场竞争激烈，某些施工单位为了取得工程，故意压低竞标价格。当获得项目进行施工时，又因利润太低，加之资金到位率较低，偷工减料、以次充好、以小代大、以粗代细等现象时有发生，质量较差的问题也就不可避免地发生了。

从问题产生的根源着手，采取有效措施，可最大限度地避免质量问题的产生。

一是做好工程前期规划论证和设计工作。这是提高工程质量的先决条件之一。

二是做好开工前的拆迁工作，尽力做好施工前的"三通一平"工作，为施工营造一个良好的外部环境，保证施工的连续性，为提高工程质量奠定基础。

三是在施工队伍的选择上，切实做到择优选择施工队伍，除应考虑竞标报价，还应实地考察施工队伍的实际状况。

四是施工单位应认真完善和落实自身的质量保证体系，从组织、制度、措施等方面严把每个环节的质量关，切实做到预防为主，积极主动，严格控制，细化管理。既要管结果，更要抓过程，将质量第一的精神落实到每个人、每道工序，只有这样才能多创优质工程，多建市民满意的精品工程。

总之，影响城市道路工程施工质量的因素是多方面的，需动员各方力量，实行综合管理，以确保城市道路工程的高质量。若达此目标，则城市道路工程质量较差的难题将得到圆满解决，同时必然取得令人满意的经济效益和社会效益。

6.4.2　杭州城市道路工程施工质量问题与控制措施

杭州位于浙江省东北部，由淤泥、淤泥质土、水下沉积的饱和软黏土组成的软土广泛分布，软土具有天然含水率高、孔隙比大、透水性差、压缩性高、强度低等特点。杭州地处亚热带季风气候区，气候温暖湿润，四季分明，年平均气温为16.2 ℃，年平均降水量1500 mm。故杭州地区道路工程质量好坏与软土路基、雨水等因素密切相关。很多常见质量病害也是由软土路基、雨水等因素直接导致的。

（1）路基施工质量控制不严问题及处理措施

土基工程质量控制的基本内容就是基本土体或者岩体结构能否承担上部构筑物或者建筑物。路基包含了土路基、底基层等部分。土基工程的质量严重影响整个道路施工的质量。

路基施工工期过短导致的质量问题：路基施工工期过短是指软土路基还未固结沉降达到稳定时就进行后续施工。通常填筑路堤后，地基受到动静荷载的共同作用产生固结形变，直到达到新的平衡状态为止。地基产生固结形变的大小，取决于填土高度、地基内部各层土的压实系数。故而软土路基的不均匀沉降是由软土地基的不均匀沉降引起的，软土地基的不均匀沉降使路面纵断面产生非常大的变形。沥青路面摊铺后，地基的不均匀沉降导致路面出现裂缝，裂缝进一步增加会导致龟裂、板块开裂，甚至出现路面下陷现象。

预防措施：保证路基施工合理工期，只有在软土路基固结沉降达到稳定时方可进行后续施工，且后续施工中应加强路基沉降观测，一旦发现沉降出现异常，应立即停止施工，待消除隐患后方可继续施工。

路基材料质量缺陷问题：路基材料的质量缺陷是路基承重和荷载能力不足的重要原因。一旦软土路基承重和荷载能力不足，将引起软土路基的不均匀沉降，致使路面纵断面产生非常大的变形。沥青路面摊铺后，路基的不均匀沉降会导致路面出现裂缝、龟裂、板块开裂、路面下陷等质量病害。

预防措施：选择符合要求的路基材料，以提高路基的整体稳定性。路基中的水、土、石料比例应符合配合比设计要求，并选用具有良好水稳性的材料作为路基材料。

（2）水稳基层施工质量控制不严问题及处理措施

水稳料含水率过高（水稳料含水率高于最佳含水率5%以上）导致的质量问题：水稳料含水率过高时，出现"弹簧土"现象，不利于碾压，强度不能充分形成，表面产生软化，其板体性较差，不能均匀承受路面荷载。沥青路面摊铺后，因受力不均会出现裂缝，裂缝进一步加大会导致龟裂、板块开裂，甚至出现路面下陷现象。水稳料本身抗水损冲刷能力薄弱，当车轮荷载经过裂缝时，泥浆会从缝隙中射出，形成唧泥现象。

预防措施：加强水稳料的拌制，严格控制加水量，保证水稳料质量符合设计要求。根据原材料含水率的变化、集料的级配变化，及时调整拌和用水量。水稳料拌和前，应尽量去除骨料中不符合要求的粗颗粒。水稳料含水率一般应略大于最佳含水率，并视气候条件适当调整，使运输到现场的水稳料的含水率接近最佳含水率。摊铺水稳料时路基应湿润，水泥初凝前将水稳料碾压成活；降雨时应停止施工，已摊铺的应尽快碾压密实。压实成形后应立即洒水（或覆盖）养护，保持湿润，直至沥青路面施工为止。水稳基层养护期间应封闭交通。

水稳料含水率过低（低于最佳含水率5%以上）导致的质量问题：水稳料含水率过低，易发生水分挥发现象，继而发生干缩，低温施工时也会出现冷缩现象，从而导致裂缝产生。沥青路面摊铺后，即会出现反射裂缝。

预防措施：一是根据原材料含水率的变化、集料的级配变化，及时调整拌和用水量；二是使水稳料含水率略大于最佳含水率，并视气候条件适当调整，使运输到现场的水稳料的含水率接近最佳含水率；三是水稳料摊铺时路基应湿润，水泥初凝前将其碾压成活；四是压实成型后立即洒水（或覆盖）养护，保持湿润；五是养护期间封闭交通。当气温低于规范要求的最低温度时，禁止水稳料摊铺作业，以防冷缩现象发生。

（3）沥青混合料拌制质量控制不严问题及处理措施

温度过低（低于规范下限值）时施工对路面质量的影响：温度过低时，其沥青稠度大，黏性强，则沥青混合料流动性变差，其施工和易性差，沥青混合料表面极易形成"硬壳"，导致路面难以压实，沥青混合料黏附性差，其黏结力低，路面黏结不牢，从而导致路面整体强度低，承受路面荷载能力弱，沥青路面在早期就易出现松散、坑槽遭破坏现象。

预防措施：加强沥青混合料的保温工作，如运料车加盖苫布，采取防雨防风防污染措施；冬季施工时甚至还应加盖棉被保温，以满足沥青混合料摊铺碾压温度的要求。沥青混合料温度过低时一般不得铺筑沥青路面。

温度过高（高于规定上限值）时施工对路面质量的影响：沥青在生产使用中，受到热、光、氧气等外界因素的作用会逐渐变硬、变脆，改变原有的黏度和低温性能，这种变化称为沥青的老化。规范要求沥青应有足够的抗老化性能，即耐久性，要保证沥青的受热温度严格控制在一定的范围内，使沥青路面具有较长的使用年限。若沥青受热温度过高，就会立即老化、变硬、变脆，甚至烧焦，导致沥青路面出现松散、坑槽破坏等问题。

预防措施：拌制沥青混合料时控制加热温度，尤其是沥青的加热温度，保证沥青不老化，确保出料温度、摊铺碾压温度符合规范要求。沥青混合料温度过高时一般不得铺筑沥青路面。

沥青混合料配比不正确，沥青含量偏高（高于最佳沥青含量1%以上）对路面质量的影响：当沥青混合料中沥青含量高于最佳沥青含量1%以上时，其流动性变大，呈流淌状，沥青胶浆会分隔前级骨料与次级骨料，从而使次级骨料不能有效填充前级骨料，使骨料不能直接互相嵌挤形成骨架，在行车荷载反复作用下面层会出现早期推移现象。

预防措施：严格控制沥青混合料中沥青的含量，使其在设计最佳含量的±0.3%以内。

使用花白料（沥青含量低于最佳沥青含量1%以上）对路面质量的影响：当粉料过多或沥青含量偏少时，骨料不能全部被沥青裹覆，从而出现花白料，花白料呈干涩状，沥青胶浆偏少，使沥青混合料出现松散状，沥青路面易出现早期松散、坑槽破坏等问题。

预防措施：严格控制沥青含量，使其在设计最佳含量的±0.3%以内。花白料严禁用于铺筑沥青路面。

使用泛油料（沥青含量高于最佳沥青含量2%以上）对路面质量的影响：当粉料很少或沥青含量超大时，其流动性很大，呈液滴状，沥青胶浆太多，使骨料淹没于沥青胶浆之中，导致泛油。路面摊铺后会出现大面积的油斑，甚至是超大面积的油包，严重影响道路美观。

预防措施：严格控制沥青含量在设计最佳含量的±0.3%以内。泛油料一般不得铺筑于沥青路面。当沥青路面出现50 cm^{2}以上的油斑或油包时，应铣刨修复。

使用的混合料中70号沥青的针入度偏大（拌制普通沥青混合料所用的70号沥青针入度在75 dmm以上）对路面质量的影响：当70号沥青针入度偏大时，其沥青较软，稠度较小，黏性差，路面难以压实，易出现早期松散破坏现象。

预防措施：采用针入度为60～70 dmm的70号沥青拌制沥青混合料。

使用白晶石含量、风化岩含量大（白晶石含量大于5%，风化岩含量大于5%）的石料对路面质量的影响：当石料中白晶石含量、风化岩含量大时，石料出现严重质量缺陷，其骨料强度低，抗荷载能力极弱，用其拌制的沥青混合料强度同样低，抗荷载能力弱，遇车载极易碎裂。

预防措施：加强石料的进场检查验收工作，保证石料质量满足沥青混合料的生产要求。石料中白晶石含量、风化岩含量大时一般不得用于拌制沥青混合料。

使用含泥量、泥块含量大（含泥量大于5%，泥块含量大于5%）的石料对路面质量的影响：当石料含泥量、泥块含量大时，其与沥青的黏结作用大大降低，极难粘牢，从而令拌制的沥青混合料黏附性差，路面强度低，遇车载极易剥落。

预防措施：加强石料的进场检查验收工作，保证石料质量满足沥青混合料的生产要求。石料含泥量、泥块含量大时一般不得用于拌制沥青混合料。

（4）沥青路面施工质量控制不严问题及处理措施

低温施工（沥青混合料施工现场气温低于5 ℃）易导致的质量问题：施工现场气温过低时，沥青混合料遇冷易发脆，其流动性变差，施工和易性差，沥青混合料表面极易形成"硬壳"，路面难以压实，沥青路面容易出现早期裂缝病害。

预防措施：杜绝低温施工，保证沥青混合料施工现场气温符合规范要求。

高温施工（沥青混合料施工现场气温高于40 ℃）易导致的质量问题：高温摊铺，沥青路面处于一种熔融状态，路面整体强度（骨架嵌挤及沥青黏结强度）还未真正形成。若过早开放交通，路面难以抵抗车辆荷载，极易出现沥青路面早期车辙、拥包现象。

预防措施：杜绝高温施工。开放交通时路表温度应低于规范要求，一般路面应低于50 ℃。

标高控制不严，路面结构层偏薄易导致的质量问题：只有当沥青路面结构层厚度大于相应混合料种类中公称最大粒径骨料的3倍以上时，才能保证公称最大粒径骨料有效悬浮或嵌挤入沥青层中，继而使沥青层路面结构成形，保证路面强度形成，才能有效承受车辆荷载。否则公称最大粒径骨料极易悬浮或汇聚在沥青层边界处，导致路面结构未成形，难以承受车载。遇车载时骨料经常被挤出，沥青路面易出现松散、坑槽破坏等问题。

预防措施：加强标高控制，保证路面结构层厚度符合要求（结构层厚度高于相应混合料种类中公称最大粒径的3倍以上）。

接缝处理不善（接缝不按规范要求处理）导致的质量问题：接缝、接茬处理不善，不按规范要求清除接缝处旧路面的松散颗粒、浮动层，未预热接缝处的旧路面，未涂刷粘层油，未进行接缝粗糙处理，摊铺后未及时碾压，均会导致接缝处产生质量缺陷，常见病害为接缝处出现裂缝。

预防措施：仔细操作，保证接缝坚实致密、连接平顺、线形顺直。

未洒布透层、粘层油（未按规范要求洒布透层、粘层油）对路面质量的影响：当沥青层与基层、水泥混凝土层、沥青层之间未按规范要求洒布透层、粘层油时，会导致沥青层与基层、水泥混凝土层、沥青层黏结薄弱不牢固，整个路面未能成为有效抵抗车载的整体。易被车载各个击破，在车辆高速行驶时其发生相对移动，从而出现沥青路面早期推移、拥包现象。

预防措施：应按规范要求洒布透层、粘层油，对光滑的水泥混凝土层还应进行凿毛处理，再洒布粘层油，保证沥青层与基层、水泥混凝土层黏结牢固。

作业面未检查验收，存在缺陷，导致一系列质量问题的产生：作业面强度不足，松散，积水，不平整，存在泥巴、泥块、浮渣层，出现弹簧土现象，作业面难以碾压，路面强度不能充分形成，表面遇水软化，板块整体性差，不能均匀承受路面荷载。沥青路面成形后，车辆荷载不均导致路面出现局部沉陷、裂缝，破坏进一步加剧会导致龟裂、板块开裂，甚至出现路面整体下陷现象。作业面抗水损冲刷能力往往较薄弱，当车轮荷载经过裂隙时，泥浆会从缝隙中射出，形成唧泥现象。从而使沥青路面出现松散、坑槽破坏等现象。

预防措施：加强作业面检查验收，当作业面质量不符合要求时，明确不具备施工条件的，不得铺筑沥青面层。

雨、雪、大风等恶劣天气施工（沥青混合料施工当日下雨、下雪、刮大风等恶劣天气）对路面质量的影响：雨雪水渗入沥青混合料，大风吹冷沥青混合料，导致沥青混合料温度迅速降低，从而降低了沥青黏结力，其黏附性差，路面难以压实，整体强度低。沥青变冷发脆，路面荷载承受能力减弱，沥青路面极易出现松散、遭受坑槽破坏等情况。

预防措施：加强沥青混合料的保温工作，如运料车加盖苫布，防雨雪防风防污染，杜绝在雨、雪、大风等恶劣天气施工。

摊铺、碾压不及时（摊铺后未及时进行碾压，沥青混合料碾压温度低于规范要求下限值）对路面质量的影响：沥青混合料摊铺后未及时碾压，沥青混合料会因等待时间过长而遇冷结块，沥青混合料黏附性差，路面难以压实，整体强度降低。从而使沥青路面出现早期松散、坑槽破坏等情况。

预防措施：加强摊铺、碾压质量控制，保证摊铺、碾压衔接紧密，连续施工。

§7 城市道路工程检测质量管理

质量是工程的生命，工程检测是质量管理的重要手段。客观、准确、及时地检测数据，真实记录工程实施过程，对于指导、控制工程建设，评定工程质量，保障工程质量起着举足轻重的作用。

7.1 工程质量检测概述

工程质量检测是指按照程序确定合格评定对象的一个或多个特性的活动，是确定质量特性的一项活动，其主要用于材料、产品或工程的施工过程。

7.1.1 工程质量检测的目的与意义

7.1.1.1 工程检测机构的定义及要求

工程检测机构是依法成立，依据相关标准或者技术规范，利用仪器设备、环境设施等技术条件和专业技能，对产品或者法律法规规定的特定对象进行检测的专业技术组织。向社会出具具有证明作用的数据的机构，视为工程检测机构，其检测人员必须掌握工程检测的基本理论、基本知识和基本技能。

7.1.1.2 工程质量检测的目的

质量是工程建设的生命，任何一个环节、任何一个部位出现问题，都会给工程带来严重后果，直接影响工程建设的使用效果，甚至导致返工重建，由此造成巨大的经济损失。因此，工程检测机构必须对工程项目进行质量检测，并准确评价工程的质量。

7.1.1.3 工程质量检测的意义

通过工程质量检测，评判原材料、成品以及半成品材料的合格情况，即通过对原材料、成品材料、半成品等试验项目进行检测，确定这些材料是否达到标准，能否用于施工，同时，采用定量的方法科学合理地评价工程施工质量。

城市道路工程质量检测技术是一门发展中的学科，它融检测基本理论、操作技能及道路工程相关学科基础知识于一体，是工程设计参数、施工质量控制、施工验收评定、养护管理决策及规范规程修订的主要依据。

7.1.1.4 工程质量检测的主要任务

在道路工程施工过程中，工程质量检测的主要任务是：为设计方案提供依据；对所用材料进行质量检测；对工程实体进行检测；对出现病害或损坏的工程进行检测，并制订维修评估方案。

7.1.2 工程质量检测工作基本要求

7.1.2.1 符合基本流程的要求

（1）任务受理

客户委托检测任务，由收样室统一受理，在受理检测业务时，确定检测依据和检测费用，商定检测时限及其他特殊要求。

（2）试样接收与保管

试样应统一接收，并要求试样的包装、标志及外观完好，签封有效。

（3）试样的标识

根据有关信息确定试样的唯一性编号，并将唯一性编号固定在试样上，隐去试样的生产单位、委托单位、商标等信息。

7.1.2.2 掌握检测知识及技能的要求

检测前应确定检测方法，编制作业指导书。

检测时要注意检查试样是否异常，测量设备是否正常完好，其校准状态标识是否有效，并做好相关的记录。

做好环境监控记录。检测人员持证上岗。检测人员应正确操作测量设备，并如实记录原始观察数据或现象。

检测数据处理结果应进行检查复核。

当检测过程发生异常时，在保证人员、测量设备、样品安全的情况下，分析确定是否停止检测工作。在确认设备、样品均正常后，应对保存下来的检测结果进行分析，若有效则可予以采用，并继续进行检测；若无效，对于可恢复的检测，应重新安排检测，对无法恢复的检测，应启动备样进行检测。

7.1.2.3 现场检测作业的要求

现场检测应由两名以上持证人员进行。检测人员在检测前应对现场检测环境条件进行必要的监控和记录，确保符合标准要求。

检测人员应检查测量设备的完好性和有效性。现场检测必须按有关标准和作业指导书的要求进行，并认真填写检测原始记录。

现场检测必须保证检测和样品的保密性，应对检测现场做必要的隔离。检测人员应全过程参与检测，不得擅离职守，不能由其他人员代为检测。检测过程中需离开检测现场时，应记录已检测的结果，并对检测现场做有效的签封。

检测结束后，由检测人员进行现场封样，直至样品留存期满。

7.1.2.4 编制检测报告的要求

根据原始记录编制检测报告，检测报告由部门负责人审核，经审核的检测报告由授权签字人批准签发。

经批准的报告，加盖印章后发放检测报告，用户凭相关有效证件（如送样单、送样证、身份证等）领取检测报告。原始记录和检测报告副本须进行存档，存档期限为6年。

检验后样品在保存期内按要求进行保存，超过保存期后才能处理。从提出检测报告或提出总结的日期算起，一般保存一个月。

各种样品管理表格等资料一般保存三年，到期须作废处理的，由样品管理员造册登记，技术负责人审核，总经理批准后销毁。

7.2 工程质量检测管理

7.2.1 政府主管部门的管理规定及新的监管手段的实施

国家认证认可监督管理委员会负责检验检测机构资质认定的统一管理、组织实施、综合协调工作。各省、自治区、直辖市人民政府质量技术监督部门负责所辖区域内检验检测机构的资质认定工作。县级以上人民政府质量技术监督部门负责所辖区域内检验检测机构的监督管理工作。

浙江省质量技术监督局作为管理质量、标准化、计量、认证认可、特种设备安全监察工作并行使执法监督职能的省政府直属机构，依法对检验机构的资质资格进行认定和监督管理。杭州市质量技术监督局负责生产领域产品质量监督工作，制定并组织实施全市产品质量监督相关政策、措施；管理产品质量监督检查工作。杭州市建设工程质量安全监督站受建设行政主管部门委托，负责监督工程参建各方主体质量行为、工程实体质量和各类建设产品质量。省、市监督机构以监督检查为主要手段对检测机构的资质符合性、管理体系有效性和检测工作合规性进行监督管理。

《浙江省建设工程质量检测管理实施办法》规定，工程质量检测机构必须符合制度、资金、场地、设备、人员及基本检测项目的最低配置要求；《检验检测机构资质认定评审准则》明确其法律地位、人员、场所、环境、设备、管理体系的具体要求。

杭州市建设工程质量安全监督站及检测行业协会，为履行"监督工程参建各方主体质量行为、工程实体质量和各类建设产品质量"的法定职责，在"互联网＋"等网络技术背景下，创新监管手段，充分调动检测机构自我管理的积极性，积极推进检测系统软件与二维码防伪标识在检测机构中的应用，确保检测数据与结果的真实性、客观性。

采用检测系统软件，可在收样环节保证试样收样规范、工程信息准确；在检测环节保证设备检测数据及时保存，杜绝人为影响，并第一时间上传检测数据和养护室环境数据到质监站等主管部门，接受监督管理；在检测报告出具环节，可按规范要求自动计算检测结果，并判定该结果合格与否，最大限度减少人为干扰。

使用二维码防伪标识，保证每个检测数据（每份检测报告）即时可查，杜绝检测报告造假与仿冒等情况的出现。

7.2.2 检测机构管理体系的建设

7.2.2.1 依法成立检测机构

依法成立检测机构，依据相关标准或技术规范，采用仪器设备、环境设施等技术条件和专业技能，对产品或者法律法规规定的特定对象进行检测，向社会出具具有证明作用的数据。

7.2.2.2 建设质量管理体系

质量管理体系是检测机构在质量方面指挥和控制组织的管理体系。它将资源与过程结合，以过程管理方法进行系统管理，是组织建立质量方针和质量目标以及实现这些目标的过程中出现的互相关联或互相作用的要素的组合。建设质量管理体系是组织的一项战略决策，能够帮助其提高整体绩效，为推动其可持续发展奠定良好的基础。

7.2.2.3 编制质量手册与程序文件

质量手册是阐明一个组织的质量方针并描述其质量体系的文件。程序文件是规范检测机构质量活动方法和要求的文件，是质量手册的支撑性文件，为检测机构管理体系中所有活动的开展提供方法和指导，分配具体的职责和权限。

7.2.2.4 开展内部审核与管理评审工作

内部审核与管理评审是两项提纲挈领式的重点工作，它们分别从检测机构质量体系的操作层面与管理层面保证了质量体系及质量活动的持续有效与合规。

（1）内部审核

内部审核用来验证质量活动是否持续符合评审准则和管理体系文件的要求，并为持续改进、完善管理体系提供依据。编制年度内部审核计划，保证年度内一次或多次涉及管理体系的全部要素，覆盖与质量职责有关的所有检测工作。同时，考虑以往内审和外部评审的结果，以及纠正措施的验证情况，须加强审核频次和力度。其内容包括审核要素、涉及的部门，审核频次和审核方式，审核时间等。

（2）管理评审

管理评审用来评审管理体系的适宜性、充分性、有效性，不断改进与完善管理体系，确保质量方针、目标的实现，满足客户要求。根据管理体系运行情况、内外环境变化及客户需求的变化等因素适时制订管理评审计划。管理评审的时间间隔一般不超过12个月。

管理评审所考虑的内容一般为：质量方针、质量目标和程序的适用性；管理人员和监督人员对一年中的管理与监督情况的报告；近期内部审核结果及其情况的报告；纠正措施和预防措施执行情况的报告；由外部机构进行的评审结果报告；实验室比对结果的报告；工作量和工作类型的变化分析与对策报告；对客户反馈意见的汇总分析报告；客户投诉及其处理结果汇报；其他相关因素，如质量控制活动、资源充分性、员工培训教育状况分析等。

7.2.3　检测机构的自主质量管理

按照检测机构质量手册与程序文件的要求，工程检测机构的自主质量管理包括涉及"人、机、料、法、环"的方面、质量监督、能力验证、内部审核、管理评审及信息化等重点内容。

7.2.3.1　制订人员培训计划

制订年度培训计划，并在相应计划时间内完成各类培训。培训计划可根据岗位需要，一般分为岗前培训、岗位培训、停岗培训与适时培训，并对培训有效性进行评价。

7.2.3.2　编制设备管理台账

设备管理台账应包括申购、购置、验收、建账、建档、标识、领用、使用、停用、维修、报废、保养、外借等全过程的内容。应在"测量设备管理台账"中记录所发现的异常情况或故障，组织维修、经检定符合技术要求，以及可使用等内容，保持检定或校准的状态。

7.2.3.3　样品管理

为保证检测受理按规定程序进行，确保检测样品的有效完整、不混淆，须制定样品管理程序。样品管理员应进行"样品包装和标志及外观是否完好"等符合性检查，检查完毕后，应根据"检测委托单"和"样品登记台账"的有关信息确定样品唯一性编号 。检测样品分为"待检""检毕""留样"三种状态。

样品管理员将样品唯一性标识粘贴在样品上。样品唯一性标志应明示在样品较醒目且不影响正常检测的位置。在检测过程中需对样品进行标识转移的，检测人员应根据检测状态及时地在样品标识上的样品状态框中做相应的标记。现场检测的样品由检测人员进行样品确认，样品编号、详细情况应记录于检测原始记录中，样品的接收及退样应有相应的记录。

7.2.3.4　环境管理

根据检测标准、规范等技术文件，考虑影响检测的环境因素，配备必要的温度、湿度、通风、采光、供电、振动、噪声、电磁辐射、微生物、粉尘、放射性、有害有毒气体的控制设施及监控设施。在现场检验活动中，注意现场环境条件是否满足测量设备的使用条件。为保障检测场所环境条件满足检测标准和测量设备使用要求，确保检测结果准确、可靠，须建立环境控制及保护管理程序。

7.2.3.5 质量监督管理

企业每年应制订质量监督的具体年度计划，并选择熟悉检测方法和程序、了解检测工作目的、能正确评价检测结果的人员担任质量监督员。企业应至少配置2名质量监督员，并由企业正式发文任命。质量监督员应对"检测方法选择的正确性，检测样品的符合性和有效性，检测人员上岗资格符合性，检测所用测量设备的符合性、正常性，检定、校准状态有效性"等内容进行质量监督。

制订"检测有效性质量监控计划"。

在确定质量监控环节和具体要求时，应着重选择新开展的、有新人员上岗的、技术难度较大的、测量设备变更或性能不稳定的、存在客户对检测结果投诉的、发生过重大质量事故的以及能够选择确定的方法进行质量监控的项目或参数。

在确定质量监控所采用的方法时，应选择最适合质量监控目的，所得数据的记录方式便于发现数据发展趋势，适合所开展质量监控的对象的技术原理和特性的现实可行的方法；如可行，应采用统计技术对结果进行审查。

编写《年度质量监控活动评价报告》，评审全年验证比对工作的有效性，提出相关改进意见，为下一年度"检测有效性质量监控计划"的实施打好基础。

7.2.3.6 能力验证

根据相关规定及企业的检测能力和工作需要，编制能力验证计划，并按计划及时联系有资质的机构实施。收到外部实验室能力验证计划的通知后，应根据通知的要求组织检测部门开展能力验证活动，组织本部门检测人员做好比对的准备工作，并严格按能力验证要求和工作程序进行，同时安排质量监督员对检测过程开展质量监督。

7.2.3.7 自我诚信管理

根据《检验检测机构资质认定评审准则》等法规的要求，工程检测机构应建立和运行维护其公正性和诚信的程序。检测机构及其人员应不受来自内外部的不正当的商业、财务和其他方面的压力的影响，确保检测数据的真实、客观、准确和可追溯。

不得聘用同时在两个及两个以上检测机构从业的人员。

按岗位职责的要求规范检测行为，避免卷入任何可能降低技术能力、公正性、判断或运作诚实性的信任程度的活动，必须尊重、保护客户的知识产权，检测人员不得参与被检测样品的研究、开发、设计、制造工作。

秉公办事，以数据说话，做出独立、公正的判断。

根据需要设置检测工作的监督人员，保护客户的所有权和机密，确保检测的公正性、独立性和诚实性。

7.3 现场质量检测质量控制

7.3.1 现场质量检测数据的分类

根据现场质量检测的特点，可以将质量检测数据分为计量值数据和计数值数据。

（1）计量值数据

计量值数据是可以连续取值的数据，属于连续型变量。其特点是在任意两个数值之间都可以取精度较高一级的数值。它通常由测量得到，如重量、强度、几何尺寸、标高、位移等。此外，一些属于定性的质量特征，可由专家主观评分、划分等级而使之数量化，得到的数据也属于计量值数据。

（2）计数值数据

计数值数据是只能按0，1，2，……数列取值的数据，属于离散型变量。它一般由计数得到。计数值数据又可分为计件值数据和计点值数据。

计件值数据表示具有某一质量标准的产品个数。如总体中合格品数、一级品数。

计点值数据表示个体（单件产品、单位长度、单位面积、单位体积等）上的缺陷数、质量问题点数等。

7.3.2 压实度检测质量控制

大量工程实践表明，路面压实度是非常重要的质量指标，一般情况下，早期损害的发生大多与压实度有关。

7.3.2.1 压实度的相关基本知识

（1）压实度的概念

压实度是城市道路工程的压实质量控制指标。现场压实质量用压实度衡量，用压实度来表示现场压实后的密实状况：压实度越高，密度越大，材料整体性能就越好。

对于半刚性基层及粒料类柔性基层而言，压实度是指工地上实际达到的干密度与室内标准击实试验所得到的最大干密度的比值，用百分数表示。

对沥青面层、沥青稳定基层而言，压实度是指现场达到的密度与室内标准密度的比值，用百分数表示。

（2）路基土室内标准密度的确定

根据试验数据分析，从理论上判定土的种类，剔除不合格的土质。之后，通过土的重型击实试验，绘出填方用土的干密度与含水量关系曲线，以便确定各类型土的最大密度和达到最大干密度的最佳含水量。

由于土的性质、颗粒不同，确定最大干密度的方法也有所区别。路基土最大干密度试验方法主要有击实法、振动台法和表面振动压实仪法。对于细粒土、砂类土和砾石土，不论采用何种碾压机械，事前必须将该类土壤的含水量控制在最佳含水量±2%以内进行压实。

（3）路面基层材料室内标准密度的确定

常见的路面基层材料包括半刚性基层及粒料基层，粒料基层的最大干密度的确定可参照粗粒土和巨粒土的振动法。半刚性基层材料按照《公路工程无机结合料稳定材料试验规程》（JTG E51—2009）执行，用标准击实法求得。但当粒料含量高（50%以上）时，击实法得出的最大干密度并不标准，此时应采用理论计算或振动击实法确定最大干密度的数值。

（4）沥青混合料室内标准密度的确定

沥青混合料室内标准密度的确定，按《公路沥青路面施工技术规范》（JTG F40—2004）附录E的规定，有三种标准密度：一是当天的马歇尔试验的试件密度；二是试验路段的密度；三是每天实测的最大理论密度。在进行密度试验时应根据混合料本身的特点，选择水中重法、表干法、蜡封法或体积法。在进行压实度试验时，可根据实际需要选用其中1~2种作为钻孔法检测压实度的标准密度。

（5）选择现场密度检测的方法

现场密度检测方法，主要包括灌砂法、环刀法、核子密度仪法和钻孔法四种。选用时各有其适用的范围，应严格区分，以保证数据的正确性。

7.3.2.2　灌砂法测定压实度的控制要点

灌砂法适用面非常广，该种方法测量精度高，准确性好，在现场测定细粒土、砂类土和砾类土的密度时被广泛采用，且在检测过程中，储砂筒中的标准砂处于相对封闭状态，不受风的影响。

（1）灌砂法原理及适用范围

该方法是利用粒径0.30～0.60 mm清洁干净的均匀标准砂，从一定高度自由下落到现场土层所挖的试洞中，测量标准砂填满试洞时，落入试洞中标准砂的质量，按室内试验标定的标准砂的密度来计算试洞的体积，通过检测试洞中挖出土样的含水率和质量来推算出土层的干密度。灌砂法适用于在现场测定基层（或底基层）及路基上各种材料的压实度。

（2）现场测定压实度的控制要点

灌砂法实际操作时常常不易掌握，人为因素影响较大，会引起较大误差，因此应严格遵守测试的每个细节，以提高测试的精度。

选择灌砂筒。灌砂筒有大小两种，当集料的最大粒径小于13.2 mm，测定层厚度不超过150 mm时，宜采用直径为100 mm的小筒测试；当集料的最大粒径大于或等于13.2 mm，但不等于31.5 mm，测定层厚度超过150 mm，但不超过200 mm时，宜采用直径为150 mm的大筒测试。

试洞的深度每减2.5 cm，砂的密度约降低1%。因此，现场挖试洞时要保证试洞的深度与标定标准砂时标定罐的深度相同。

储砂筒中砂面的高度每降低5 cm，砂的密度约降低1%。因此，现场测量时，储砂筒中的砂面高度应与标定标准砂密度时储砂筒中的砂面高度一致。

砂的成分和含水率对试验结果的精度有很大影响。在测量时一定要保证砂的清洁干燥。使用过的砂在第二次使用之前一定要过筛烘干。

7.3.2.3　环刀法测定压实度的控制要点

环刀法只能用于测定细粒土的密度，该种方法简便准确，是室内和野外都可采用的一种方法。其缺点是当环刀压入土时，土样会受到扰动，从而使测量结果偏大。

（1）环刀法测定原理及适用范围

环刀法测密度时应根据路基土的填筑厚度和土粒粒径选择相应体积的环刀，清除测定点的浮土，将环刀垂直压入土中，当环刀内部压满土时，沿环刀四周将其轻轻挖出，刮去刀刃部多余的土，保证环刀内部土的体积恰好等于环刀的体积，称量计算出环刀内部土的质量，除以环刀的体积，从而得到检测点土的密度。根据室内击实试验测得的最大干密度，可计算出路基填土的压实度。

（2）现场测定压实度的控制要点

最后一次锤击压环时施加的力要适度，如果偏大，会造成对环刀中的土样二次压实，导致被测土的密度比实际的大。

称量土和环刀的质量时，天平的感量要在0.1 g以上，且在现场称量过程中应选在背风处，避免风的影响。

现场快速测定含水率的结果比实际的要偏大。因此，在搅拌燃烧土样时，要注意背风，燃烧完毕，应将搅拌棒上的黏附土刮入干燥后的土样中，避免引起过多损失。

7.3.2.4 核子仪法测定压实度的控制要点

核子仪法在检测过程中速度较快，检测人员的劳动强度较低，检测时对路基的原状结构不产生扰动，因此检测精度较高，且各类土的密度均可检测。

（1）核子仪法测定原理及适用范围

核子仪法是利用放射性元素测定土或路面材料密度和含水量，并计算施工压实度的一种测量方法。影响核子仪检测结果的关键因素是探测器接收放射线数量的多少，同时它又受到检测土层的深度和仪器精度的影响。该方法适用于施工质量的现场快速评定，不宜作为仲裁试验或评定验收的依据。

（2）现场测定压实度的控制要点

检测点的位置应选择在地表平坦处，打测孔时，必须保证测孔的垂直度，测孔深度以检测厚度为准。测试时钢钎应轻轻砸入，垂直旋转拔出，避免晃动钢钎引起测孔处材料松散，从而使测得的压实度偏低。

因测量密度时辐射源所发出的射线射向手柄方向，为提高测量结果的精度，每测点在垂直90°的四个方向做四次测量，取其平均值作为该点的最终压实度。

7.3.2.5　钻孔法测定沥青路面面层压实度的控制要点

钻孔法适用于检验从压实的沥青路面上钻取的沥青混合料芯样试件的密度，以评定沥青混凝土面层的施工压实度。

该方法是测定路面面层压实度常用的方法，以每车道每200 m测定一点。钻取芯样试件时，直径一般不小于 100 mm，对于有多个结构层组成的试件，应根据组合情况沿结合面进行分层。

清除附在试件周围的粉尘、小颗粒及松动的颗粒，让其干燥至恒重再称取在空气中的质量。

试件毛体积相对密度通常用表干法测定，对于吸水率大于2%的试件，应采用蜡封法测定，对于吸水率小于0.5%的试件采用水中重法测定。

7.3.3　弯沉值检测质量控制

通过道路表面弯沉测定估算路面的结构承载能力，弯沉值从整体上反映了路面各层次的整体强度。

7.3.3.1　弯沉的基本知识

弯沉值表示路基路面的承载能力，弯沉值越大，承载能力越小，反之则承载能力越大。通常所说的弯沉值是指标准后轴载双轮组轮隙中心处的最大回弹弯沉值。它不仅用于路面结构的设计中（设计回弹弯沉），用于施工控制及施工验收中（竣工验收弯沉值），同时还用在旧路补强设计中，是道路工程的一个基本参数，所以对其正确地测试控制具有重要的意义。

（1）弯沉的概念

弯沉是指在规定的标准轴载作用下，路基或路面表面轮隙位置产生的总垂直变形（总弯沉）或垂直回弹变形值（回弹弯沉），以0.01 mm为单位。

（2）设计弯沉值

根据设计年限内一个车道上预测通过的累计当量轴次、道路等级、面层和基层类型来确定路面弯沉设计值。

（3）竣工验收弯沉值

竣工验收弯沉值是检验路面是否达到设计要求的一个指标。当路面厚度计算以设计弯沉值为控制指标时，则验收弯沉值应小于或等于设计弯沉值；当厚度计算以层底拉应力为控制指标时，应根据拉应力计算所得的结构厚度，重新计算路面弯沉值，该弯沉值即为竣工验收弯沉值。

7.3.3.2 弯沉值检测类型及适用范围

弯沉值检测频率为每车道每20 m抽检1点，其检验方法可采用贝克曼梁法、落锤式弯沉仪法及自动弯沉仪法。

（1）贝克曼梁法

用贝克曼梁法测定路基路面的回弹弯沉值，以检查路基路面的强度，反映其承载能力。该法属静态弯沉测试法，是传统的弯沉测定方法，其检测速度慢，检测效率不如自动弯沉仪法和落锤式弯沉仪法高。该方法可用于低等级路面弯沉值测定。其主要要求如下：

每一双车道评定路段不超过1 km，检查80～100个点，根据公式计算代表值、平均值、标准差等。弯沉代表值不大于设计要求的弯沉值时合格，大于时不合格。

测试时，梁的测头穿过测定车后轴双轮轮隙，置于车轮前方3～5 cm的路面测点上。梁在后三分点处通过支点承于底座上，梁的另一端架设一个百分表，以测定端头的升降量。车辆缓缓向前行驶，车轮经过端头时，读取百分表的最大读数；车辆驶离后，再读取百分表的读数；两者差值的两倍即为路表面的回弹弯沉值。

（2）自动弯沉仪法

自动弯沉仪法是利用贝克曼梁原理快速测定，属于静态测试范畴，可连续进行弯沉值测定，并自动记录结果。该方法适用于城市各级道路路面弯沉值的快速测定。

测量时，车辆以匀速行驶，行驶速度在3.5 km/h±0.5 km/h的范围内，每天约可测定30 km，测量精度为0.01 mm左右（弯沉在0～10 mm范围内）。

（3）落锤式弯沉仪法

落锤式弯沉仪法又称FWD检测技术，属动态测试，适用于城市快速路和主干路的长距离、连续性的路面弯沉值测定。

采用该方法应与贝克曼梁法做对比性试验，建立落锤式弯沉仪测定值与贝克曼梁弯沉仪测定值之间的相关关系式，把落锤式弯沉仪测定值换算为贝克曼梁弯沉值，用以评定路面承载能力。相关系数R不小于0.95。

检测时，落锤式弯沉仪（FWD）所产生的脉冲力可较好地模拟行车荷载对路面的作用并施加动态荷载，可以准确地测出多点弯沉，方便地测定弯沉曲线。测试过程无破损，可进行多级加载。

落锤式弯沉仪将50～300 kg质量从4～40 cm的高度落下，作用于弹簧和橡皮垫上，通过30 cm直径承载板传给路面半正弦脉冲力。通过改变落锤的质量和落高，可以施加不同级位的荷载。

利用沿荷载轴线间隔布置的速度传感器，可以量测到各级动荷载作用下的路表面的弯沉曲线。

7.3.3.3 弯沉值的检测控制要点

弯沉值的测试方法较多，目前用得最多的是贝克曼梁法。该方法适用于测定各类路基、路面的回弹弯沉值，用以评定其整体承载能力。

（1）准备工作

检查并保持测定用车的车况及刹车性能良好，轮胎符合规定充气压力。

向汽车装载铁块或集料，并用地中衡称量后轴总质量，须符合轴重规定。

在硬质路面上用千斤顶将汽车后轴顶起，在轮胎下方铺一张新的复写纸，轻轻落下千斤顶，即在方格纸上印上轮胎印痕，用求积仪或数方格的方法测算轮胎接地面积，精确至0.1 cm²。

检查弯沉仪百分表测量灵敏情况，用路表温度计测定试验时气温及路表温度（一天中气温不断变化，应随时测定），并通过气象台了解前5天的平均气温（日最高气温与最低气温的平均值）。

记录路基、路面修建或改建时材料、结构、厚度、施工及养护等的情况。

（2）测试步骤

弯沉仪可以是单侧测定，也可以双侧同时测定。其测试步骤如下：

在测试路段布置测点，其距离随测试需要而定，测点应在路面行车车道的轮迹带上，并用白油漆或粉笔画上标记。

将试验车后轮轮隙对准测点后约3～5 cm处的位置上。

将弯沉仪插入汽车后轮之间的缝隙处，与汽车方向一致，梁臂不得碰到轮胎，弯沉仪测头置于测点上（轮隙中心前方3～5 m处），并安装百分表于弯沉仪的测定杆上，百分表调零，用手指轻轻叩打弯沉仪，检查百分表是否稳定回零。

测定者吹哨发令指挥汽车缓缓前进，百分表随路面变形的增加而持续向前转动。当表针转动到最大值时，迅速读取初读数。汽车仍在继续前进，表针反向回转，待汽车驶出弯沉影响半径（3 m以上）后，吹口哨或挥动红旗指挥停车。待表针回转稳定后读取终读数。汽车前进的速度宜为5 km/h左右。

（3）弯沉仪的支点变形修正

测定时，弯沉仪支座处可能引起变形，因此应检验支点有无变形。

将另一台检验用的弯沉仪安装在测定用的弯沉仪的后方，其测点架于测定用弯沉仪的支点旁。

当汽车开出时，同时测定两台弯沉仪的弯沉读数，如检验用弯沉仪百分表有读数，即应该记录并进行支点变形修正。

当在同一结构层上测定时，可在不同的位置测定5次，求平均值，以后每次测定时以此作为修正值。

当采用长5.4 m的弯沉仪测定时，可不进行支点变形修正。

（4）结果计算

计算测点的回弹弯沉值，其弯沉代表值小于设计弯沉值时得满分，大于设计弯沉值时得零分。

7.3.4 平整度检测质量控制

平整度是指以规定的标准量规，间断或连续地量测路表面的凹凸情况，即不平整度的指标。它是评定路面使用质量、施工质量及现有路面破坏程度的重要指标之一。常用检测方法为3 m直尺法、连续式平整度仪法、车载式颠簸累积仪法和车载式激光平整度仪法四种。

7.3.4.1 3 m直尺法测定平整度

（1）基本原理

将底面平直的3 m直尺摆在凹凸不平的测试路段上，由于路的表面高低不平，故与直尺基准面间存在间隙，用有高度标记的楔形塞尺测量出路表面与直尺基准面间的最大间隙，即为路基路面的平整度指标，以毫米计。

（2）测试控制要点

该方法适用于交通量较小的次干路和支路，每200 m至少检查2处，每处连续测量10尺，取其平均值。

每个检测单元测点不少于20个。除特殊需要外，通常以行车道一侧车轮轮迹（距车道线80～100 cm）作为连续测定的标准位置。

对已形成车辙的旧路路面，应取车辙中间位置为测定位置，用粉笔在路面上做标记。

7.3.4.2 连续式平整度仪法测定平整度

（1）基本原理

测定轮上装有位移感应器，自动采集位移数据，测定间距为10 cm，每一计算区间的长度为100 m，每100 m输出一次结果。当为人工检测，无自动采集数据及计算功能时，须记录测试曲线。采用连续式平整度仪测试路面的不平整度的标准差，以评定路面的平整度，单位以毫米（mm）计。

（2）测试控制要点

该方法适用于城市各级道路，不适用于已有较多坑槽、破损严重的路面上的测定。

每200 m至少检查2处，每处连续测量10尺，取其平均值。每个检测单元测点不少于20个。可采用显示、记录、打印或绘图等方式输出测试结果。

牵引平整度仪的速度应均匀，速度宜为5 km/h，最大不得超过12 km/h。在测路段较短时，亦可用人力拖拉平整度仪测定路面的平整度，拖拉时应保持匀速前进。

测试路段路面和测试地点，同3 m直尺法。通常以行车道一侧车轮轮迹带作为连续测定的标准位置。对已形成车辙的旧路路面，取一侧车辙中间位置为测定位置。当以内侧轮迹带（IWP）或外侧轮迹带（OWP）作为测定位时，测定位置距车道标线80～100 cm。

按每10 cm间距采集的位移值自动计算100 m计算区间的平整度标准差。可记录测试长度、曲线振幅大于某一定值（3 mm、5 mm、8 mm、10 mm等）的次数、曲线振幅的单向（凸起或凹下）累计值及以3 m机架为基准的中心路面偏差曲线图，并打印输出。

当为人工计算时，在记录曲线上任意一点设一基准线，每隔一定距离（以1.5 m为宜）读取曲线偏离基准线的偏离位移值。

7.3.4.3 车载式颠簸累积仪法测定平整度

（1）基本原理

车载式颠簸累积仪法适用于大范围内的路面平整度快速测定。测试路段标准的计算区间长为100m，根据要求也可为200 m、300 m、400 m、500 m、600 m、700 m、800 m、900 m、1 km等，测试时选择其中的一种。

该方法是测量车辆在路面上通行时后轴与车厢之间的单向位移累计值VBI，表示路面的平整度，按照相关性标定试验得到的相关关系式，并以100 m为计算区间换算成σ（路面不平整度标准差，以mm计）或IRI（国际平整度指数，以m/km计）。VBI越大，说明路面平整性越差，人乘坐汽车时越不舒适。

（2）测试控制要点

仪器的主要技术性能指标如下：测试速度30～80 km/h；最小读数1 cm；最大测试幅值±20 cm；最大显示值9999cm；系统最高反应频率5 kHz；使用环境温度0～60 ℃；使用环境相对湿度小于85%；连续开机8h漂移小于±1cm。

仪器安装应准确、牢固、便于操作。

所测定的VBI值与其他平整度指标（如连续式平整度仪测出的标准差、国际平整度指数IRI等）进行换算时，将测试值与相关的平整度仪测量结果建立相关关系，相关系数不得小于0.90。

以精密水准仪作为标准工具确定IRI值，分别测量标定路段两个轮迹的纵段高程，采样间隔为250 mm，高程测试精度为0.5 mm；采用计算程序对每个轮迹的纵断面测量值进行模型计算，得到该轮迹的IRI值。两个轮迹IRI值的平均值即为该路段的IRI值。

7.3.4.4 车载式激光平整度仪法测定平整度

（1）基本原理

该方法适用于无严重坑槽、车辙等病害及无积水、积雪、泥浆的正常通车条件下连续采集路段平整度的测定。测试速度30～100 km/h；采样间隔小于500 mm；传感器测试精度0.5 m；距离标定误差小于0.1%；系统最高反应频率5 kHz；系统工作环境温度0～60 ℃。

（2）测试控制要点

测试车停在测试起点前50～100 m处，启动平整度测试系统程序。

测试车的车速在50～80 km/h之间，避免急加速和急减速，急转弯路段应放慢车速，沿正常行车轨迹驶入测试路段。在测试过程中特殊路段必须注明起点和终点。

计算路面相对高程值，应以100 m为计算区间长度用IRI的标准计算程序计算IRI值，单位以m/km计。

7.3.5 回弹模量检测质量控制

7.3.5.1 回弹模量的定义

回弹模量是指路基、路面及筑路材料在荷载作用下产生的应力与其相应的回弹应变的比值。土基回弹模量表示土基在弹性变形阶段内，在垂直荷载作用下，抵抗竖向变形的能力，即：垂直荷载一定时，土基回弹模量值越大则产生的垂直位移就越小；竖向位移一定时，回弹模量值越大，则土基承受外荷载作用的能力就越大。

土基回弹模量的大小直接影响路面设计的厚度，取值过大，结构层厚度偏小，否则厚度偏大。因此，土基的回弹模量是道路设计中一个必不可少的参数。同时，回弹模量作为道路工程质量检测评定的一项指标，对于控制施工质量起着重要作用。

7.3.5.2 土基现场CBR检测方法

（1）基本原理

路基施工现场，用载重汽车作为反力架，通过千斤顶连续加载，使贯入杆匀速压入土基。为了模拟路面结构对土基的附加应力，在贯入杆位置安放荷载板。路基强度越高，贯入量为25 mm或50 mm的荷载越大，即CBR值越大。

（2）测试控制要点

在以测点为圆心、直径约为30 cm的范围内的表面找平。

安装现场测试装置，使贯入杆与土基表面紧密接触。

起动千斤顶，使贯入杆以1 mm/min的速度压入土基，记录不同贯入量及相应荷载。贯入量达7.5 mm或12.5 mm时结束试验。

卸载后在测点取样，测定材料含水量。

在测点旁用灌砂法或环刀法等方法测定土基的压实度。

绘制荷载压强、贯入量曲线，必要时进行原点修正。应当注意，公路现场条件下测定的CBR值，因土基的含水量和压实度与室内试验条件不同，也未经泡水，故与室内试验CBR值不一样。应通过试验，寻找两者之间的关系，换算为室内试验CBR值后，再用于路基施工强度检验或评定。

7.3.5.3 承载板检测方法

（1）基本原理

承载板法采用刚性承载板，通过逐级加载卸载的方式，测定土基回弹模量，结果可在以弹性理论为基本体系的各种路面结构设计方法中应用。

（2）测试控制要点

根据需要选择有代表性的测点，测点应位于水平的路基上，土质均匀，不含杂物，土基表面平整，一般撒干燥洁净的细砂填平土基凹面即可，避免土基表面形成一层细砂。

安置承载板，并用水平尺进行校正，使承载板处于水平状态。

确定应力控制的分级，一般在加载上限的基础上等分5个子级。

按逐级加载卸载方法进行荷载分级，测出每级荷载下相应的土基回弹变形值，排除显著偏离的回弹变形异常点，绘出荷载P与回弹变形值L的P—L曲线。

如曲线的起始部分出现反弯则修正原点后，在曲线上取各级荷载和回弹变形，按线性回归方法计算土基回弹模量。

7.3.6 路面抗滑性能检测质量控制

路面抗滑性能是指车辆轮胎受到制动时沿表面滑移所产生的摩擦力。轮胎与地面之间的摩擦力是汽车驱动力的来源，轮胎与地面之间的摩擦因素是衡量路面抗滑性能的重要指标。其检测可采用摩擦系数测定车法、摆式仪法、手工铺砂法、电动铺砂法和激光构造深度仪法。

7.3.6.1 摩擦系数测定车法（SCRIM）

（1）基本原理

摩擦系数测定车法是以标准摩擦系数车测定沥青路面或水泥混凝土路面的横向力系数，其测试结果作为评定路面抗滑能力的依据。适用于城市快速路、主干路路面抗滑性能检测。

路面摩擦系数是反映路面在较高速行车条件下的抗滑综合指标。横向摩擦系数SFC为试验轮胎受到侧向摩阻力除以作用在试验轮上的载重，以此表示路面抗滑性能，其计算公式：

$$SFC = Fs / W$$

式中：Fs——作用在试验轮胎上的侧向摩阻力，N；W——作用在轮胎上的垂直荷载，N。

（2）测试控制要点

选择均匀而平直的路段作为测试路段。

测试前约1 min开始用装在试验轮前方的喷嘴洒水。

由力传感器连续记录下的侧向摩阻力和第五轮仪记录下的行驶速度，可以得到该测试路段的侧向力系数和测试速度。

根据需要确定采用连续测定或断续测定，以及每公里测定的长度。

选择并设定"计算区间"，即输出一个测定数据的长度。标准的计算区间为20 m，根据要求也可选择为5 m或10 m。

7.3.6.2 摆式仪法

（1）基本原理

采用摆式仪测定沥青路面或水泥混凝土路面摆值（BPN），用以评定路面在潮湿状态下的抗滑能力。其原理是摆式仪的摆锤底面装有一块橡胶滑块，当摆锤从一定高度自由下摆时，滑块面同测试点表面接触。由于两者间的摩阻而损耗部分能量，使摆锤只能回到一定高度。回摆高度越小，则反映路表面的摩擦阻力越大。

（2）测试控制要点

测点应选在行车车道的轮迹带上，距路面边缘不应小于1 m，并用粉笔做出标记。测点位置宜紧靠铺砂法测定构造深度的测点位置，并与其一一对应。

每200 m测1处，同一处平行测定不少于3次，3个测点均位于轮迹带上，测点间距3～5 m，每一测点重复操作5次，并读记每次测定的摆值。5次数值中最大值和最小值的差值不得大于3BPN。如差值大于3BPN，应检查产生的原因，并再次重复各项操作，至符合规定为止。取5次测定的平均值作为每个测点路面的抗滑摆值（即摆值F_B），取整数。

在测点位置上用路表温度计测记潮湿路面的温度，准确至1℃。

抗滑值的温度修正。当路面温度为T（℃）时测得的摆值为F_{BT}，必须换算成标准温度20℃的摆值F_{B20}：

$$F_{B20} = F_{BT} + \triangle F$$

式中：F_{B20}——换算成标准温度20℃时的摆值（BPN）；

F_{BT}——路面温度T时测得的摆值（BPN）；

T——测定的路表潮湿状态下的温度（℃）；

$\triangle F$——温度修正值，按表7-1采用。

表7-1 温度修正值

温度T（℃）	0	5	10	15	20	25	30	35	40
温度修正值$\triangle F$	-6	-4	-3	-1	0	+2	+3	+5	+7

7.3.6.3 手工铺砂法

（1）基本原理

将已知体积的砂，摊铺在所要测试的路表的测点上，量取摊平覆盖的面积。砂的体积与所覆盖的评价面积的比值，即为构造深度。路表构造深度是指一定面积的路表面凹凸不平的开口孔隙的平均深度。

（2）测试控制要点

该方法适用于测定城市各级道路的沥青路面或水泥混凝土路面表面构造深度TD（mm），用以评定路面表面的宏观粗糙度、路面表面的排水性能及抗滑性能。

每200 m测1处，同一处平行测定不少于3次，3个测点均位于轮迹带上，测点间距3~5 m，构造深度值通过所用砂的体积和摊平砂的平均直径按公式求得。

取洁净的细砂晒干、过筛，取0.15~0.3 mm的砂置适当的容器中备用。量砂只能在路面上使用一次，不宜重复使用。

对测试路段按随机取样选点的方法，决定测点所在横断面位置。测点应选在行车道的轮迹带上，距路面边缘不应小于1 m。同一处平行测定不少于3次，3个测点均位于轮迹带上，测点间距3~5 m。该处的测定位置以中间测点的位置表示。

路面表面构造深度测定结果按下式计算：

$$TD = 1000V / (\pi D^2/4)$$

式中：TD——路面表面构造深度（mm）；

V——砂的体积（25 cm^3）；

D——摊平砂的平均直径（mm）。

每一处均取3次路面构造深度的测定结果的平均值作为试验结果，准确至0.1 mm。

7.3.6.4　电动铺砂法

（1）基本原理

电动铺砂法属定点测量，每次测试前必须对电动铺砂器进行标定。测试时，可将铺砂器平放在玻璃板上，将砂漏移至铺砂器端部，将灌砂漏斗口和量筒口大致齐平。通过漏斗向量筒中缓缓注入准备好的量砂至高出量筒成尖顶状，用直尺沿筒口一次刮平，其容积为50 ml。漏斗口与铺砂器砂漏上口大致齐平，砂通过漏斗均匀倒入砂漏，漏斗前后移动，使砂的表面大致齐平，但不得用任何其他工具刮动砂。开动电动马达，使砂漏向另一端缓缓运动，量砂沿砂漏底部铺成宽5 cm的带状，待砂全部漏完后停止。

（2）测试控制要点

先把测试地点用毛刷刷净，其面积大于铺砂仪。

将铺砂仪沿道路纵向平稳地放在路面上，将砂漏移至端部。按电动铺砂器标定相同的步骤，在测试地点摊铺50 ml量砂，量取摊铺长度L_1和L_2，由下式计算L，准确至1 mm。

$$L =（L_1+L_2）/2$$

同一处平行测定不少于3次，3个测点均位于轮迹带上，测点间距3～5 m。该处的测定位置以中间测点的位置表示。

电动铺砂器标定时，按下式计算铺砂仪在玻璃板上摊铺的量砂厚度t_0：

$$t_0 =V/（B \times L_0）=1000/ L_0$$

式中：t_0——量砂在玻璃板上摊铺的标定厚度（mm）；

　　　V——量砂体积，50 ml；

　　　B——铺砂仪铺砂宽度，50 mm；

　　　L_0——玻璃板上50 ml量砂摊铺的长度（mm）。

按下式计算路面构造深度TD：

$$TD=（L_0 － L）\times t_0/ L=（L_0 － L）\times 1000/（L \times L_0）$$

式中：TD——路面的构造深度（mm）；

　　　L——路面上50ml量砂摊铺的长度（mm）。

每一次均取3次路面构造深度的测定结果的平均值作为试验结果，准确至0.1 mm。

7.3.6.5 激光构造深度仪法

（1）基本原理

测试原理是由中子源发射的许多束光线，照射到路表面的不同深度处，用200多个二极管接收返回的光束，利用二极管被点亮的时间差算出所测路面的构造深度。测试温度不低于0 ℃。激光构造深度仪测出的构造深度必须与铺砂法测试的构造深度值建立相关关系式，换算成铺砂法测试的构造深度值，再用于路面抗滑性能的评定。

（2）测试控制要点

测试指标为构造深度TD（mm），属定点测量。

选择测试路段，测定位置位于行车轮迹带上。根据被测路面状况，选择一般路面测量程序或大孔隙粗糙度大的路面测量程序进行测量。

仪器按每一个计算区间打印出该段构造深度的平均值。标准的计算区间长度为100 m，根据需要也可为10 m或50 m。

行驶速度不得小于3 km/h，也不得大于10 km/h，适宜的行驶速度为3～5 km/h。

7.4 工程质量检测中存在的问题与对策

工程质量检测工作应当遵循科学、严谨、客观、公正的原则。

7.4.1 工程质量检测中存在的问题

工程质量取决于检测数据的质量，而工程技术资料又客观地反映了检测数据的准确性和真实性。

7.4.1.1 检测数字处理方面的缺陷

（1）数字修约规则不一

数字修约规则是指指导数字修约的具体规则，包括修约间隔和进舍规则。修约间隔是指确定修约保留位数的一种方式；修约间隔的数值一经确定，修约值即应为该数值的整数倍。

但检查时发现，相同工程部位的同一个检测项目的数据并没有按修约规则进行处理。主要表现在保留的位数不一致，数字进舍不符合要求。

（2）未按数理统计方法处理

工程质量应通过检测数据的代表值来评价，而代表值的计算绝不是简单的平均计算，而是要按照数理统计的方法进行计算。但在实际施工中，由于统计分析计算烦琐，检测人员通常通过主观的判断剔除可疑数据，或者根本不进行可疑数据的剔除，而直接用于计算，或者直接用平均值作为代表值，使对工程质量的评定出现偏差。

7.4.1.2　抽样方法不规范

（1）抽样方法不规范

一般情况下，道路工程抽样检验采取非随机抽样和随机抽样两种方法。其中，非随机抽样因人的主观因素占主导作用，抽取的试样不能准确反映实际质量，影响评定结论的准确性。因此，一般要求采用随机抽样的方法。现场测定采用随机抽样是非常重要的，尽管我国已经推行多年，但因需要查表计算来确定，使用起来较烦琐，所以并未得到普遍应用。

（2）检测频率人为减少

一方面，由于费时费力，检测人员仅凭经验判断路基和路面的压实情况，有时只检测几点，甚至根本不测，人为地减少检测数据的数量；另一方面，不管原材料进料数量多少，只取一次试验。像这样原材料抽检试验频率不足，数量不明确，就有可能使某些不合格的材料混入其中，给工程留下隐患。

（3）试件取样、制作、养生不规范

在施工过程中，石灰（水泥）稳定粒料、砂浆、混凝土试件如果不按标准规定进行取样、成形、养生，试件就不能准确反映实际质量，直接影响对混凝土强度的评定。在施工中存在少取、漏取和事后补做试件的现象；有的承包单位施工现场不具备试块标准养生的条件，又不送试验室进行标准养生，试件既不是同等条件养生，也不是标准养生；有的承包单位，试件试验时间超规定龄期现象严重；有的工地现场计量工作基础较差，拌制的砂浆、混凝土、石灰（水泥）稳定粒料强度波动较大；有的对试件的严肃性、科学性认识不足，制作试件时有集中制作和"吃小灶"现象。诸如此类的做法，必然导致试验结果失真，没有可比性。

7.4.1.3　抽检试验滞后

由于抽检试验人员数量不足、设备陈旧、仪器落后，进场时材料抽检试验不能与材料进场同步，只好事后补做试验。而材料试验单中的材料品种、数量或试验日期衔接不上，互相矛盾，致使原材料试验报告失真。

7.4.1.4 检测方法存在的问题与处理措施

（1）压实度检测问题与处理措施

主要问题：现场观察压实明显不足，而实测压实度达到设计要求；现场已经压实，而实测压实度却低于设计要求；个别点的压实度大于100%；边角处压实比其他位置差很多。

由于土样成分不均匀，变化较大，击实所测得的最佳含水量与最大干密度不具代表性。

标准击实试验不规范。通常石灰土、水稳等稳定材料击实应进行两次平行试验，取两次平均值作为最大干密度与最佳含水量，且两次所得最大干密度之差不应超过0.05 g/cm³（稳定细粒土）和0.08 g/cm³（稳定中粒土和粗粒土），所得最佳含水量之差不应超过0.5%（最佳含水量小于10%）和1%（最佳含水量大于10%），而检测人员贪图省时省力，只进行单次试验。

不同试验标准、不同试验方法的影响。目前现场检测压实度一般采用环刀法、灌砂法、核子密度仪法。环刀法局限性较大，适用于黏土压实度检测，不适用于其他土质的压实度测定；灌砂法是准确度相对较高的一种测定方法，量砂的标定直接影响着现场检测结果的准确度，挖出的坑洞形状也直接影响着压实度检测结果，坑洞上大下小，则检测结果偏大，坑洞上小下大则检测结果偏小。

边角处压实度往往达不到规范要求，边角处大型机械碾压不到，只能采用平板夯或者青蛙跳等小型机械进行处理，但压实力度往往难以满足要求，造成边角处压实度通常比其他地方小一些。

施工工艺影响检测结果，摊铺和碾压厚度不均匀，厚的地方很厚，薄的地方很薄。

处理措施：一是现场取样要规范，确保样品具有普遍性，如更换原材料，须重新取样进行试验；二是按照规范要求进行试验，其中平行试验所得结果若超出允许值，则必须重新进行试验；三是选择比较适用且准确度相对高的试验方法进行检测。

（2）弯沉检测存在的问题与处理措施

现实状况下，通常采用贝克曼梁法检测弯沉，但目前对弯沉标准车要求不注重，且对影响弯沉检测准确度因素不关心。影响因素有以下几个方面。

弯沉标准车对检测结果影响巨大，其中包括标准车的后轴标准轴载、每侧双轮胎荷载、轮胎充气压力、单轮传压面当量圆直径、轮隙宽度都会影响实际检测结果。在现实中，检测人员通常只关注后轴标准轴载，往往忽视其他要求。

由于运用的是杠杆工作原理，所测得的弯沉值存在相对于支点的变形。对于刚性路面或半刚性基层高等级路面，弯沉盆范围较大，支点变形对测试结果有明显影响，虽然规范中表示可以进行支点修正，但是在实际检测过程中，检测人员往往贪图省时省力，无视修正这个过程。

测试速度慢，不适合大范围的检测和对路面的长期观测。

处理措施：首先，采用标准检测车，按规范要求对标准检测车参数进行验证，确保标准车满足试验要求；其次，可采用不同的试验方法，如落锤式弯沉仪法和自动弯沉仪法等方法。

7.4.2　对策措施

7.4.2.1　检测管理方面

（1）建立完善的管理体系和约束机制

建立完善的质量保证体系，制定试验检测管理办法，做到标准统一、有章可循、有法可依，使工程试验检测和内业工作走上标准化、程序化轨道，提高工程试验检测工作的水平。同时，建立诚信档案和诚信管理数据库，对有编造篡改数据行为的检测员，应限制或取消其资格。增强质量意识，提高质量管理能力，建立质量责任制，确保检测质量。

（2）加强检测和内业人员的队伍建设

加强对试验检测人员和内业人员的素质的培养是提高试验检测数据质量的关键。适时举办检测培训班，提高试验检测人员和内业人员的业务水平、技术素质，是保证试验检测数据质量的重要手段。

首先，业主单位应加强人员的培训，提高他们的专业水平；其次，应加强自身的廉正建设，对私自介绍分包队伍的行为进行严肃处理；再次，业主单位应实事求是，绝不能把质量好坏与关系好坏等同起来，严格禁止施工单位虚报进度，杜绝超前计量，避免质检资料作假。

（3）加强试验检测工作质量的检查

规定试验仪器的标定时间间隔，试验人员应主动与计量部门或仪器生产厂家联系，对自己使用的试验仪器定期标定。未经标定或超期尚未标定的仪器不得使用，所测试的试验数据无效。

工程文件是工程试验检测数据的原始记录，如果工程文件滞后于施工进度，则容易出现编造数据的现象。因此，质量监督部门应充分认识质量监督的重要性，要善于抓住监理工作的重点，加强对质检工作的过程督查，通过对目前已完工程与工程文件的对比，判断工程内业与外业工作是否同步。在合同条款中对内业严重滞后的单位或个人采取相应的处理措施，并做到有章可循，有据可依。

目前大多数试验的数据是通过人工读取的方式进行采集的，然后由手工录入计算机辅助试验管理系统进行处理，不仅效率低，同时受人为因素影响较大，而且试验检测过程缺乏监控，因此应引入计算机技术和网络技术实现数据自动采集，并建立区域性试验检测数据资源库，这不仅可以实现对试验数据采集过程的监控，而且可以实现资源共享。这将成为未来试验检测管理控制的发展模式。

（4）加强工程质量检测资料的检查

工程数据间存在一定的逻辑性，通过逻辑性检查很容易发现其中的错误和内业工作中存在的问题。例如，沥青混凝土路面钻芯的重量和芯样的高度间的关系是成正比的，但测定密度采用的是水中重法，一些内业人员未做试验直接编造数据，结果只考虑了$G = \gamma \cdot V$，而忽略了重量、体积与高度这一关系。

检查检测的精度和检查检测数据的真实性。利用数理统计的方法进行处理分析，当数据量较大时必须借助计算机系统来进行检查，快速地完成检测数据可靠性的检查。

7.4.2.2 检测机构要求

工程建设单位应按照有关招投标规定选择道路工程检测机构。

建设单位应在质量检测工作开展前签订检测合同，明确双方职责。质量检测费用由建设单位承担。

检测机构应严格按照现行有效标准、规范、规程及有关规定开展质量检测工作，对检测数据和做出的结果负责，不得将质量检测工作转包或分包。检测机构应符合以下条件：

依法在国内注册并具有独立法人资格，能够独立承担民事责任。

具有质量技术监督部门颁发的计量认证证书（CMA证书），且证书附件批准的检测项目/参数必须覆盖质量检测的所有项目/参数。

具有工程试验检测综合类相应等级或者相应专项能力等级，且证书附件批准的检测项目/参数必须覆盖质量检测的所有项目/参数。

检测机构不得与建设、施工、监理及试验检测服务单位存在如下关系：具有投资参股关系的关联企业，或直接管理和被管理关系的母子公司，或同一母公司的子公司，或单位负责人为同一人。承担交工验收质量检测工作的检测机构不再参与该项目的竣工验收质量检测工作。

检测机构应建立健全管理制度。管理制度包括以下方面内容：

检测负责人制度。检测机构开展现场检测时，必须指定现场检测负责人，并明确现场检测负责人的职责。

现场巡查制度。检测机构应根据现场检测情况开展现场检查和指导，并留存巡查记录备查。

检测结果周报制度。检测机构应指定专人负责检测结果的报送工作，并应在每周最后1个工作日按要求将质量检测情况报送建设单位、项目质量监督机构（以下简称"质监机构"）及相关行业主管部门。

重大质量缺陷快报制度。对于现场检测发现的影响结构受力和安全的质量缺陷，检测机构应在1个工作日内将相关资料报送建设单位、质监机构及相关行业主管部门。

现场检测人员应持有工程相关专业的试验检测证书，其岗位登记在该检测机构。其中现场检测负责人应具有工程相关专业中级及以上职称并持有工程试验检测工程师（或试验检测师）证书。现场检测人员应严守职业道德、工作程序及有关廉政规定，独立开展质量检测工作，并对质量检测结果负责。

7.4.2.3 建设单位负总责

建设单位负责组织、协调现场质量检测工作，并对质量检测工作进行全过程管理，对质量检测工作负总责。建设单位应向检测机构提供质量检测工作所需的相关资料。

（1）制定现场质量检测方案

建设单位应在现场质量检测工作开展前按以下程序制订质量检测方案，并按以下要求报备。

确定检测机构前，应制订质量检测初步方案。实体质量检测项目与频率、外观检查内容由质监机构、建设、设计、监理等相关单位共同研究确定。

检测机构根据质量检测初步方案要求，对工程项目制订现场质量检测方案，检测内容应符合有关规定。

组织审查质量现场检测方案，并在质量检测工作开展前15个工作日内将审查后的现场质量检测方案、审查意见和检测机构有关情况报质监机构核备，并同时报送相关行业主管部门。已核备的现场质量检测方案不得随意更改，如需更改，建设单位应重新核备。

（2）加强对质量检测过程的管理

加强对质量检测过程的管理，督促检测机构严格按照合同和现场质量检测方案开展各项质量检测工作。建设、监理及施工单位应指定专人对质量检测工作进行全过程现场见证。现场见证主要内容包括：是否严格执行检测方案，检测工作是否规范，检测数据的准确性、真实性等。

现场质量检测工作应在施工单位与监理单位对拟验收的工程质量评定均合格，并经建设单位确认，工程现场满足检测工作要求后开展。

竣工验收现场质量检测工作应在工程项目通车试运营2年以上，交工验收提出的工程质量缺陷和问题已经全部处理完毕，并经建设单位验收合格，工程现场满足检测工作要求后开展。

（3）检测机构检测工作的要求

按照合同和质量检测方案投入检测人员和设备，检测人员资格及数量应满足要求，仪器设备应正确配置；按照质量检测方案以及合同等开展现场质量检测工作，不得通过随意增减检测频率、改变检测部位等方式调整检测合格率。

现场检测应在建设、施工、监理及检测机构四方共同确认的桩号或位置进行，不得擅自更改。检测的具体位置应在现场清晰标示，检测痕迹应清晰；原始记录数据应真实、准确，签认齐全。出具的检测报告应客观、准确、完整，并在检测报告中对质量缺陷做出评价，提出初步处理建议。

竣工验收质量检测时，检测机构应对施工过程质量检测发现的问题的整改情况进行复查，并在有关报告中列出验收质量检测发现的问题及整改情况对照表。

（4）检测机构报送检测结果内容

根据检测结果周报和重大质量缺陷快报制度，及时报送相关资料。

阶段性质量检测工作完成后，检测机构应对检测数据与结果进行整理和分析，并出具阶段性质量检测成果、各项检测指标的原始数据及分析过程资料（含电子版），并将其报送建设单位。

全部检测工作完成后，检测机构应在10个工作日内将完整的质量检测报告报送建设单位。

建设单位可根据检测进度情况以及工程建设实际，分阶段组织检测机构向质监机构报告检测情况。现场检测工作全部结束后10个工作日内，建设单位应将质量检测报告和质量检测工作情况评价表报送质监机构及相关行业主管部门。

（5）现场检测质量问题的整改

建设单位组织施工、监理、设计等相关单位，逐条查明原因，制订针对性的整改方案；对于影响结构使用安全的重大缺陷问题，应当组织参建单位及相关专家进行专项认证，制订专项整改方案，整改方案须经设计单位确认。

负责组织符合资质条件的修复单位，按照经审核、确认的整改方案进行修复，整改率要达到100%；修复工作完成后，负责组织施工、监理、设计及修复的单位对整改修复情况进行专项验收、签认。

由检测机构对整改落实情况进行复查，并出具整改情况复查报告，对不符合项应重点检查。建设单位将整改修复结果以及检测机构出具的整改情况复查报告一并报送质监机构。

（6）质监机构的督查

质监机构对质量检测方案进行审查，督查检测过程，及时发现并查处质量检测工作中的违法违规行为，将检测机构和人员的质量检测工作情况纳入信用评价系统。

建设、监理及施工等单位有下列行为之一的，质量检测数据或报告无效，存在违法违规行为的，质监机构依法给予查处：未签订检测合同的，未按规定程序制订或报备实施性质量检测方案的，擅自更改实施性质量检测方案的，未按要求实施现场见证的，明示或暗示检测机构或人员伪造检测数据、出具虚假检测报告的。

检测机构或现场检测人员有下列行为之一的，质量检测数据或报告无效，存在违法违规行为的，质监机构依法给予行政处罚：超资质范围从事检测活动的，转包或分包检测业务的；出具错误或虚假检测结论，篡改或伪造检测数据、报告的；未执行国家有关工程建设技术标准的；检测人员资格不符合要求的；擅自更改实施性质量检测方案的；检测数据无法溯源的。

发现建设、监理、施工以及检测机构等单位未履行工作职责或违反法律法规，应向质监机构或相关行业主管部门投诉或举报。

7.4.2.4　组织专项检查

为贯彻落实《国务院办公厅关于促进建筑业持续健康发展的意见》（国办发〔2017〕19号）、《住房和城乡建设部关于印发工程质量安全提升行动方案的通知》（建质〔2017〕57号）等文件精神，严厉打击出具虚假检测报告行为，建设单位应委托检测机构进行专项检查，进一步提高检测工作质量，充分发挥质量检测在工程质量保证体系中的重要作用，以促进建设工程质量检测行业持续健康发展。

（1）检查依据

工作目标。通过专项检查，强化对建设工程质量检验检测机构的监督管理，严厉打击建设工程质量检测活动中提供虚假检测数据和虚假检测报告等违法违规行为，形成企业自治、行业自律、政府监管、社会监督的良好格局，推动工程质量检测市场持续健康发展。

检查依据。《建设工程质量管理条例》（国务院第279号令）、《住房和城乡建设部关于印发工程质量安全提升行动方案的通知》（建质〔2017〕57号）和《浙江省建设工程质量检测管理规定》等有关法律法规、规章和规范性文件，以及现行有效的技术标准和规范等都是检查的依据。

（2）检查内容

重点针对当前建设工程质量检测领域存在的"假数据、假报告"等弄虚作假行为开展专项检查，主要整治未按标准规范检测、少检测或未检测却出具虚假检测报告、任意编造或改动检测数据、超出资质范围出具检测报告、非检测机构伪造检测报告等违法违规行为。

主要检查内容如下：

检测行为和检测数据：以地基基础和主体结构现场检测为重点，收集近期拟开展相应检测的工程项目台账，重点抽查正在实施或刚结束的现场检测，对检测机构已检数据进行抽测复核。

检测报告：施工单位存档的检测报告台账与检测机构提供的该工程检测报告台账是否一致，其他单位是否伪造检测机构出具的检测报告，纸质检测报告与检测监管系统的检测报告是否一致，检测报告与原始记录和委托书及相关资料内容是否一致。

检测资质：检测机构开展的检测项目是否在其建设工程质量检测资质证书范围内；检测机构是否使用不符合条件的检测人员；检测机构是否持续满足检测资质条件。

检测合同：检测机构是否按要求与建设单位签订书面合同。

检测机构检测数据自动采集、报告上传、视频监控、监管平台数据更新等检测监管系统运行情况。

检测设施环境、仪器设备、样品管理、档案资料管理等是否符合相关要求。

需要检查的其他相关内容。

（3）检查结果的处理

对伪造检测数据、出具虚假检测报告的违法行为，严格依法立案查处，并予以全市通报批评和记入不良行为记录；对相关检测机构在资质证书有效期届满后，不予延期，并撤回相关检测人员岗位证书，三年内不再受理其检测人员岗位考核申请。

对检查过程中发现的其他违法违规问题，视情况采取责令整改、约谈、全市通报批评和记入不良记录等方式予以处理。

对不符合资质条件的工程质量检测机构，下发限期整改通知书，责令限期改正，到期仍不满足资质条件的，撤回其相应检测资质类别。

7.4.2.5 质量检测管理工作的相关要求

（1）加强委托管理，维护检测市场秩序

质量检测业务由工程项目建设单位委托检测机构处理。检测机构严禁以降低工作质量、低价恶意竞争等不正当方式承揽业务，扰乱工程质量检测市场。

逐步推行检测合同信息网上报送管理制度。建设单位委托质量检测业务后，应与检测机构签订书面委托合同。检测机构应及时将委托合同信息录入建设工程质量检测监管信息系统。

（2）规范见证管理，保障样品真实有效

见证员应当具备相应的工程质量检测知识和专业能力，经岗前培训后，由建设单位或监理单位授权开展见证取样送检工作。应按照有关规定对建筑材料、构配件的取样送检以及现场检测实施旁站见证，并做好见证记录。

推行检测样品信息化管理制度。运用二维码标识等信息技术手段，由取样员和见证员现场录入检测样品信息，保障送检样品真实有效。

提供检测样品的单位和个人，应对样品的真实性和代表性负责。鼓励检测机构承担质量检测现场取（制）样、封样和送检等工作。

（3）强化过程监管，规范检测执业行为

完善质量检测视频远程监管，实现室内检测项目全覆盖和检测过程全监控。一是提升网络专线带宽，保证监控数据传输流畅。二是升级远程视频监控系统硬件设备，确保监控画面清晰。三是规范视频储存管理，视频数据资料储存期应不少于六个月。

逐步推行现场检测任务信息报送管理制度，检测机构检测前应将现场检测任务上报建设工程质量检测监管信息系统。现场检测过程应留下影像资料，影像资料保存期应不少于一年。

（4）规范记录管理，保证检测结果可追溯

完善检测原始记录信息，确保检测结果可追溯。一是检测原始记录增加检测时段（时刻）信息；二是主要检测设备运行记录增加对应检测样品编号和检测时段（时刻）信息（检测数据已自动采集的检测项目除外）。

规范检测原始电子数据管理。原始电子数据应单独建档，分类保存，保存期限与纸质版原始记录相同。

（5）建立信用评价系统，促进行业健康发展

制定《建设工程质量检测机构信用评价管理规定》，开展检测机构信用评价，建立信用评价守信激励和失信惩戒机制，实施差别化监管，促使

检测机构重视诚信建设，不断完善内部管控，提升质量管理水平，促进行业健康发展。

检测机构应严格按照法律法规和标准规范开展检测工作，积极完善制度建设，加强内部监督检查，落实人员责任，强化责任追究，切实保证检测数据科学公正、真实可靠。

建设主管部门应以信息化监管和现场抽查为抓手，采取差别化监管和双随机抽取相结合的方式，定期或不定期开展各种监督检查，对反映问题比较多的专项检测项目开展集中整治；通过购买服务形式，对检测机构已检数据进行抽查复测；适时开展检测机构盲样送检能力验证试验。

对于不按规范要求检测的违规行为，通过责令整改、约谈、全市通报批评和记入不良记录等方式予以处理；对于伪造检测数据、出具虚假检测报告的违法行为，严格依法立案查处。

§8 城市道路养护质量管理

8.1 城市道路养护概述

城市道路养护是建设节约型城市交通行业的必然需要，是构建便捷、通畅、高效、安全的综合运输体系的重要保障，道路建设发展得越迅猛，养护管理任务就越繁重。科学有效的养护管理工作，可使道路路网保持良好的技术状态，延长道路的使用寿命，最大限度地发挥现有道路设施的功能，从而减少对道路的投入，降低资源能源的消耗。

8.1.1 城市道路养护的特点

道路是城市发展的重要基础设施，对社会经济发展和人民生活水平提高起着至关重要的作用。道路养护主要是对正常使用的道路进行维护，对出现问题的道路进行修复，使道路保持良好的性能，延长其使用寿命。因此，道路养护对于道路的正常使用来说有着十分重要的意义。

城市道路的设计标准、建设质量、运营方式决定了其养护工作具有如下特点。

一是养护作业的强制性。城市道路在城市综合运输网络中所具有的地位及作用，决定了对城市道路的养护应当是建立在法律法规基础上的强制性养护。

二是养护对象的广泛性、全面性。城市道路的养护对象除道路、桥涵及沿线附属设施外，还包括交通工程设施、绿化环保设施、服务设施等各个方面。

三是养护作业方式的机动性与时效性。城市道路的养护更要求快捷机动、实用高效，养护工艺、操作规程程序性强，要尽量减少对交通的影响。

四是养护技术的专业性和复杂性。城市道路的养护除需要具备机械化、专业化外，还需不断探索和发展新技术、新工艺、新材料的使用。在养护检测手段上，需配备现代化综合检测设备。养护工作涉及的学科领域比较宽泛，科技含量高，技术工艺复杂。

8.1.2　城市道路养护的分类

城市道路的养护工作一般可按以下三种情况分类：

一是按地位和功能分类。城市道路按照其在道路网中的地位、交通功能以及对沿线的服务功能等，分为快速路、主干路、次干路和支路四个等级。支路包含城市封闭式住宅区外部用于公共服务的街坊路。

二是按道路单元分类。道路每两个相邻交叉口之间的路段应作为一个单元，交叉口本身宜作为一个单元；当两个相邻交叉口之间的路段大于500 m时，每200 m至500 m作为一个单元，不足200 m的单独作为一个单元。

三是按养护工程性质和规模分类。城镇道路养护工程根据其工程性质和技术状况分为预防性养护、矫正性养护、应急性养护。矫正性养护包括保养小修、中修、大修和改扩建工程，中修、大修和改扩建工程应进行专项设计。

保养小修是为了保持道路设施完好，对路面轻微损坏进行的零星修补。界定条件为单处维修面积小于10 m²，或一个单元内维修面积小于400 m²，或维修面积小于道路面积的3%。

中修工程是对一般性磨损和局部损坏定期进行维修，以恢复道路原有技术状况的工程。界定条件为单处维修面积在10 m²～100 m²之间，或一个单元内维修面积在400 m²～8000 m²之间，或维修面积占道路面积的3%～6%。

大修工程是对道路的较大损坏进行全面综合维修、加固，以恢复到原设计标准，或进行局部改善以提高道路通行能力的工程。界定的条件为道路破损率小于30%，基础强度临界率或不足率小于20%，维修面积大于8000 m²或含基础施工的维修面积大于5000 m²。

改扩建工程是对不能满足交通量及载重要求的道路及其设施实施的提高技术标准和通行能力的改建、扩建工程。

8.1.3 城市道路养护的内容

城镇道路的养护内容应包括道路设施的检测评定、养护工程和档案资料。道路设施包括车行道、人行道、路基、停车场、广场、分隔带及其他附属设施。

8.1.3.1 道路养护的对象

（1）路基

路基是路面的基础，是保证路面强度与稳定性的重要条件，是道路的重要组成部分，路基因受各种自然因素的长期影响和车辆荷载的反复作用，会产生路基沉陷、翻浆等病害。因此，要保证路基的坚实和稳定，必须及时消除不稳定因素，进行经常性的养护、维修与改善。

（2）路面

路面养护是道路养护工作的中心环节，是养护质量考核的首要对象，路面是在路基上用各种筑路材料铺筑，供汽车行驶，直接承受行车作用和自然因素作用的结构层。因此，必须采取预防性养护和经常性养护措施，以保证道路的正常使用。

（3）人行道

人行道养护的对象应包括人行道基层、面层及无障碍设施、平侧石、树池和盲道等。具体养护要求包括：表面平整，无积水，砌块无松动、残缺，相邻砌块高差符合要求；平侧石稳定牢固，不得缺失；树池框无凸起、残缺；人行道上检查井无凸起、沉陷，检查井盖无缺失；盲道上的导向砖、止步砖位置应安装正确等。

（4）排水设施

地面排水设施主要包括边沟、截水沟、排水沟、跌水槽及急流槽等，这些排水结构物统称沟渠，对雨水、雪水及大小河流溪水等进行排放。对各种排水设施，应在汛前进行全面检查疏浚，雨天养护人员必须上路巡查，及时排除堵塞，疏导水流，保持水流通畅，防止冲坏路基。

（5）跨河桥梁

对跨河桥梁的养护要求有：定期检查、刷油漆、桥面维修，上下部结构的加固及修理，河道水流控制等。

8.1.3.2　道路养护工作的主要内容

道路养护应按照工艺流程开展，对人员、机具、材料、方法以及环境等因素进行系统的控制，确保养护工程的质量。

（1）日常养护

日常养护大多是保养小修，主要修复以下几种常见的病害：各种裂缝、局部拱起、坑槽。沥青路面常见病害主要有以下几种：道路产生的单根线状裂缝，包括横缝、纵缝、斜缝等，有时伴有少量支缝、交错裂缝，把路面分割成近似矩形的块状，裂缝成片出现，裂缝间路面已裂成碎块，包括井边碎裂；在行车作用下，沿车轮带形成的路面凹槽，路面局部凹陷，路面面层材料在车辆推挤作用下所形成的路面局部拱起；面层细料散失后形成的坑，路面边缘的烂边、缺口、松落，路表面与窨井框顶面的相对高差（高或低），路表水侵入面层内部并长期滞留在沥青层底部；在行车荷载的反复作用和动压水冲刷下，集料表面的沥青膜剥落成为自由沥青，并在水的作用下被迫向上部迁移，从而导致面层上部泛油而底部松散的沥青迁移。进行日常养护时，要明确病害产生的原因，从源头着手，落实相应措施。

（2）冬季养护

冬季养护尤其要加强巡查，发现问题和险情，第一时间到达现场，第一时间设置安全设施，第一时间确定抢修方案，第一时间向社会通报，第一时间进场施工，第一时间领导到位。其目的是最大限度地减小对社会的影响，尽最大能力完成抢修任务，争取以最短时间放行通车。

根据冬季城市道路养护工作的特点，应增加人力、物力、财力投入，把冬季道路养护工作当成重点工作来抓，以确保市区道路完好畅通，为广大市民创造良好的生产生活环境。

提前编制冬季施工方案，完善管理体系，制定实施措施；建立和完善应急预案，确保在冰雪等恶劣天气及重大公共活动、接待活动期间城市道路安全畅通。

检查发现的路面破损、网裂，人行道损坏，检查井缺失、移位，桥梁锈蚀等问题，按照市政基础设施检查养护维修标准及示范路段的标准进行修复，避免冬季降雪对路面、路基及其他附属设施造成较大的损坏。

冬季气温低，沥青路面破损恢复困难，应用冷补沥青混合料修补道路破损路段，并做好原材料进场前的检测，确保冬季沥青路面养护工程质量。

（3）标准化养护

遵循"养护到哪里、巡查到哪里、监管到哪里"的原则，明确城市道路管理部门的管理、养护、巡查等职责，并签订责任书。遵循"养护按'标准'、巡查'零报告'、监管须'考核'"的原则，按照"面要平、坡要顺、沿要齐"和"无坑洼、无破损、无沉陷"的要求进行养护。

主干道、重点路段、桥梁区域每天巡查不少于一次，一般路段、区域每两天不少于一次巡查，并实行"零报告"制度。

8.1.4　城市道路养护管理的新模式

随着时代的发展，传统的养护管理模式已经显现出许多问题，不能完全适应城市经济的发展，无法满足城市居民对交通的要求，难以实现城市道路资源的合理配置和最优化。因此，引入养护企业，开展良性竞争，促进养护行业市场化，已成为城市道路发展的必然趋势，这对于促进城市交通和经济的发展，保障人民群众的切身利益有重大的意义。

8.1.4.1　养护管理市场化的要求

养护管理市场化既需要开放资本市场、作业市场、经营市场，又要调整原有的管理体制、机制，形成全新的管养格局。实现养护管理市场化，有以下要求：

第一，推进管养分离。这是推进养护市场化的前提条件，将管理和养护作业分开，合理界定职能职责，管理单位担负起行业管理职责，养护单位负责路面设施养护，改变传统的"裁判员和运动员一体"的模式。

第二，提高资金投入。长期以来市政设施维护定额标准较低，为适应市场竞争，确保设施得到有效合理的维护，需要按照市场定价机制确定养护标准，保障资金投入。

第三，加强考核监管。政府部门应强化监管职能，制定检查考核标准，奖惩分明，确保管养水平。

第四，严格招标、投标管理。坚持公开、公正、公平、合理的原则，遵循市场规则，保障养护招标当事人的合法权益，体现招标、投标的科学性和公正性。

8.1.4.2　养护管理市场化的模式

随着市场经济体制改革的推进，传统的"事企一体、管养一体"的管养模式已不能适应社会发展的需要。各地按"综合化、属地化、市场化"的要求，进行了不同程度的体制改革，目的是实现管、养分离，建立公平竞争、规范有序的市场化模式。

例如，"多位一体"的管养模式，将管养项目分为设备、设施两类，并将设备中的"系统运行、设备维护、检验检测、智能管理"合为一体，将设施中的"市政、亮灯、绿化、环卫"合为一体，通过市公共资源交易平台，招标引进专业养护企业。

例如，PPP管养模式，政府和社会资本合作，也是公共基础设施中的一种项目运作模式。在该模式下，鼓励私营企业、民营资本与政府进行合作，参与公共基础设施的建设管理。

上述管养模式，就是将管养工作推向市场，不再设立专门的养护队伍，将日常养护统一打包，对外承包；专项工程和中大修工程向社会公开招标，择优选择施工队伍。

8.2　城市道路的养护管理

城市道路养护管理包括道路移交与接管、检查考核、检测评估和信息化。

8.2.1　道路设施的移交与接管

为实现道路工程完工移交与接管工作的顺利对接，移交前，道路设施应满足国家、行业、地方标准及安全功能要求，并符合相关法律法规及地方文件的规定。

8.2.1.1　参与设计方案审查等活动

提前介入道路建设活动是为了规范道路设施建设项目的竣工验收、移交与接管，充分发挥道路设施的使用功能。鉴于道路项目建设单位和管理单位并非同一行政主管部门，需要道路建设单位在工程建设初期，即施工图交底前，将初步设施批复等相关资料送交接管行政主管部门进行登记，界定接管的单位，并通知接管单位参与道路建设活动。

（1）参与初步设计方案审查

依据相关文件精神，涉及项目审批、初步设计方案审查的活动，应当通知城市管理部门参加，听取其意见。如有不符合城市道路专项规划、设计规范、养护管理标准等问题，或对道路设施运行产生影响的，应当以书面形式向建设单位提出改进意见。

规划主管部门在审定新建、扩建、改建城市道路工程的初步设计方案时，应当征求道路主管部门、公安交管部门以及依附于城市道路的各种管线、杆线设施管理单位的意见。道路主管部门、公安交管部门以及各有关单位提出书面意见。

道路主管部门在制订城市道路改造、大修工程设计方案时，应当符合城市规划的要求，并应当征求公安交管部门以及依附于城市道路的各种管线、杆线设施管理单位的意见。公安交管部门以及各有关单位提出书面意见。

（2）参与施工图交底、设计变更

确定道路接管单位后，该道路接管单位应及时参加施工图审查和施工图交底，并以工程初步设计批复为依据，结合道路管养的实际情况提出意见和建议，对可能影响道路设施运行安全及管理的事项，建设单位应提交相关的处理方案或签订保护协议，对可能影响道路设施运行安全及管理的施工行为，应报行政主管部门批准后实施。

（3）参加竣工验收

接管单位参与竣工验收检查，对项目使用功能是否达到设计批复要求进行检查和资料审查，并将查实的问题以检查记录表的形式告知道路建设单位。由道路建设单位组织参建单位对查实的问题进行整改，同时将整改情况予以反馈。上述问题整改消项之后，接管单位才能参加竣工验收会议并给予通报，同时，审查竣工资料，必要时提出相应的处理意见和建议。

8.2.1.2 具体实施移交与接管

项目完成竣工验收、备案之后进行移交。移交时，应明确道路设施的内容和范围，以及红线的界定。同时，对因施工造成的地形变化等不足做必要的处理。移交工作一般由道路建设单位牵头，移交方和接管方同为主体责任单位。双方主体责任单位可成立移交工作小组，小组成员可由熟悉本工程的建设、施工、监理、设计等单位组成，具体实施移交与接管工作。

（1）确定移交与接管形式

此项移交可采取一次性移交、有条件移交和延期移交三种移交形式。通常，符合移交接管要求的，应进行一次性移交；如资料不够完整，可进行有条件移交，并在三个月内将相关资料补充完整；如果存在施工质量问题、功能性指标不符合要求，且不能通过整改按时完成移交的，则应延期移交，延期期间移交方必须按相关规范要求进行管养。

（2）签订移交接管协议

根据竣工验收会议，已形成竣工验收合格意见的，即可签订移交接管协议。之后，由接管单位做好道路设施管理工作。超期项目应委托有资质的检查鉴定机构鉴定工程质量，合格后方可移交与接管。

（3）质量保修与回访期

质量保修、回访期从竣工验收合格之日起开始计算，期限设定应符合有关规定要求。在项目质量保修、回访期内，道路建设单位和接管单位应及时掌握由于工程质量而影响使用功能的问题，以及竣工验收承诺的有关整改情况检查等，了解其是否都已整改到位。质量保修、回访期届满，道路接管单位根据质量保修、回访情况签署接管意见，并向有关机构备案。

8.2.2　道路养护检查考核

城市道路要安全运行，一方面要在规划、建设、施工等环节对工程质量实行高标准、严要求控制，另一方面，在设施移交接管之后，科学合理的日常养护检查考核也非常关键。建立科学有效的道路养护检查考核机制，及时开展各项工作检查，督促指导管理养护，实现道路巡查管理及时化、管理养护质量标准化、工作开展效果显著化。

8.2.2.1　养护运行考核的要求

（1）养护运行需求配置

根据道路的面积、养护等级等，配置相应的专业技术人员。专业技术人员应包括养护工程师、施工员、安全员、档案（信息）管理员及养护工等。

养护工程师应具有本科以上学历、三年以上市政专业工作经验，并具备中级职称资格。安全员经岗位培训考核合格。档案管理员应取得档案管理员资格。信息管理员为从事计算机或相关专业的人员。现场养护人员经培训且通过现场操作考核，合格后方可持证上岗。

应按需合理配备养护工。

道路面积500000m²以下，需配备1个沥青班（8～10人）、2个人行道班（每班4～5人）、1个排水班（4～5人）、1个管道检测班（4～5人）。

道路面积500000m²～800000m²，需配备2个沥青班（每班8～10人）、3个人行道班（每班4～5人）、2个排水班（每班4～5人）、1个管道检测班（4～5人）。

道路面积800000m²～1100000m²，需配备3个沥青班（每班8～10人）、4个人行道班（每班4～5人）、3个排水班（每班4～5人）、1个管道检测班（4～5人）。

应合理配备养护机具设备。

每个沥青班可配备1台铣刨机、1台压路机、1台保温车、2辆车；每个人行道班配备1辆车；每个管道检测班配备冲洗车、吸泥车、毒气检测仪，以及水泵、封堵气囊、CCTV（管道内窥摄像）检测仪等设备。

（2）检查考核内容及形式

城市道路方面的考核包含巡查、日常养护、日常检测、重大活动保障、交办工作执行等内容，一般通过第三方检测进行考核评定。最终，将路面PQI指数（路面行驶质量指数）评价结果，作为"最佳""最差"道路养护评比的依据。

随路排水管渠考核。从设施养护、道路积水、安全文明作业、排水许可、应急处置、资料管理等方面开展考核。

随路桥梁考核。以现有随路桥梁为抽样基数，每月随机抽取一定数量的桥梁进行检查考核，对扣分进行累计，得出当月桥梁日常检查考核的分数。

日常检查及社会监督。从以下几方面检查：未按要求处治的损坏问题；临时占用挖掘和临时排水接管、排水等违章行为；超时结案、修复质量问题；群众投诉，社会监督部门、媒体及领导点名批评等问题。

综合考核。主要从制度建设、目标管理、工程管理、信息管理等方面开展。

年度考核得分由月度平均得分、综合考核得分两项组成。技术创新、技术状况和技能竞赛等内容可作为加分项目纳入年度考核体系。

8.2.2.2 养护作业考核的要求

（1）沥青路面养护考核要求

沥青路面应进行经常性和预防性养护。

制订病害维修方案，并按计划进行维修。

处理坑槽、沉陷、车辙等病害，需将原路面面层挖除，要求当日开挖，当日修补，当日完工。

病害修补的轮廓线应与路面中心线平行或垂直，并向外扩展100～150 mm，修补部分与原路面连接应贴切、密实。

冬季降雪天气应及时除雪除冰，并采取必要的防滑措施。

（2）人行道养护考核要求

人行道表面平整，无积水，砌块无松动、残缺；所需更换的砌块色彩、强度、块型、尺寸与原面层砌块一致。当发生下沉和拱起时，应对基础进行维修。

缘石、踏步稳定牢固，不得缺失。

树池框不得凸起、残缺。

人行道上检查井不得凸起、沉陷，井盖不得缺失；井周或与构筑物接壤的砌块宜切块补齐，不宜切块补齐的部分应及时填补平整。

盲道砌块缺失、损坏应及时维修。提示盲道的块型、位置应安装正确。

（3）缘石养护考核要求

缘石应保持稳固、直顺。所需更换的缘石规格、材质与原路缘石一致，并采取C15水泥混凝土做立缘石背填；花岗岩、大理石缘石其缝宽不得小于3 mm，最大不得超过10 mm。

（4）窨井养护考核要求

保持检查井与路面平整，采用新型防沉降盖座。

8.2.3 道路养护检测与状况评价

城市道路养护检测和评价的对象包括机动车道、非机动车道、人行道，按照单元进行评价，所划分单元的使用性能的平均状况则代表该条道路路面的使用性能。

8.2.3.1 路面状况调查

同一道路以200～500 m为一个检查单元，不足500 m的可单独作为一个检查单元。水泥混凝土路面评价面积不超过5000 m^2。历次检测和评价所选取的单元应保持相对固定，而同一单元内各类道路设施的养护状况分别进行评定。

城市道路养护状况调查内容应包括车行道、人行道（含路缘石）、路基、排水设施、其他设施的破损状况，调查时可采用全面或抽样调查方式，大城市较大规模调查工作宜采用先进仪器设备快速检查，其他可采用人工调查方法。

调查数据应由城市道路养护管理机构组织采集，也可委托专门检测机构采集。参与数据采集的人员应熟悉路面病害类型区分，界定各类病害，准确丈量损坏面积，不规则形状的损坏面积应按当量面积计算。

8.2.3.2 路面检测类别

路面检测根据其内容、周期分为经常性巡查、定期检测和特殊检测三类，并根据检测结果进行路面技术状况的评价。

（1）经常性巡查

经常性巡查应由经过培训的专职道路管理人员或养护技术人员负责。巡查方式宜以目测为主，I等养护的道路宜每日一巡，II等养护的道路宜两日一巡，III等养护的道路宜三日一巡。巡查过程中发现设施明显损坏，影响车辆和行人安全的，应及时采取相应养护措施，特殊情况可设专人看护，并应及时填写设施损坏通知单。

经常性巡查内容包括：检查路面及附属设施外观完好情况，检查窨井盖、雨水箅完好情况，检查路面积水、路基沉陷、变形、破损等情况；检查施工作业对道路设施的影响。

在经常性巡查中，当发现道路沉陷、出现孔洞或大于100 mm的错台以及窨井盖、雨水口箅子丢失等影响道路安全运营的情况时，第一发现人应按应急预案处置，立即上报，并设置围挡，在现场监视。

（2）定期检测

定期检测可分为常规检测和结构强度检测两种。其检测结果可作为道路评价和定级的依据。定期检测的情况记录、评价及对养护维修措施的建议，应及时整理、归档、上报。

常规检测每年一次，按城镇道路资料卡现场校核基本数据，检测损坏情况，判断损坏原因，确定养护范围和方案；对难以判断损坏程度和原因的道路，提出进行特殊检测的建议。具体内容包括车行道、人行道、广场铺装的平整度，相关设施的病害与缺陷，以及基础和附属设施损坏状况。

快速路、主干路结构强度检测宜每两三年一次；次干路、支路宜每三四年一次。结构强度检测由专业单位承担，由具有城市道路养护、管理、设计、施工经验的技术人员参加。检测负责人应具有5年以上城镇道路专业工作经验。

定期检测采用的仪器设备。平整度检测可采用激光平整度仪，次干路、支路可采用平整度仪或3 m直尺等。路面损坏检测可采用路况摄像仪，次干路、支路可采用常规方法量测。

（3）特殊检测

当出现下列情况之一，即道路大修、改扩建，道路发生不明原因的沉陷、开裂、冒水，在道路下方进行管涵顶进、降水作业、隧道开挖等工程施工，道路超过设计使用年限时，应进行特殊检测。

进行特殊检测时应收集道路的设计、竣工、检测评价、特殊工艺技术、交通量统计等方面的资料，检测结构强度，调查道路沉陷和出现孔洞的原因等，并对道路结构整体性能、功能进行评价。

检测和评价时要求记录道路当前状况，了解车辆和交通量的影响，跟踪结构与材料的使用性能变化，对检测结果进行评价，将评价结果提供给养护、设计部门。城市道路的技术状况应根据检测和评价结果划分等级。

8.2.3.3　道路养护技术档案

为了掌握道路的现状，要准确及时地记载道路检测和维修的相关数据以及维修的情况，并整理好资料进行存档。

存档资料能反映项目管理过程，所以，要求所有原始数据应按照标准统一进行录入，并以每条道路为单位汇总。原始资料与评定结果应整理造册，纳入城市道路养护管理档案。已建立城市道路养护管理系统数据库的城市，应以电子文档形式将各条道路历年养护状况评定结果保存，并制定相应的管理办法，确保养护档案的完整性和准确性，科学、规范地管理养护档案。

8.2.3.4　道路检测评价主要内容及指标

（1）路面技术状况评价

沥青路面技术状况评价包括路面行驶质量、路面损坏状况、路面结构强度、路面抗滑能力和综合评价，相应的评价指标为路面行驶质量指数（RQI）、路面状况指数（PCI）、路表回弹弯沉值、抗滑系数（BPN或SFC）和综合评价指数（PQI）。

水泥路面技术状况评价内容应包括路面行驶质量、路面损坏状况和综合评价，相应的评价指标为路面行驶质量指数（RQI）、路面状况指数（PCI）和综合评价指数（PQI）。

人行道铺装技术状况评价内容应包括平整度评价和损坏状况评价，相应的评价指标为人行道质量指数（FQI）和人行道状况指数（FCI）。

（2）路面行驶质量和人行道铺装评价质量等级设置

沥青路面和水泥路面行驶质量评价应根据RQI、IRI或平整度标准差，将城镇道路路面行驶质量分为A、B、C和D四个等级。

人行道铺装平整度评价应根据FQI、IRI或平整度标准差，将人行道质量分为A、B、C和D四个等级。

（3）路面损坏状况评价

沥青路面和水泥路面损坏状况的评价指标应以PCI表示。PCI为路面状况指数，数值范围为0～100，如出现负值，则PCI取为0。其中：沥青路面损害类型分为裂缝类、变形类、松散类和其他类；水泥路面的损坏类型分为裂缝类、接缝破坏类、表面破坏类和其他类。某单类损坏类型分线裂、网裂和碎裂三类。

人行道损坏状况评价指标应以人行道状况指数（FCI）表示。FCI代表人行道状况指数，数值范围为0～100，如出现负值，则FCI取为0。损坏类型分别对应裂缝、松动（变形）和残缺三种。

（4）沥青路面结构强度评价

沥青路面结构强度评价应根据沥青路面路表回弹弯沉值，将不同基层类型和交通量等级的沥青路面结构强度分为足够、临界和不足三个等级。

8.2.4　路面养护检测项目及方法

市政设施安全事故不仅会带来巨大的经济损失，还会伴随着负面的社会效应。为了尽早发现异常，及时将安全问题消灭在萌芽之时，城市道路的安全检测越来越受到重视，管理部门应积极地将路面破损、路面平整度、路面承载能力、路面抗滑能力等检测技术引入实际工程中，提早发现潜在的病害和风险。

8.2.4.1 路面破损检测

（1）路面破损的五种形式

路面破损可分为裂缝类、松散类、变形类、接缝类及其他类，每类破损可进一步分级。沥青路面和水泥混凝土路面的破损分类见表8-1。

表8-1 路面破损分类

类别	沥青路面	水泥混凝土路面
裂缝类	龟裂、不规则裂、纵裂、横裂	纵向、横向、斜向裂缝，断角，交叉裂缝
松散类	坑槽（含啃边）、脱皮、麻面	露骨、剥落、坑洞
变形类	沉陷、车辙、波浪、拥包	唧泥、错台、拱起、沉陷
接缝类		接缝材料破损、接缝破损
其他类	泛油、修补损坏	修补损坏

各种破损范围可按实测损坏面积计算，不规则形状的损坏面积按当量矩形面积估算。对于单条裂缝，其损坏面积按裂缝长度乘以0.2换算系数计算。对于车辙、拥包、波浪、坑槽，可用3m直尺测其最大间隙。

裂缝类。每百米桩之间划分为一个区间。对于沥青路面，凡成块（网）者则直接量测其面积；单条裂缝，则量测其实际长度，以长度计算。重点裂缝路线需要观测历年变化和发展情况时，可选取有代表性的路段，每年测定1~2次。水泥混凝土路面，在冬季裂缝最大时测定，可采用裂缝测定仪测定裂缝的宽度。

松散类。调查路段纵向每一个行车道每100 m测1次（划分车道的按每个车道计，不划分车道的以全宽计），如果1000 m内性状相似，可划分为一个代表区间，每隔100 m做1次间隔测定，找出平均值作为本区段的代表值，单位为平方米。调查路段或代表路段还应量测坑槽的最大深度，并统计其个数，算出百分率作为修补时的依据。一般采用直尺或水平线绳量测，高等级路面应选用专用的设备测定。

保护层粗粒料磨细是将调查路段每1000 m分3个点取样试验，凡其中0.5 mm以下的细粉含量超过20%（体积百分比）的，以其长度乘以保护层的宽度的面积计。

路面麻面和露骨采取实地量测方法，直接求算其面积并累计总数，如在1000 m范围内性状类同，则可实测有代表性的100 m的面积数，用以推算总面积。

变形类。调查路段按路面全宽沿纵向分成50 m间隔，在间隔段落内进行测定。若某一间隔存有连续的波浪或搓板时，即以此类间隔个数乘以间隔的长度和车道的宽度记录其面积。对波浪还要量测其波峰与波谷的深度中的较大值。调查路段或代表路段的波浪深度以各断面的最大值的平均值表示。一般采用实地量测或专用设备量测和摄影等方法。

要了解错台、局部沉陷及桥头跳车情况，可在实地用水平线绳或仪器测量等方法，获取相关数据，计算其面积。如沉陷错台严重，应测量其沉陷值。错台也可采用错台仪或其他方法量测接缝两侧板边的高程差，量测点的位置在错台严重的车道右侧边缘内300 mm处，以调查路段内各条接缝高程差的平均值表示该路段的平均错台量。

对于路面拱起的路段，应进行实地测量，计算其面积，并应设立临时水准点，测量其高度和深度的变化。

接缝类。旧混凝土面层板的接缝传荷能力和板底脱空状况可采用弯沉测试法调查评定。弯沉测试宜采用落锤式弯沉仪，也可采用梁式弯沉仪，其支点不得落在弯沉盆内。

测定接缝传荷能力的试验荷载应接近于标准轴载的一侧轮载（50 kN）。将荷载施加在邻近接缝的路面表面，实测接缝两侧边缘的弯沉值。按下式计算接缝的传荷系数：

$$k_j = w_u / w_l \times 100$$

式中：k_j——接缝传荷系数，是指作用于路面板的荷载，通过接缝传递给相邻板的荷载大小，分担受荷板受荷能力的程度；w_u——未受荷板接缝边缘处的弯沉值；w_l——受荷板接缝边缘处的弯沉值。

其他类。路面泛油、油包的调查，是将调查路段按全宽范围沿纵向每隔100 m量测1次，如果1000 m范围内性状相似，可选取其中有代表性的一两处的数据，推算这1000 m的面积。油包则应同时在每一区段中量测其高度的最大值。

（2）路面破损常用检测方法

路面破损可选择车载高效摄影法和人工实地量测法两种方法。

车载高效摄影法。采用高速摄影车或其他高效测试设备摄影或录像来快速连续记录路面破损状况，并通过人工判读或图像识别在室内确定损坏类型、严重程度和范围。采用自动摄影车测试时，可按《路面损坏视频检测方法》（GB/T 26769—2011）进行连续摄影或录像，然后在室内评定或用计算机检测裂缝等各类破损数量。

该方法主要用于行车速度较高、交通量较大的城市快速路和主干路的路面破损检测。但由于成本高，操作较困难，尚未在全国广泛推广使用，有条件的城市可使用该方法。

人工实地量测法。通常由2~4人组成调查小组沿线进行，主要通过目测、实地丈量和经验判断。该方法为每1000 m抽取100 m代表路段，各项检测都在该路段进行，以减少调查结果的变异性和保证各次调查结果的可比性。检测人员鉴别路段上出现的损坏类型和严重程度并丈量损坏范围，记录在调查表格上。

该方法操作简单，仪器设备要求不高，成本较低，是我国普遍采用的路面破损检测法，适用于车速不高、交通量较小的次干路和支路。

（3）路面破损检测

沥青路面破损检测。一般因强度不足或疲劳引起的荷载性裂缝（龟裂），宜在春季等雨水较多的时期检测；因温度收缩等引起的非荷载性裂缝（块裂及横向裂缝），宜在冬季检测；车辙、拥包、波浪等热稳定性变形，宜在夏季检测；而松散类破损宜在雨季检测。也可在规定的时间检测，需要时可定期检测，以了解破损情况。为便于检测裂缝，宜选择在雨后（或预先洒水）路表已干燥但尚有水迹的时候检测。

而选择测试路段时应量测其路面的长度及宽度，计算测试路段总面积，在毫米格纸上按比例绘制破损记录方格，填好里程桩号，记录破损位置（桩号），就地在方格纸上按比例描绘破损图，记录破损类别。

如路面不洁妨碍检测，应用扫帚清扫路面。检测前应通报有关交通管理部门，检测时应有专人指挥交通（必要时可封闭交通），并设置交通安全标志等以确保检测车及检测者的安全。

当采用高速摄影车或其他高效测试设备测试时，按有关使用说明书操作。采用自动摄影车测试时，进行连续摄影或录像，然后在室内评定或用计算机检测裂缝等各类破损的数量。

人工检测时，由2～4人组成一组，沿路面仔细观察路面各类破损情况。检测裂缝时，一般以逆光检测较为清楚，对不明显的裂缝，可在裂缝位置用粉笔做出标记。

对路面车辙的量测，目前以人工实地量测为主。在测试路段上按一定间距（通常为50 m）量测每个车道上的车辙深度，取其最大值。对代表车辙的量测以各断面最大车辙深度的平均值表示。

对于拥包、波浪、沉陷等变形类损坏，除记录面积外，尚应测记拥起的高度或下陷的深度。

水泥混凝土路面破损检测。选择在雨后路面已干燥但裂缝尚有水迹的时候检测。选定路段并量测其路面的长度及宽度，沿路面纵向记录板块号、破损位置（桩号），在方格纸中按比例绘制裂缝及破损情况图。

8.2.4.2 路面平整度检测

路面平整度常用检测方法为3m直尺法、连续式平整度仪法、车载式颠簸累积仪法和车载式激光平整度仪法四种，具体方法已在本书专门章节阐述。

8.2.4.3 路面承载能力检测

表面弯沉测定估算路面的结构承载能力，可采用贝克曼梁法、落锤式弯沉仪法及自动弯沉仪法，具体方法已在本书专门章节阐述。

8.2.4.4 路面抗滑性能检测

路面抗滑性能的检测可采用摩擦系数测定车法、摆式仪法、手工铺砂法、电动铺砂法和激光构造深度仪法，具体方法已在本书专门章节阐述。

8.2.5 道路管养信息化

城市道路是市政基础设施的重要组成部分，其养护管理水平是影响现代城市交通正常高效运转的重要因素，并在一定程度上标志着城市的整体发展水平。传统的道路养护管理往往是分散的，信息化程度不高，系统建设也不完善，当前，信息化发展水平已成为衡量城市道路现代化程度的重要标准。强化系统平台信息推送能力和数据分析能力，提高系统应用智能化和人性化水平，将显著改变城市道路碎片化管理现状。

《国家新型城镇化规划（2014—2020年）》中明确提出要推进智慧城

市建设，统筹利用城市发展的物质资源、信息资源和智力资源，推动物联网、云计算、大数据等新一代信息技术创新应用，实现跨部门、跨行业、跨地区的政务信息共享和业务协同。

通过城市道路智慧化信息系统建设，实现静态信息与动态信息的统一管理，实现监管单位对市政设施运营过程全周期、多方位的掌控，实现人员、工作计划、经济成本、辅助决策等的多维度信息化支撑，进一步提高城市道路基础设施综合管理水平和恶劣天气应急处置水平，整合数据共享和综合分析能力，从而切实提高市政设施管理的精细化和智慧化水平。

8.2.5.1　信息系统技术应用

为推进城市道路设施精细化管理，提升道路设施养护水平，保障城市道路安全运行，通过新建、完善、更新道路信息化管理系统，打造智慧化城市道路运营管理模式，并将该系统纳入智慧城管体系。

（1）设置用户权限等级

智能化道路养护系统可供多层级的市政管理人员与养护单位共同使用，在系统中对市级管理人员、区级管理人员、养护操作人员设立不同的权限等级，对应权限等级开放系统功能。

（2）系统主要功能

智能化道路养护系统通过建立道路基本信息数据库，配合卫星地图提供道路基本数据和养护情况，实现道路信息大数据可视化。智能化道路养护系统可提供以下功能：

发布病害多发类型和区域分布情况，跟踪病害发展情况及展示修复效果。

通过实景地图，判断分析道路病因。

形成质量追溯体系。针对道路修复质量不佳，反复破损等状况，采用GIS技术对道路每10 m范围进行分单元定位，系统自动比对，判断周期内重复修复的点位，进行责任认定，使管理单位掌握道路修复情况和修复质量。

通过GPS定位掌握人员巡查和设施的覆盖等情况。

（3）搭建智能感知模块

针对道路安全运营管理的实际需求，确定智能感知参数和方法，建立完整的大数据采集、管理及可视的功能模块。其中包括以下内容。

智慧井盖模块。检查井井盖智能感知电子标签模块，一旦出现井盖缺失、扰动、沉降等情况即时报警，减少道路安全隐患。

智慧路名牌模块。给城市路名牌安装电子标签，掌握在日常和极端天气下路名牌缺失、倾斜情况。

智慧监控模块。在地铁在建工地等区域的开放式通行道路周边安装监控设备，实时监控此类病害多发区域路面病害，防止各类道路病害及塌陷等事故发生。

（4）开发移动客户端

管养APP有多个功能模块，如巡检、养护和派单等。现场巡查和养护作业人员在移动端上传和查阅道路病害照片，并完成病害报送和抄告工作，同时通过定位作业轨迹来跟踪养护动态，以确保任务落实到位，提高管理的精细化水平。

（5）开发步骤

一是调查城市道路设施状态参数，摸清道路结构及其检查井等附属设施；二是掌握城市道路检测、养护、维修等动态技术状况及道路性能的退化规律；三是须面向道路性能监测、移动终端数据采集及机器视觉，建设智能感知平台；四是建立多目标的城市道路养护维修决策模型，实现道路静态设施管理、动态信息管理及管理养护辅助决策等功能。

8.2.5.2　道路管养信息化的作用

（1）信息精确化

全面提供城区道路的路龄、起止点、长宽、建筑材料、附属设施、周边工地、道路移交等静态与动态信息的数据更新和查询，为道路管养工作提供基础数据库。

（2）问题发现智能化

通过感知设备和智能化手段，及时发现道路病害，加快病害处置速度，优化管理人员的配置，强化道路管养工作。

（3）人机管理透明化

通过系统可全面掌握各单位人员机械配置情况、每日动向和工作状态，有利于掌握各级单位的工作重心，发现漏洞，及时跟进指导。

（4）决策精准化

掌握道路面层和基层病害的分布情况，提前做出判断，预防道路塌陷等情况发生。该类数据经统计分析，可为道路检测、大中修、加固、集中养护修缮等提供依据，同时帮助掌握新材料、新工艺的运用效果，为科学决策提供必要资料。

（5）运用有效化

通过系统统计比对和人工比对，可发现管养工作中存在的问题。将巡查督查不到位、养护进度落后、修复不及时、修复质量不佳、不规范修复等情况纳入道路完好度考核。同时，可将工程量数据导出，作为道路养护经费结算依据。

8.2.5.3　道路管养信息系统建设

（1）系统的建设目标

以城镇道路养护数据录入、计算、检索、统计、分析为基础，以养护业务管理为目的，以数据库、互联网等为技术手段，构建一体化的城镇道路养护信息管理决策系统，为城镇道路部门管理全省范围内的城镇道路养护工作提供操作平台和决策环境，全面提高业务处理能力。

（2）系统的总体结构

城市道路养护信息决策系统由9个子模块构成。9个子模块分别是沟通交流、信息维护、养护对策、养护评定、养护规范、条文说明、综合查询、个人设置、系统管理。这些子系统的体系结构采用b/s结构，可以通过互联网登录授权界面进行操作，完成相关业务工作。

（3）系统功能

该系统主要为各个用户提供交流沟通的平台，功能如同留言板，支持文字、图片等格式。信息维护包含两个子模块，道路信息和城镇道路维修卡，主要解决道路的一些基本数据的录入。

具体内容包括：巡查记录、损坏情况记录，资料卡、维修卡路面损坏调查表填报，沥青和水泥路面行驶质量、人行道平整度、结构强度，沥青路面抗滑能力评价。

（4）系统环境

系统采用三级权限管理模式，即第一级拥有最高的增、删、改、查等权限；第二级拥有下属段的增、删、改、查等权限；第三级拥有自己段的增、删、改、查等权限。

（5）系统优势

该系统具有计算统计功能，能提高数据计算的准确性与工作效率；具有生成最佳的搜索、汇总、统计功能，能按照需求编制生成各类养护报表，为养护决策提供可靠的依据，也为养护管理工作提供平台。

其所采用的分布式系统，方便数据存储、传输的一体化，采用b/s结构体系，实现了养护管理业务的实时处理。

8.3 道路养护作业的质量控制

本书介绍沥青混合料路面、水泥混凝土路面及挖掘快速修复工程的质量控制。

8.3.1 沥青混合料路面养护质量控制

沥青混合料路面因路面噪音小、施工周期短、铺筑速度快及易维修等优势，在国内使用极为广泛。沥青混合料路面的养护质量受技术、设备以及天气等多方面因素的影响，本节仅针对下列方面存在的质量问题，阐述如何进行质量控制。

8.3.1.1 沥青路面主要质量问题及质量控制要求

（1）主要质量问题

车辙。车辙是沥青路面使用期内主要的破坏形式之一。其主要危害包括：路表过量变形影响路面的平整度；轮迹处沥青层变薄，削弱了面层及路面结构的整体强度；雨天车辙内积水导致车辆出现漂滑；冬季车辙槽内结冰，降低了路面的抗滑能力，行车时产生冰滑现象；车辆超车或变换车道时易失控，影响车辆的操纵稳定性。

裂缝。裂缝的出现往往是路面损害急剧增大的开始。裂缝按成因的不同分为荷载型和非荷载型两类。前者主要是在行车荷载作用下产生的裂缝；后者主要是在温度的作用下产生的裂缝，是一种低温收缩裂缝，简称低温度裂缝。特别是冬季，随着温度下降，沥青材料变得越来越硬，并开始收缩，一旦超过沥青混合料的抗拉强度或极限拉应变，沥青面层就会开裂。

水损害。在水的作用下，沥青会逐渐丧失与集料的黏结力，从集料表面脱落，在车辆的作用下沥青面层呈松散状态，甚至有集料从路面脱落形成坑槽。常见的水损害破坏形式主要有唧浆、松散、坑槽。以上的早期水损害现象有时是单独出现的，但大多数是组合出现的。比如产生唧浆的地方通常会出现形变，并随着时间的推移很快会出现松散和坑槽。

表面磨光。沥青路面在车轮反复滚动摩擦作用下，集料表面被逐渐磨光，有时还伴有沥青的不断上翻、泛油，从而导致沥青路表面光滑。而在集料磨光的同时，路面噪声、水雾、眩光等一系列影响交通的情况也会随之出现。

（2）基本控制要求

沥青路面必须进行经常性和预防性养护。当路面出现裂缝、松散、坑槽、拥包、啃边等病害时，应及时进行保养小修。

沥青混合料出厂时应有出厂合格证明。混合料外观应拌和均匀、色泽一致，无明显油团、花白或烧焦现象。

铺筑沥青混合料时，大气温度宜在10 ℃以上。低温施工时应有保证质量的相应技术措施；雨天时不得施工。沥青路面面层不得采用水泥混凝土修补。

当沥青路面摊铺面积大于500 m²时，宜采用摊铺机铺筑。维修边线、纵横缝接茬宜使用机械切割。采用铣刨机铣刨的路面，在修补前应将残料和粉尘清除干净，铣刨、挖除的旧料宜再生利用。黏层油宜选择乳化沥青。

8.3.1.2　沥青路面日常维护的质量控制

保养小修是为保持道路功能和设施完好所进行的日常保养，是对路面轻微损坏的零星修补，其工程量小于400 m²。

（1）路面平整度控制

路面出现波浪、小坑或轻微沉降等现象，会降低行车速度，造成行车颠簸，加大冲击力，使道路局部受力增大，道路损坏加剧。特别是底基层平整度差，摊铺方法不当，黏结在底层上的粒料清除不净，摊铺机两侧高程基准线控制不准或操作不当，都将影响路面平整度。

为此，首先要解决底层平整度问题。在技术操作上，应加细找补和修整，并采用机械修整路床和基层的平整度。采用摊铺机摊铺时，须放准高程基准线，控制好熨平板的预留高度，以使厚度均匀一致。剩余冷料不能直接铺筑在底层，应加热另作他用。

（2）路拱控制

路拱不饱满，局部高点偏离中心线，或在路面纵向出现波浪。主要原因是路面各结构层的高程控制不准确。因此，路面维护时应控制沥青混合料面层各层的虚铺厚度。人工摊铺要采用放平砖的方法，特别应该控制两个雨水口之间的路边高程，切勿低于下游雨水口附近高程。

（3）沥青路面裂缝控制措施

沥青路面裂缝表现形式有横向裂缝、纵向裂缝和网状裂缝三种。裂缝产生的主要因素有：沥青的品种和等级，沥青混合料的组成，面层的厚度，基层材料的收缩性，土基和气候条件等。

防止横向裂缝产生的有效措施包括选用级配良好的沥青混合料，科学的施工流程、施工工艺等。

通常在半刚性基层材料层中掺入30%～50%的2～4 cm粒径的碎石，可减少收缩性裂缝，并提高受碾压时抗拥推的能力。碾压过程须控制最佳含水量，之后应潮湿养护5～14天，可降低其干缩系数。

凡发现沥青混合料级配不佳，集料过细，油石比过低，拌制过火，油大时，必须退货。同时控制摊铺和上碾、终碾的沥青混合料温度，大风和下雨天应停止作业。

一般摊铺段在60～100 m之间，于当日衔接。当第一幅摊铺完后，立即倒至第二幅摊铺，两幅之间搭接2.5～5 cm。不是当日衔接的纵横缝冷接茬，要刨直茬，涂刷粘层油后再摊铺。横向冷接茬，可用热沥青混合料预热，即将热沥青混合料敷于冷茬上，厚10～15 cm，宽15～20 cm。待冷茬混合料融化后（5～10 min），再清除敷料，进行摊平碾压，或用喷灯烘烤冷茬后立即用热沥青混合料接茬压实。

压路机开始碾压，应轻碾预压；起动、换向都要平稳；转移、换向宜关掉振动挡；停车、转向尽量在压好的、平缓的路段上。平地碾压使压路机驱动轮接近摊铺机，上下坡碾压驱动轮在后面，上坡碾压时让前轮对沥青混合料产生预压，下坡碾压时，驱动轮在后用来抵消压路机自重产生的向下冲力。

防止纵向裂缝产生的重要控制措施之一是加固基层。

纵向裂缝多为沉陷性、疲劳性裂缝，如不规则纵向裂缝、顺管走向裂缝、成片状网状裂缝和龟背状裂缝等。显然，雨水可从裂缝渗入路基、土基，使其承载能力下降，路面过早损坏。特别是龟裂部分，受水侵入和车辆荷载冲击，加速路面坑槽产生，车辙的危害性很大。

处理土基或基层损坏引起的网裂时，应先加固土基或基层，再修复面层。路基可选用水泥稳定碎石，保证其级配的均匀性和设计强度（无侧限抗压强度R7大于或等于0.7 MPa）。沥青混合料拌和应均匀，不得出现花白、油少或干枯现象。检查井升至路面后，井周可用低标号混凝土补强处理。

龟裂宜采用挖补方法，连同基层一同处理。轻微龟裂，可采用刷油法处理，或进行小面层喷油封面，防止渗水。

（4）路面坑槽控制措施

坑槽形成初期表现为路面局部松散，形成深度2 cm以上的凹槽，在水的侵蚀和行车的作用下，凹槽进一步扩大，或相互连接，形成较大、较深的坑槽。

预防坑槽损害，首先，要选用黏附性和抗老化性强的沥青，恰当采用集料，合理设计混合料级配；其次，要严格控制混合料的出厂、摊铺、碾压及终了温度，确保沥青面层的厚度和平整度。同时，以预防为主，对小面积松散、沉陷等，应及时维修，避免其迅速发展为坑槽。修复时可采用以下坑槽修补方法。

低温修补方法。采用冷拌冷补沥青混合料，其特点是不分季节、气候，可以储存，随用随取。施工时，宜按照坑槽大小，刨成两边平行于路中线的外接矩形坑，将坑底及侧壁清理干净，用汽油喷灯将坑底及侧壁烤干后，用刷子蘸热沥青在坑槽底部及侧壁均匀涂刷；之后，向坑槽内填入低温混合料，并用耙子整平，用压实设备碾压成形，即可开放交通。

喷补法。将乳化沥青通过喷管与输送来的骨料相混合，通过控制喷管上的乳液、骨料和压缩空气3个开关，把混合料均匀、高速地喷洒到坑槽中，达到密实黏结效果，无须碾压。其工艺是将最大粒径为9.5 mm的单一尺寸的矿料与60 ℃的乳化沥青，经专门的喷补设备同步喷射入坑槽中，当矿料喷入坑槽时被同时喷出的乳化沥青很好地裹覆，形成一种无须摊平、碾压的混合料。

热补法。使用破碎机铲除需补部位的旧路面，然后喷洒沥青黏结层，填充新的热拌沥青混合料，并摊平、压实。热拌法具有修补质量好、耐久性高、修补后的路面可以承受重载交通的优点。

热再生法。修补时对破损坑洞不开槽，坑洞内的旧料也不清除，将高效热辐射加热板放置到待补区域，使旧沥青路面软化，然后把松被软化的沥青旧料，喷洒乳化沥青使旧料现场再生，再喷洒一些黏结料，补充一些新的热拌沥青混合料，然后就地拌和、摊平、碾压，完成修补。

（5）路面边部压实措施

路面边缘部位，若局部未碾压密实，表层容易出现松散状态，一经车辆辗压便会出现掉渣现象。面层结构性损坏后，经水浸、冻融、风蚀，易出坑槽，严重时还会波及基层。其控制措施如下：

一般应超宽碾压，每侧不小于15 cm，压密度不低于路中的部位。

安砌侧石的废槽，采用小型夯具夯实。特别是路边缘以内50cm范围，严格控制底层的平整度。

碾压不到的部位，应使用热墩锤、热烙铁或平板振动夯夯实。

（6）路面泛油控制措施

沥青从沥青混凝土层的内部或下部向上移动，使表面有过多沥青的现象称作泛油。在严重泛油路段，沥青面层发光发亮，抗滑性能达不到行车要求的，可按坑槽修补方法处理，或铣刨原路面重新摊铺面层。

（7）路面松散控制措施

路面松散主要表现形式为面层集料之间的黏结力丧失或基本丧失，路表面可观察到成片悬浮的集料或小块混合料，面层的部分区域明显不成整体。常用控制措施如下：

对因沥青稠度低、用量偏少、嵌缝料散失导致的麻面或松散病害，可将松散矿料收集起来，吹净路面杂物、灰尘，按0.8～1.0 kμg／m²的用量喷洒沥青，再均匀撒上直径3～6 mm的石屑或粗砂（5～8 m³／1000 m²），最后用轻型压路机压实。

因油温过高，沥青老化失去黏结力而造成的松散，应将松散部分全部挖除，重做面层。

对因沥青与酸性石料黏附不良而造成的松散，应挖除松散部分，重做面层，其矿料应选用碱性石料或酸性石料，掺入剥离剂、增黏剂或用消石灰、水泥等作为填料的一部分，以提高沥青与矿料的黏附力和混合料的水稳性。

因土基或基层软化变形造成的松散，应先处理土基或基层，再重做面层。

松散面积较大且基层强度好的路段采用铣刨机开挖，重做面层。

如有细矿料散失，可采用喷油封面处理；而在气温较低的季节，可用乳化沥青封面。

8.3.1.3　沥青混凝土路面维修的质量控制

为保持城市道路经常处于完好状态，防止其使用质量下降，沥青路面需要制订路面维修方案，进行必要的维修。

（1）维修准备

首先，通过检测评价或路况调查，确定路面是否需要补强。其次，根据路面状况指数（PCI）决定是否需要罩面及罩面层的厚度。有时，即使路面状况指数相同，主导损坏类型不同，所采用的对策也可能不同。

一般情况下，路面平整度反映了路面行驶质量，因此，在决定罩面厚度时，应考虑原路面是否平整。如果平整度差，罩面应加厚。另外，须对使用的材料进行质量检测，选择符合质量要求的材料。各种机械、工具应进行全面维修检查，使其处于良好的使用状态，并保证具备足够数量的机械设备。

（2）路面铣刨质量控制

根据路面的损坏情况和设计的高程确定铣刨深度，在路面上做好标记，以保证铣刨后具有良好的"平整度"。铣刨废料要运出场外，供再生利用，不得随意丢弃污染环境。

（3）基层维修工艺及质量控制

重做基层的路段，在铺筑垫层前，应将路槽用12～15 t的三轮压路机或使用等效的压路机械压3～4遍。并按规定检查路基顶面的标高、宽度、路拱横坡、平整度、压实度以及路基表面的回弹膜量等各项指标是否符合要求。

在进行半刚性基层施工时，拌和时配料要准确、均匀，颗粒级配应符合设计要求。施工温度应在5 ℃以上，混合料从拌和到碾压终了的时间不应超过2小时。其间，在混合料处于或略大于最佳含水量时进行碾压，压路机要使用12 t以上的重型振动压路机。碾压完成后，洒水养生，养生需7天以上，整个养生期保持基层或底基层表面潮湿。

（4）封层和粘层施工质量控制

封层是为封闭表面空隙、防止水分侵入而在沥青面层或基层上铺筑的有一定厚度的沥青混合料薄层。铺筑在沥青面层表面的称为上封层，铺筑在沥青面层下面、基层表面的称为下封层。

粘层是为加强路面沥青与沥青层之间、沥青层与水泥混凝土路面之间的黏结而洒布的沥青材料薄层。

此处阐述的是半刚性基层完成后，应做下封层沥青，即将路面清扫干净，洒布封层沥青，并使沥青渗入基层一定深度，表面不得形成油膜。在大风、降雨天，或气温低于10℃时，不宜封层。

粘层施工时，路面必须清理干净，当有沾粘的土块时，应用水刷净，待表面干燥后均匀洒布粘层沥青，此时应严禁其他车辆、行人通行。

（5）沥青面层维修工艺及质量控制

应对热拌沥青混合料使用的各种材料进行质量检验，并按目标配合比和生产配合比要求进行配合比设计。

根据标准要求，沥青混合料出厂温度应控制在170～185℃。拌制的沥青混合料应均匀一致，无花白料、无结团成块或严重的粗细料分离现象。

当下层质量不符合要求时，不得铺筑沥青面层。沥青混合料应采用机械摊铺方式，摊铺的机械具备自动或半自动调节摊铺厚度及找平的装置，具备可加热的振动熨平板或振动夯实装置。

压实后的沥青混合料应符合压实度及平整度的要求。为达到最佳效果，沥青混合料压实宜采用钢筒式、轮胎式及振动式压路机组合的方式，复压时宜使用振动压路机以高频低幅的振动方式进行碾压。

8.3.2 水泥混凝土路面养护质量控制

水泥混凝土路面具有强度高、稳定性强、耐久性好等优点，但同时也增加了后期养护与维修工作的难度，如果在养护与维修工作中缺乏针对性的养护维修方法，就会降低水泥路面的使用寿命以及行车安全。

8.3.2.1 水泥路面存在的质量问题和养护的基本要求

水泥路面在行车荷载和自然因素的反复作用下，容易产生裂缝，板面起砂、脱皮、露骨和板面出现死坑等质量病害，依据路面特点，这些质量病害大致分为接缝破坏和混凝土板损坏两类。

（1）主要质量问题

板面损坏。板面裂缝的主要表现形式有局部开裂和贯穿断裂，这些裂缝破坏了板块的整体性，使路基易受雨水浸泡变软；因板块变小，单位面积上路基层承受的压力增大，路基层易出现不均匀变形，板块便会变得高低不平。

胀缝损坏。由于胀缝内的滑动传力杆位置不正确，或者施工时胀缝内有混凝土或坚硬的杂屑嵌入，路面板的伸胀受阻从而发生板边的剪切挤碎。胀缝损坏导致的病害有以下几种表现形式。

一是拱起。路面因热膨胀受阻，接缝两侧的板突然向上拱起。这主要是在非高温季节施工，胀缝间距设置过长，缝隙过窄或缝内嵌入硬杂物，气温突变，从而出现这种纵向屈曲失稳现象。

二是错台。接缝两侧混凝土路面板端部出现竖向相对位移，胀缝两侧混凝土壁面不垂直，使缝旁两板在伸胀挤压过程中上下错开；或地面水沿缝隙渗入基层并使其软化；或者接缝传荷能力不足，在车辆的荷载作用下相邻端部出现挠度差。这些都会导致错台产生。

三是唧泥。车辆行经接缝或裂缝时，从缝内喷溅出稀泥的现象。

（2）基本要求

水泥混凝土路面养护应包括下列主要内容：一是日常巡查、小修、养护；二是周期性的灌缝；三是对路面发生的病害及时进行处理；四是按周期有计划地安排中修、大修、改扩建项目，确保道路的技术状况。

水泥混凝土路面的大修、改扩建工程项目应进行专项工程设计。

Ⅰ、Ⅱ等养护的道路宜采用专用机械及相应的快速维修方法施工。常规和专用材料，应具有足够的强度、耐久性和稳定性，养护维修的主要材料应进行检验，并应符合相关规范的要求。

8.3.2.2　水泥路面保养小修的质量控制

水泥路面保养小修的定义与沥青路面相同。

（1）水泥路面的日常检查

要做好水泥路面的保养小修，首先要做好预防性工作、经常性保养和轻微破损修补，确保水泥路面处于良好的技术状态和服务水平。具体可通过日常检查，确保路面排水设施无淤塞、无损坏，排水通畅，还要确保挡土墙等其他附属设施的结构稳固。水泥路面应该有较强的稳定性以及平整度。如果在检查过程中发现病害，需要立刻采取有效的应对措施，及时处理。

（2）路面板的保养小修

必须经常清除路面板上的泥土、石块、砂砾等杂物，应及时清洗受化学制剂或油污污染的路面。路面缘石缺失应及时补齐，特别是对平交道口以及与其他不同种类路面连接的地方，更应加强清扫保养。

针对表面起皮的问题，常采用的是沥青混凝土罩面的处理方法。麻面或者剥落，可以不进行预处理，只对一些露骨严重的区域进行修补。

（3）接缝的保养小修

接缝处是水泥路面的薄弱点，因而是保养小修工作的重点。在保养中，应及时排除嵌入缝内的杂物，填充或更换填缝材料，以保持伸缩缝的功能。为防止雨（雪）水下渗，水泥路面的填缝料应在雨季到来前（及冬季降雪前）更新完毕。

如果发现填缝料超出面板，应及时处理。对城镇快速路、主干路，填缝料不得超出面板；对次干路和支路，填缝料超过路面板3 mm时应铲平。一般填缝料的更换周期宜为2～3年；填缝料脱落缺失大于1／3缝长时，应立即更换整条填缝料；清缝、灌缝宜使用专用机具，更换后的填缝料应与面板黏结牢固。填缝料的更换宜选在春秋两季，或在气温适宜且较干燥的季节进行。

8.3.2.3　水泥路面常见破损维修的质量控制

（1）裂缝补修

路面板出现小于3 mm的轻微裂缝时，可采用直接灌浆的方法处理。对3～15 mm贯穿板厚的中等裂缝，可采取扩缝补块的方法处理，扩缝补块的最小宽度大于100 mm。大于15 mm的严重裂缝可采用挖补方法全深度补块。采用挖补方法时，基层强度应符合要求。

（2）板角断裂补修

板角断裂应按破裂面确定切割范围。在后补的混凝土上，对应原板块纵横处切开；凿除破损部分时，应保留原有钢筋，新旧板面间应涂刷界面剂；与原有路面板的接缝面，应涂刷沥青，如为胀缝，应设置接缝板。当混凝土养生达到设计强度后，方可通行车辆。

（3）板块脱空补修

路面板块脱空，可采用弯沉仪、探地雷达等设备测定。其弯沉值超过0.2 mm时应确定为面板脱空。面板脱空可采用灌浆方法处置，且灌浆孔与面板边的距离不应小于0.5 m，灌浆孔的数量在一块板上宜为3～5个，孔的直径应和灌注嘴直径一致，其灌注压力宜为1.5～2.0 MPa。灌注作业应从沉陷量大的地方开始，当相邻孔或接缝处冒浆时停止泵送，每灌完一孔应采用木楔堵孔。

唧泥病害应采取压浆处理，处理后应对接缝及时灌筑。

（4）错台补修

当Ⅰ等养护的道路错台高差大于8 mm，Ⅱ、Ⅲ等养护的道路错台高差大于12 mm时，应及时处理。高差大于20 mm的错台，应采用适当材料修补，且接顺的坡度不得大于1%；修补时应将下沉板凿成20～50 mm深的槽，并涂刷界面剂。

对相邻路面板板端拱起的维修，应根据拱起的高度，将拱起板两侧横缝切宽，释放应力，使面板逐渐恢复原位，修复后应再检查此段路面的伸缩缝，如有损坏应按本书接缝的内容维修。

（5）面板沉陷补修

面板沉陷的维修，可采用面板顶升的方法，顶升值应经测量计算确定。原板复位后，按板下脱空进行处理；若原板整板沉陷并发生碎裂，则采取整板翻修。若沉陷处经常积水，可在适当位置增设雨水口。

（6）坑洞补修

深度小于30 mm且数量较多的浅坑，或成片的坑洞可采用适宜材料修补。深度大于或等于30 mm的坑槽，应先做局部凿除，再补修面层。

（7）接缝损坏补修

对接缝填料的损坏进行维修时应符合水泥路面接缝保养小修的要求。对接缝处因传力杆设置不当所引起的损坏，应将原传力杆纠正到正确位置。

对伸缩缝进行修理时，应先用热沥青涂刷缝壁，再将接缝板压入缝内。对接缝板接头及接缝板与传力杆之间的间隙，必须采用沥青或其他接缝料填实抹平，上部采用嵌缝条的接缝板应及时嵌入嵌缝条。

低温季节或缝内潮湿时应将接缝烘干。当纵向接缝张开宽度在10 mm及以下时，宜采用加热式填缝料；张开宽度在10～15 mm时，宜采用聚氨酯类填缝料常温施工；张开宽度超过15 mm时，可采用沥青砂填缝。当接缝出现碎裂时，应先扩缝补块，再做接缝处理。

8.3.2.4 翻修及路面改善的质量控制

（1）整块面板翻修

在旧面板凿除时，不得造成相邻板块破损、错位，应保留原有拉杆。

基层损坏或强度不足宜采用不低于C15的混凝土补强，基层补强层顶面标高应与基层顶面标高相同；在路面板接缝处的基层上，宜涂刷一道宽200 mm的沥青带，并根据通车时间要求选用路面的修补材料，进行配合比设计。

（2）部分路段翻修

部分路段翻修应依据路段的检测评价报告确定翻修的等级和标准。路段的翻修应有维修设计文件，统一规划。翻修时，新旧水泥混凝土板交接处应设传力杆，并对损坏的拉杆进行修复。

（3）表面功能修复

水泥混凝土路面出现较大面积的磨光、起皮、剥落、露骨等病害，应及时安排大、中修工程予以维修；城镇次干路、支路可采用表面处理、稀浆封层或加铺沥青磨耗层的方法维修；路面磨光时宜采用刻槽机对路面板重新刻槽，槽深宜为3～5 mm，槽宽宜为3～5 mm，缝距宜为10～20 mm。

（4）路面改善

路面改善应因地制宜，可加铺水泥混凝土面层，也可加铺沥青混凝土面层。

加铺水泥混凝土面层时，加铺层的标高控制应与周边环境、临路建筑标高协调，不得影响雨水正常排出。必须处理掉原混凝土路面的各类病害，并在新旧混凝土路面间设置隔离层，隔离层可选用沥青混凝土、土工布或沥青油毡等材料。加铺厚度应通过设计计算确定，一般不小于180 mm。桥面荷载或标高受到限制的路段可铺设钢纤维混凝土或沥青混凝土加铺层。

加铺沥青混凝土面层前应对原混凝土路面进行检测，当强度处于不足状态时，应做补强层厚度计算，并对路面板损坏部位进行维修。反射裂缝的处理可采用土工格栅、改性沥青油毡、土工布等材料。喷洒乳化沥青粘层油时，应在破乳后进行摊铺作业，加铺厚度不得小于80 mm。

8.3.3 人行道养护质量控制

人行道作为城市市政设施的组成部分，是城市基础设施和城市环境的载体，是市民出行活动不可缺少的一部分，人行道的形象直接影响着城市的整体形象。因此，提升人行道档次和品位，是市政维护工作的重要内容之一。

人行道养护应包括对基层、面层及无障碍设施、缘石、树池和踏步等的养护。

8.3.3.1　面层养护质量控制

振捣成形、挤压成形和加工后的石材均可用作面层砌块，发现面层砌块松动应及时补充填缝料，充填稳固。若垫层不平，应重新铺砌。铺砌时可采用干砂、石屑、石灰砂浆、水泥砂浆等作为垫层材料。

面层养护按相关要求进行质量控制，包括以下内容：

更换砌块的色彩、强度、块型、尺寸均应与原面层砌块一致；面层砌块发生错台、凸出、沉陷时，应将其取出，整理垫层，重新铺装面层。填缝修理的部位应与周围的面层砌块砖相接平顺。

基层强度不足产生的沉陷、破碎损坏，应先加固基层，再铺砌面层砌块，砌块的修补部位宜大于损坏部位。

检查井周围或与构筑物接壤部位，若缺失砌块，宜切块补齐，不宜切块补齐的应及时填补平整；盲道砌块缺失、损坏应及时修补。提示盲道的块型、位置应安装正确。

8.3.3.2　基础养护质量控制

一般情况下，当人行道变形下沉和拱胀凸起时，应对基础进行维修。对于一些修复挖掘的人行道基础，要求沟槽回填的最小宽度满足夯实机械的最小工作宽度，且不得小于600 mm，并应分层回填夯实，分层的厚度应小于夯实机械最大振实厚度。当不能满足回填最小宽度时，可采用灌筑混凝土等方法回填密实。这类沟槽回填应高于原路床，夯实后再整平，恢复原面层。

8.3.3.3　树池、踏步养护质量控制

通常树池的尺寸应根据步道宽度确定，且不得小于1 m×1 m。预留树池的边框距路缘石的间距宜大于300 mm，与人行道相接平整，故称为平树池。混凝土树池若出现剥落、露筋、翘角、拱胀变形，铸铁类、再生塑料类的树池若出现断裂、缺失，都应及时维修更换。

踏步破损或失稳，应及时维修。踏步每阶高度应一致。当踏步顶面为贴面时，应具有防滑性能。

8.3.3.4　缘石养护质量控制

缘石应保持清洁，冬季应及时清除含有盐类、除雪剂的融雪。混凝

土缘石应经常保持稳固、直顺，若发生挤压变形、拱胀变形，应予以调整，调整后的缘石应及时勾缝。更换的缘石规格、材质应与原路缘石一致。花岗石、大理石类的缘石其缝宽不得小于3 mm，最大缝宽不得超过10 mm。道路翻修、人行道改造时，砌筑缘石应采取C15水泥混凝土做立缘石背填。

8.3.4 道路挖掘快速修复质量控制

掘路是指在城市道路范围内因铺设地下管线和设施而挖除路面的施工作业。掘路修复是指对掘路损坏的路面进行修复，包括路基回填和路面结构层的修复。

8.3.4.1 道路挖掘基本规定

掘路施工须注意保护开挖地段的各种地下管线和相关设施，减小对交通的影响，减少扰民，应避免在主要的休息时段对居民区道路进行施工作业。除应急掘路修复外，其他管线工程的掘路不得在雨天进行。

掘路施工埋设管道的槽底最小宽度宜为所埋设施的外侧宽度加两侧夯实机具的工作宽度，开挖断面严禁上窄下宽，挖土深度应按管道设计标高控制，严禁超挖。路面开挖前必须用切割机进行路面分离，以免扰动或破坏沟槽周边区域的路面结构。

挖土过程中应当保持一定的纵横坡度，以利排水。地下水位高时，应设置临时排水沟，必要时可采用井点降水措施，但应注意保护周围设施。对于深层开挖的沟槽或邻近路段有较多重型车辆通行的路段开挖的沟槽应采取措施确保沟槽稳定。当道路路面掘路宽度超过1/3车行道宽度时，应按半幅车行道宽度恢复路面；当掘路宽度超过1/2车行道宽度时，应按全幅车行道宽度恢复路面。新建部分道路的面层、基层均须设置30 cm宽台阶与原道路相应结构层进行依次搭接。

8.3.4.2 掘路沟槽回填质量控制

横过道挖掘工程回填一律用水泥稳定碎石，原土全部清运；纵向挖掘工程回填、道路结构层下回填可采用原土，禁止用油皮、大块岩石回填；雨季回填，视回填土情况；不准使用含水量较大的泥土回填，可临时换渣回填；人行步道一律采用原土回填。

掘路埋设的各种管线的管顶应位于路基顶以下50 cm处，沟槽回填压实度等指标应满足道路路基设计要求。管顶距路床顶面不足50 cm时必须对管道结构进行加固，管道不应采用柔性材料；管顶距路床顶面覆土厚度在50～80 cm时，应在路基压实过程中对管道结构采取可靠的保护或加固措施。

雨季需备必要的水泵，应抽净排干沟槽内积水，回填时沟槽内不得有积水。道路边缘、检查井、雨水口周围以及沟槽过窄（宽度小于1.2 m）等不便使用压路机碾压的部位，应采用机夯夯实。路基回填粗砂、石粉等粒料土可采用灌水密实法施工。

路基回填采用形变（弯沉值）及压实度控制压实质量，分层摊铺碾压的路基每层应进行弯沉值检测，弯沉值不大于260（0.01 mm）。路基回填必须均匀密实、稳定，回填压实度应符合表8-2的规定。

表8-2 沟槽回填路基压实度标准

路床顶以下深度（cm）	压实度（%）			
	快速路	主干路	次干路	支路
0～80	96	95	94	92
80～150	94	93	92	91
>150	93	92	91	90

注：表中数值均为重型击实标准。

8.3.4.3 路面修复质量控制

（1）基层

基层应具有足够的强度、刚度和良好的稳定性。表面应平整、密实，拱度应与面层一致，高程应符合要求。修复基层的各类材料应具备出厂合格证明，且应经现场检验合格后才能使用。可封闭施工的道路宜采用半刚性基层。半刚性基层推荐采用二灰碎石、水泥稳定粒料类。

（2）沥青混凝土面层

制订沥青混凝土施工组织方案，所用材料质量、施工应符合《城镇道路路面设计规范》（CJJ 169—2012）、《城镇道路工程施工与质量验收规范》（CJJ 1—2008）的有关规定，并保证合理的施工日期。在气温低于10 ℃（快速路）或5 ℃（其他等级道路），以及雨天、路面潮湿的情况下，不得施工。

沥青路面宜连续施工，避免与可能污染沥青层的其他工序相互干扰，以杜绝施工和运输污染。新、旧沥青混凝土面层的衔接应紧密平顺，黏结牢固。面层要求切割机切边，纵横线垂直，原则上要与交通标线平行。不得出现三角形、梯形、多边形等，必须做到几何图形美观，碾压平整无轮迹。

面层平整度偏差要求小于0.5 cm，与原路面或井框边缘顺接，高差不大于正负1 cm，如各类检查井框盖，凡与路面接茬高差大于正负1 cm的，均须进行调整。

（3）水泥混凝土面层

修复水泥混凝土面层时，应采用强度高、收缩性小、耐磨性强、抗冻性好的水泥，水泥的物理性能和化学成分应符合国家有关标准的规定。纵向和横向接缝应垂直相交，纵缝两侧的横缝不得相互错位，缝距以及传力杆的设置应与周围面板协调。

在雨天和气温低于5 ℃的条件下不宜施工，遇低温、高温或下雨应采取相应的技术措施。施工前应校核平面位置及高程，使其符合现场接坡和排水要求；所用材料质量、施工应符合《城镇道路路面设计规范》（CJJ 169—2012）、《城镇道路工程施工与质量验收规范》（CJJ 1—2008）及其他相关规范的规定。

（4）人行道及侧（平）石

应按照要求铺筑垫层、基层，土基压实度大于或等于90%。人行道板铺设一般采用放线定位法，铺筑时板底应当紧贴垫层，不得有虚空现象。靠近侧石处的人行道板应当高出侧石顶面5 mm，以利排水。在按原样恢复时，如果因管线埋设导致盲道调整，也必须符合国家有关标准。

现浇水泥混凝土人行道应与原人行道接顺，面层收水抹面后应及时分块滚花压线，终凝前可设围挡，防止行人踩踏。须将路灯、广告、灯箱等各类构筑物的破碎基础清除，重新调整补齐，基础根部缝隙用水泥抹平。

施工范围内各类道路附属设施须按原规格、形状进行修复，已破损的应及时更换。侧石缺少、破损的，采用与原材料一致的侧石调整补齐，路口转弯处破损侧石采用弧形侧石统一更换，更换时侧石设置混凝土垫层及靠背。

将修复侧（平）石与原侧（平）石接顺，调整好雨水口处的标高。侧（平）石排砌稳固，线直弯顺，侧石顶面平齐，平石排水顺畅，灌缝饱满，填缝密实，勾抹光洁。施工后的余土、废渣应及时清运。

8.3.4.4 应急掘路快速修复

应急掘路快速修复的工程往往是要求道路快速恢复的零星掘路工程、横过路掘路工程或突发爆管修复工程，往往要求当日作业，当日恢复交通。

应急掘路快速修复使用的材料要求易于存储、运输，施工简便。

路基快速回填料应选用洁净、坚硬、级配良好的中粗砂和砂砾石，不得含有草根、垃圾等有机杂物，不得掺细砂和粉砂，含泥量不得超过5%，碎（卵）石的最大粒径不应大于5 cm，且不应有明显的粗、细料分离。石屑的最大粒径应小于5 mm，含泥量不得超过3%。

基层快速修复应选用骨架密实型二灰碎石、快硬硫铝酸盐水泥处治碎石、粗粒式沥青混凝土、沥青稳定碎石、级配碎石等材料。

快硬硫铝酸盐水泥应符合《快硬硫铝酸盐水泥标准》（JC 714—2003）的要求。所用石料的技术性质应符合《公路沥青路面施工技术规范》（JTG F40—2004）的有关规定，为改善施工和易性，拌和时可掺入高效减水剂SP1。

粗粒式沥青混凝土推荐选用AC-25，沥青稳定碎石推荐选用ATB-25，级配碎石宜采用骨架密实型级配。AC-25和ATB-25推荐选用重交通道路沥青AH-70。材料技术要求应符合《公路沥青路面设计规范》（JTG D50—2017）、《公路沥青路面施工技术规范》（JTG F40—2004）和《公路路面基层施工技术规范》（JTJ 034—2000）的相关规定。

面层快速修复应选用SBS改性沥青、快硬硫铝酸盐水泥混凝土等材料。

各种材料的技术要求应符合《公路沥青路面设计规范》（JTG D50—2017）和《快硬硫铝酸盐水泥标准》（JC 714—2003）的相关规定。

8.4 杭州市区道路普遍存在的问题与处理措施

8.4.1 公交站路面病害产生原因与处理措施

港湾式公交站又称"绿岛"，借鉴港口停靠船舶的模式，城市道路旁的公交站台往往被设计成弧形内向凹口的形状，这种设计的优点是公交车进站时不会影响其他直行车辆通行，从而减少对道路交通的影响。正因为港湾式公交站具有人性化、高效、安全的特性，近年来，杭州市对具备改造条件的公交站进行港湾式改造，提高了道路的通行能力。但是，公交车在频繁进出站过程中产生的复杂的作用力，如转弯的侧向力、停车时的摩阻力、起步时的摩擦力等，使港湾式车站内短短30米沥青路面成为最易损坏的路段之一。车辙、拥包变形等反复出现的沥青病害问题，对市政部门的养护提出了更高的要求。

以杭州市区50个港湾式公交站为样本，通过分析病害产生的原因，笔者发现，沥青路面病害的产生除了与气候环境、交通流量和车辆荷载相关外，还与混合料本身性能、路面的结构直接相关。因此，在提倡绿色出行的大环境中，要解决此类问题，不仅要提高材料的性能，还应该综合考虑路面结构，从结构—材料组合角度来研究沥青路面技术。下面笔者结合杭州做法，对港湾式公交车站沥青路面治理措施进行介绍。

（1）宝善桥公交站高弹SMA试验施工——高弹改性SMA-13＋硅砂＋涂膜类材料＋溶剂型黏结层工艺

杭州市体育场路宝善桥公交车站位于市中心路段，公交车流量大且长期处于满载状态运行，进出站的反复荷载作用超过路面各层能承受的强度，行车道轮迹处逐渐出现不同程度的车辙和拥包变形，每一至两个月需进行养护维修。

普通沥青混合料的高温性能差，抵抗塑性变形的能力弱，不能有效解决公交车站路面车辙和拥包变形等病害。为了彻底解决顽疾，在对宝善桥公交站路面进行维修时，选用了高温黏度大、劲度高、与矿料的黏附性好的沥青，相应地，其混合料的抗高温变形能力也越强，并采用了高弹改性SMA-13＋硅砂＋涂膜类材料＋溶剂型黏结层的工艺结构。此类材料优良的变形顺从、抗疲劳性能和较高的抗流动性能，不仅可以保证沥青的抗剪切强度，还有较好的高温抗车辙性能。

高弹沥青具有弹性恢复率高、抗车辙性能优良、低温抗裂性能强、疲劳耐久性持久等特点。它接近100%的弹性恢复率在抵抗变形方面有特别的优势：它的动稳定度达到7000次/毫米以上，是常规沥青的2～3倍，在夏季高温下依然具有非常优越的抗车辙性能；它的低温弯曲极限应变可达到7000$\mu\varepsilon$，远远大于规范中改性沥青的3000$\mu\varepsilon$，在低温季节具有高强度的抗裂性能；它要历经300万次以上的破坏次数，才能达到400$\mu\varepsilon$的形变，持久性是普通沥青的100倍。

高弹改性SMA-13＋硅砂＋涂膜类材料＋溶剂型黏结层结构见图8-1。

在铺设沥青前，喷洒硅砂、涂膜类材料、溶剂型黏结层这三层"保护层"，黏结层与防水层对于路面使用寿命起着至关重要的作用，这一关键层增加了沥青和结构层的黏合性、温度稳定性和抗剪切性，具有承上启下的黏结作用，能更好地适应夏季的煎烤效应、冬季的冷柜效应、荷载的剪切效应和雨季的浴缸效应。有了这三层保护，港湾式公交车站的沥青路面耐久性更强，强化了结构—材料的整体性，提升了路面结构能力，从而大大延长道路的使用寿命。

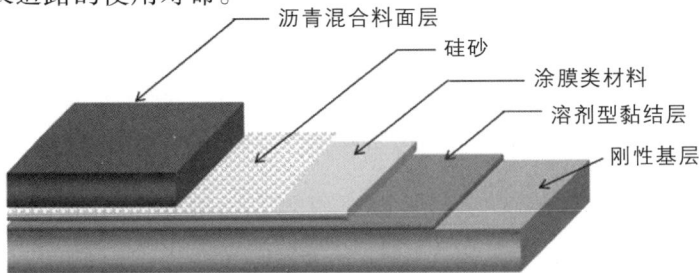

图8-1 铺装层整体示意图

（2）通盛路公交站结构加强施工——结构补强修复法

部分港湾式公交车站由于排水不畅或变形类病害未及时处理，导致某些部位长期小面积积水，水分通过路面结构材料的空隙、裂缝，或在车辆轮胎滚动产生的真空压力的作用下进入结构层，并且浸入集料与沥青的接触连接位置，当轮胎离开之后，水分又被真空吸力吸出来，在这样反复循环作用下，沥青就逐渐被这种外力扯离集料表面而脱落，特别是当混合料的孔隙率太大或者是压实效果不佳的时候，在这种作用力下进入材料内部的水分就越多，当进入的水分多于吸出来的水分时，部分水分就会滞留在路面的结构层内部。一旦某一小部位遭破坏，这种破坏就会迅速增加，不断发展，形成较大面积的损坏。因此，需根据公交车荷载作用产生的应力分布特点，结合道路环境条件，优化矿料级配设计，选用高性能添加剂等以提高各层材料抗车辙性能，同时借鉴类似工程的成功经验，制定针对性的维修处置技术和施工方案。

以通盛路港湾式公交专用车站为例。结构层在积水和荷载的反复作用下，时常出现坑洞、坑槽等病害。所以，需要对道路进行提升改造，加固公交站路面结构（见图8-2，图8-3）。首先，挖除沥青面层及松散基层（要求翻挖不小于46 cm厚度）至较完整面，进行清扫、灌缝后，回填添加早强剂的C50高标号水泥混凝土（最小厚度30 cm），接着铺设玻璃纤维土工格栅并匀洒热沥青黏层，最后铺设7 cm厚的AC-25C粗粒式沥青混凝土、5 cm厚的AC-16C中粒式沥青混凝土、4 cm厚的SMA沥青玛蹄脂混凝土。

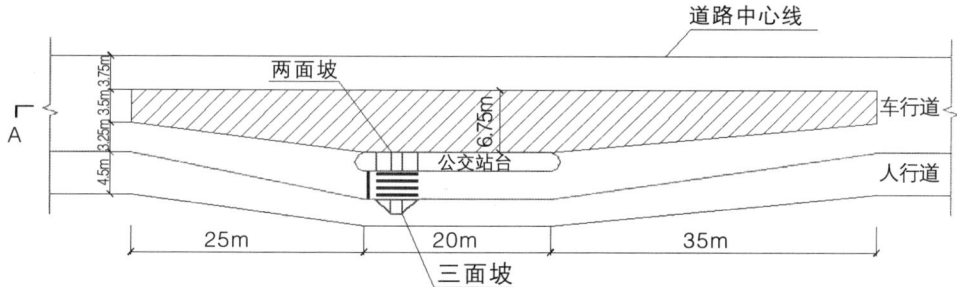

图8-2 公交站台基层加强范围示意图

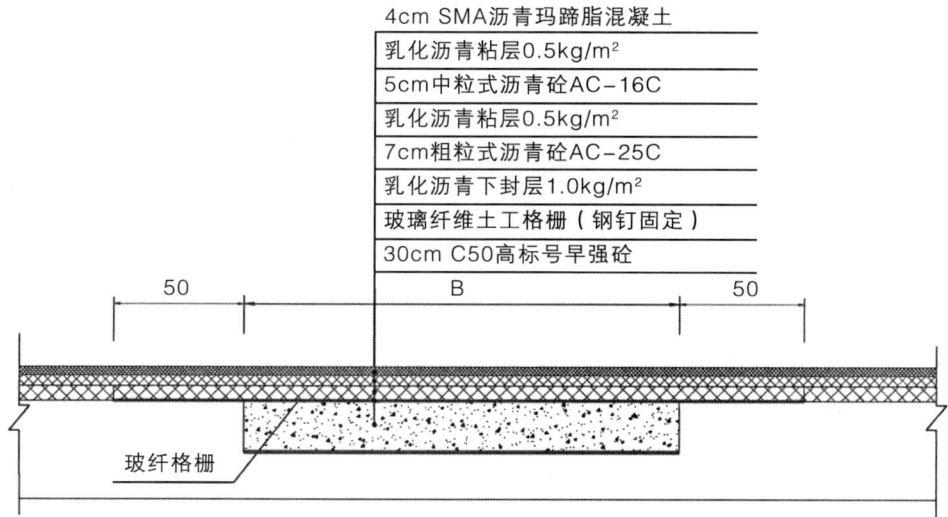

图8-3 路面补强结构示意图

需要特别注意的是，如在站台浇筑过程中突然中断浇筑，则必须设置横向施工缝，即临近胀缝或路面自由端的两条横向缩缝（每边一条）内应设传力杆。混凝土面板内钢筋网纵向筋均采用人工绑扎形成，绑扎完成的钢筋网采用焊接支架定位，以防布料过程中变形，保证其位置的精度；纵向钢筋的搭接长度要求不小于35倍钢筋直径，搭接位置应错开，各搭接端连线与纵向筋的夹角应小于60°。所有传力杆、拉杆应设置准确，并严格保持水平，与板缝垂直（见图8-4）。钢筋砼基层浇筑完成后应进行拉毛处理，以加强砼和沥青之间的黏结。

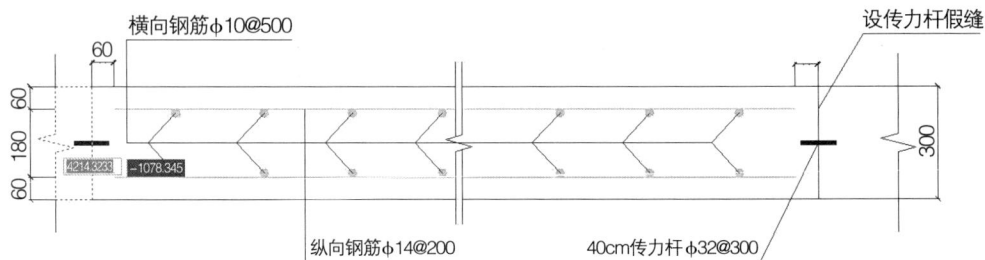

图8-4 公交站台结构加强图

8.4.2 窨井沉降及井边破损问题与处理措施

沥青路面上的窨井井盖周边路面开裂、破损、沉降，井盖下沉是普遍存在的城市道路病害。主要表现为：沥青路面先围绕井盖边缘10～20 cm位置发生1道环裂，随着时间的推移，裂缝增宽，数量也可能增加，环状带断裂成多块，继而井盖周边的路面下沉，导致井盖轻微下沉，进一步发展后，井周路面破碎，井盖严重下沉（时间短的在2～3个月之内）。这种井周边路面的损坏，大多发生在井盖周边10～30 cm的范围内，也有的超过30 cm，少数甚至扩展到井盖边缘50 cm以上。

通过观察和分析，笔者发现，针对车辆碾压震动导致的反复破损，除了常规的提升方法外，还有两种方法可较好地改善窨井沉降及井边破损情况：一是通过增设一个过渡段来缓解车辆对窨井产生的震动作用；二是采用目前新型自调式防沉降井盖。

（1）窨井周边破损解决措施——采用柔性沥青

由于沥青路面结构下沉较大而刚性路面下沉较小，两者的交接处病害往往频发。采用柔性沥青，增设柔性沥青过渡段，由弹性模量大的刚性路面逐渐过渡到弹性模量小的沥青混凝土路面，改善刚柔结合性能，可以有效降低车辆经过井边造成的震动，避免井周围沥青混凝土破碎脱落造成井边破损。

柔性沥青混合料常温呈固态，是一种具有热施工、可倾倒、自黏性特点的聚合物改性沥青，经现场加热后使用，是一种黏性的流体，相比普通沥青，它有更好的柔韧性、耐久性和防水性，倾倒填充后无须压实，施工后半小时即可开放交通。这种材料在高速公路上的应用比较常见，它主要用来修复沥青路面疲劳病害，使修补面具有良好的承重性能和防滑性能；是专门针对井边沥青疲劳开裂、伸缩缝后浇带交界处沥青路面疲劳开裂、小的反射裂缝、无法灌缝处理的宽裂缝和不必重新摊铺的小面积路面病害等设计的。G20杭州峰会前，在杭州拱墅区石祥路上首次试点使用柔性沥青（见图8-5），后在北山街使用柔性沥青修复路面（见图8-6），均取得了不错的效果。

其施工工艺也较为简便，切割→清理→修补基层→涂黏合剂→浇筑柔性沥青→修整→冷却后开放交通。

图8-5 石祥路路面柔性沥青使用

图8-6 北山街路面柔性沥青使用

（2）窨井沉降防治措施——自调式防沉降井盖

杭州市区井盖沉降频率高，维修成本也高，故应在传统井性能的基础上，对井盖结构进行优化，在市区道路大范围推广使用自调式防沉降井盖。自调式防沉降井盖能削减窨井砖墙立面的受力，使窨井盖框与路面面层构成一个整体，与路面保持在同一水平面上，改变窨井沉降导致窨井盖框同步下沉的情况；它特殊的自锁绷簧能够防止井盖跳动，防震胶圈能够防止井盖振荡，防止噪音。新型井盖比传统井盖有更多的优势，详见表8-3。

表8-3 传统井盖与新型井盖性能对比表

比较项目	传统检查井井盖	新型自调式防沉降井盖
施工难度	须预制大型混凝土井环座（重达500千克以上），大大增加了施工难度和调整井盖标高的难度	无须预制大型混凝土井环座，施工方便、快捷
施工质量	①井盖将荷载直接转移至井体，易造成井口破损，井盖下沉，并导致井盖周围路面碎裂；②井盖与周边路面结合处易出现缝隙，周围补填的沥青紧实度不足，长期积水浸泡容易碎裂；③井盖标高与路面不符，荷载受力不均，造成"下沉或凸起→路面及井口破损"的恶性循环	①支座法兰面将荷载转移至路面结构层，避免对井体直接施压，大大降低下沉的可能性；②支座法兰面有效保护周围沥青面层，与路面结合紧密，不易造成积水；③使用压路机将井盖与沥青一同碾压成形，机械化施工确保井盖与路面标高一致并平整、紧实，井盖与周边路面结合极紧密，有效防止井盖周边路面出现翻松、碎裂、损毁等现象
施工工期	将混凝土井环座安装好之后，须经过24小时以上的养护期才能补填沥青，无法一次性施工完毕，对交通影响较大	方便快捷，一次性施工完毕，即可开放交通，免养护，将对交通的影响减至最小
施工效果	通常采用后升井工艺，补填的沥青与周围路面颜色深浅不一，影响路面整体外观	与沥青同时碾压完成安装，不会出现"黑眼圈"现象，美观实用
日常工艺维修	①如下沉或遇道路改造需调整标高，须将井盖连预制混凝土井环座整个挖出，更换新井环座及井盖，造成浪费；②路面创口巨大，施工困难，养护期长，严重影响交通	①仅需将井盖撬松并用简易设备垂直拔高，在法兰面底部均匀填充适量沥青后用压路机轧平压实即可，无须更换井盖；②工作面小，施工快捷，可在深夜施工完毕即开放交通，几乎不影响交通

自调式防沉降井盖座改变了传统检查井的井盖座直接由井筒上升的做法，井盖座基础与道路紧密结合，与井筒（身）保持相对分离，在道路发生沉降的时候，能与路面一起下沉，减少相对位移。施工工艺也较为简便，凿除旧井盖→安装混凝土调节环→放置安装限位井圈→淋洒乳化沥青→逐层填充沥青并夯实→拔出安装限位井圈→插入自调式防沉降井盖→轧平压实井盖及沥青路面→冷却，清理后开放交通（见图8-7）。具有施工便利、工作面小、对交通影响小、施工完结即可通车等优点。

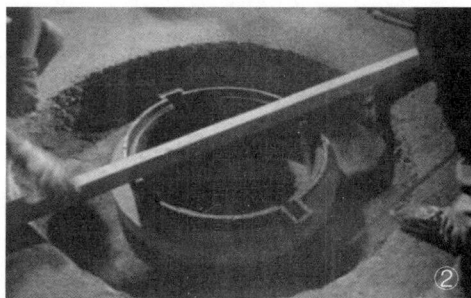

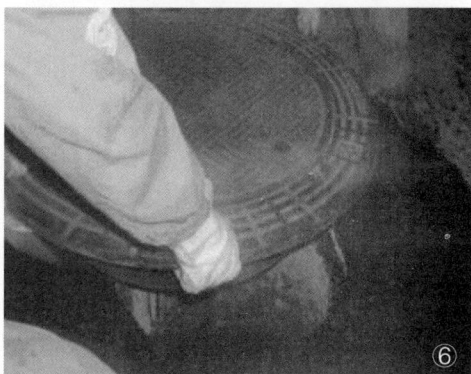

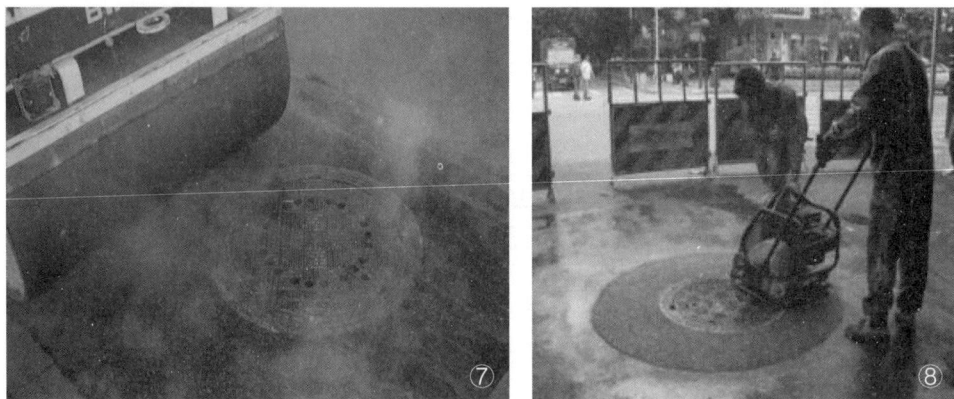

图8-7 自调式防沉降井盖安装流程

8.4.3 沥青路面裂缝问题与处理措施

随着道路使用年限的延长和车载作用次数的增加，沥青路面会受到不同程度的破坏，其中，裂缝是沥青路面诸多病害中最为典型的一种，也是路面被早期破坏的常见病。裂缝包括常规裂缝、疲劳性裂缝等，裂缝类病害长期困扰着养护工作，分析市政道路工程沥青路面裂缝的成因，运用新材料、新设备，采取有针对性的预防处理措施，对养护工作而言意义重大。

（1）常规性、单一性裂缝——填封处置

不同的裂缝类型需根据实际情况采用不同的裂缝修复工艺，裂缝修复法有无槽式和开槽式两种。其中无槽平封式、无槽帽封式、无槽贴封式是三种最简单的结构形态，它们主要适用于缝宽6 mm以下微小裂缝的预防性养护，以及交通量较小道路的非活动性裂缝，作为应急处理的裂缝填封。贴封式结构的好处是有更大的封水和黏附面积，尤其是对于有许多分支裂缝和边缘损坏的裂缝，起着密封分支裂缝和边缘损坏的作用。

平封式和贴封式是开槽式最常见的两种结构，它们适用于缝宽6～20 mm的中小裂缝，尤其适用于活动性裂缝的填封。对裂缝进行开槽的好处是可以将不坚固、松散的壁面材料除去，并将裂缝中残存的旧料、碎屑、杂物挖除，形成一宽度均匀、壁面坚实整齐的切缝，十分有利于填封材料的灌入，提高其与裂缝壁面的黏附性。较宽的切槽有利于充填更多的材料以增强抵抗裂缝宽度胀缩的能力，切槽的宽深比最常用的是1:1，对于有机硅树脂等昂贵材料，为节约材料也常用宽×深为20mm×10mm或者40mm×5mm的浅切缝（浅槽贴封式和深槽平封式）。常见的裂缝填封形态见图8-8。

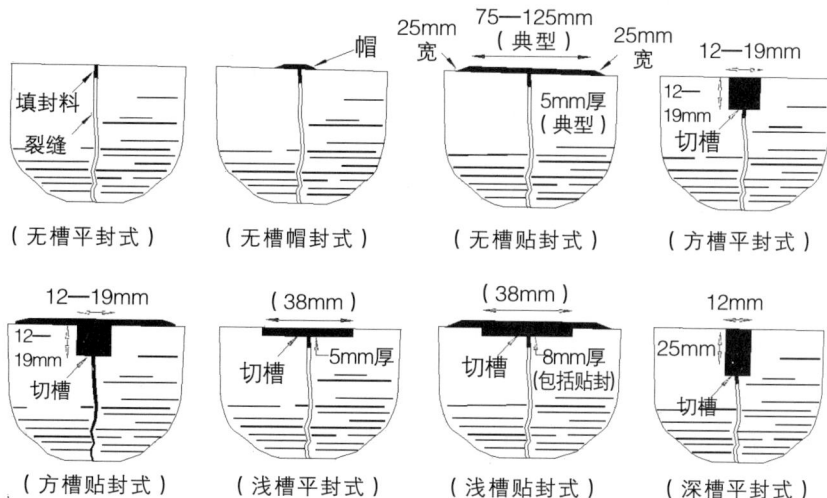

图8-8 8种常用的裂缝填封形态

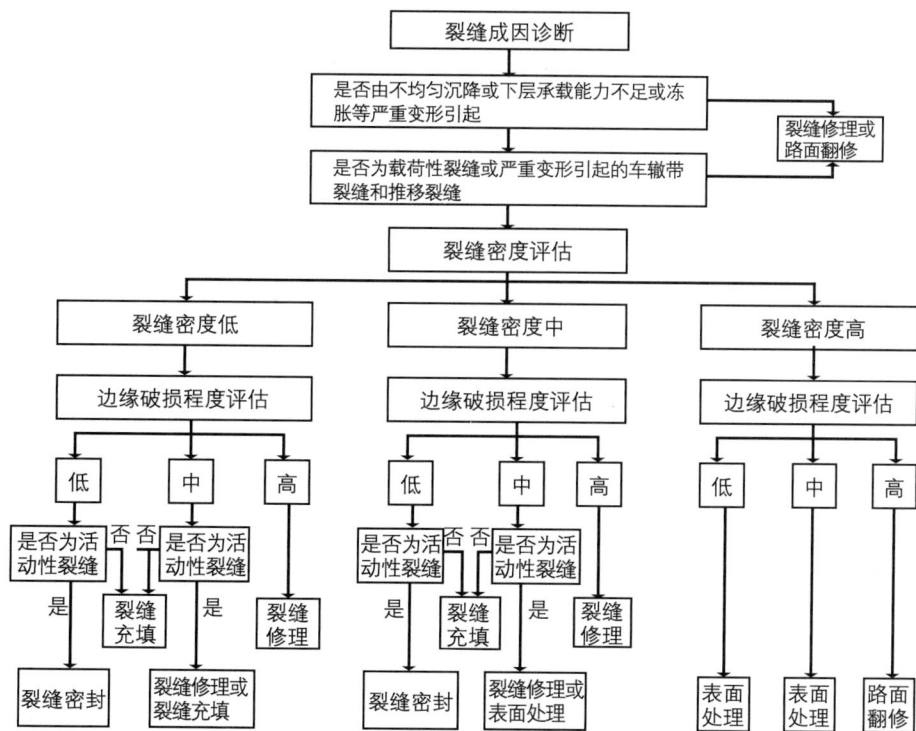

图8-9 裂缝养护维修类型流程图

（2）疲劳性裂缝——含砂雾封层技术

含砂雾封层技术的全称为"预防性养护含砂雾封层技术"，它是一种经济有效、简便易行的路面防护措施，可以改善路面技术状况，提高路面的使用寿命。该技术主要具有抗滑性能、防水性能、抗老化性能、持久性能、环保性能，针对路面出现的老化、麻面等非结构性病害比较有效果，同时也减少了路面的补丁。随着技术不断成熟和推广，该技术越来越多地被应用于道路养护中，在石桥路和北山街的路面病害修复中，均采用了含砂雾封层技术，修复效果非常理想（见图8-10、8-11）。

以杭州市北山街为例。因长时间的雨水侵蚀和车辆荷载作用，北山街路面出现麻面、松散等病害，若直接采用铣刨施工修复，耗时较长且对交通的影响较大，经济性也欠佳。采用含砂雾封层技术这一新型的高科技养护工艺，不仅延长了道路使用寿命，而且含砂雾封层技术使用的面料价格也比传统打"补丁"的费用实惠很多。具体修复流程如下：

第一步，对施工区域内路面进行清理，去除浮灰和粉尘，并保护好交通标志标线。第二步，先处理路面的裂缝、坑槽等病害，处理时保证病害的处置质量。第三步，喷洒施工，采用大型高压喷洒设备将含砂雾封层材料均匀洒布在施工区域内，对于设备喷洒遗漏和喷洒量过大的位置，采用人工配合专用修补设备，进行局部修补，确保施工路段整体效果均匀一致。第四步，喷洒完成后，封闭交通维护保养。第五步，保养完成后，开放交通。

整个流程中最关键的是第三步，市政工人开着含砂雾封层喷洒车作业，这辆车的尾部有一排多个高压喷头，喷洒速度很快，一边开一路喷，操作简单，但为了喷洒均匀，同一段路会来回各喷洒一次，确保效果。喷洒出来的液体主要是细粒砂与水性沥青基浓缩封面料的混合物，并加入了特殊成分添加剂，能够使之均匀稳定悬浮，相比传统的路面打"补丁"，含砂雾封层技术既省了事后撒砂和胶轮碾压这两道工序，又比撒砂和碾压"补"得均匀、牢固和稳定。

喷出的混合面料会在路面形成一层1～2 mm厚的保护膜，能够快速封堵路面的微小裂缝和空隙，阻止路面水往缝里渗，还能软化并补充散失的沥青黏结料，抑制松散和集料的脱落。

图8-10 石桥路含砂雾封层技术施工试点工程

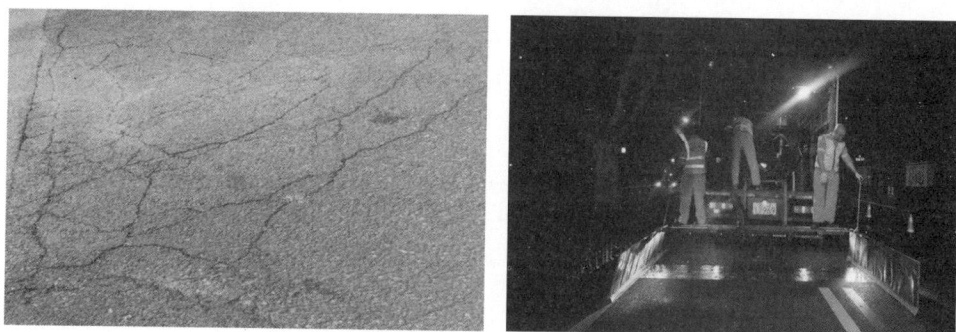

图8-11 北山街含砂雾封层技术施工工程

（3）新材料新设备的应用

近年来，杭州市政部门对纵向裂缝、横向裂缝、反射裂缝等微小裂缝采用弹性好的密封材料，采取简单的贴封式封闭措施，取得了良好的效果。

①沥青灌缝新材料——沥青封边带。

沥青封边带具有黏结牢固、不易脱落的特点，因为面层贴缝带与路面接触的那一层为高黏性材料层，与路面黏结后不但不容易脱落，就是人为分离也很难揭掉，有效保证了防水效果，同时它还具有良好的抗高低温性能。面层贴缝带的主要功能层是高分子材料，再加上有网状高强度、高弹性的聚酯层吸附住一部分材料，使得整体材料高温时不流淌、低温时不脆裂，且施工工艺简单、施工速度快，能对反射性裂缝及分叉裂缝进行有效处理。

在交通流量大的主城区道路上引进新型的封边材料——沥青封边带进行试验，过程简单高效，对交通影响很小，工人们通过"安全围护→接边处清洁→封边带粘贴→平板夯实→开放交通"这五个步骤快速完成施工。从目前使用来看，该封边带的黏合效果较好（见图8-12）。

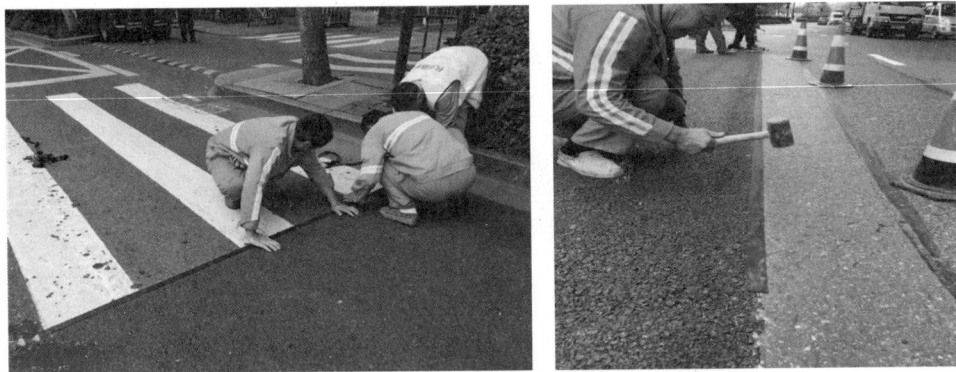

图8-12 石祥路西往东（中大银泰前）贴缝带

②沥青灌缝新材料——常温液态灌缝胶。

常温液态灌缝胶适合填充于路面上宽度小于25 mm、深5～50 mm的裂缝，灌缝后2～4 h固化，达到封水和修补作用。施工中先使用长柄沥青刷清除缝内灰尘，再使用扫把清扫，然后使液态胶体顺着裂缝均匀灌入，完成后将特制加工砂慢慢撒落在胶体上并将其完全覆盖，待养护5～10 min后即可开放交通（见图8-13）。

采用常温液态灌缝技术试验结果表明：常温液态灌缝胶和普通乳化沥青灌缝胶都是蒸发残留物指标。相比热灌缝胶，常温液态灌缝胶流动性、渗透性更强，封水效果更好。直接灌入裂缝无须开槽，材料用量少，设备投资小，施工方便高效，成本低、节能环保。

图8-13 富春路灌缝试点

③沥青导热性加热设备——智能快速熔料机。

为有效开展沥青路面养护工作，提高城市道路完好率，将对居民生活的影响减到最小，目前杭州市积极探索道路养护新工艺、新技术，改变原有的沥青灌缝工艺，使用新型灌缝材料，增强沥青路面使用功能。采用立体封闭式烧制方式，提高了加热效率，从原先3 h减少到1～2 h，这样不但能够有效保温，而且根据养护作业量加入新的沥青胶后，无须二次烧制，可以连续作业，缩短养护作业时间。不仅如此，灌缝胶还采用了新型无气味橡胶粉添加物，减小对居民及环境的影响。

路面智能熔料机（见图8-14）采用导热油包套式加热方式，适用于各种非化学反应型拌和修补材料的现场应用。先进的数字温控系统可以精确控制修补材料的温度。高速加热系统可在1小时内将材料温度提升至200℃内任一指定的温度。可根据不同的灌缝材料设定不同的熔化温度，避免材料受到高温影响进而脆化。同时减速箱以5∶1的模式提供充足的扭矩输出。带阵列式搅拌刀片的水平搅拌器设计可充分搅拌修补材料。其适用于定温熔融、搅拌混合或保温转运，不仅可以储放灌缝胶，同时还可以储放快速柔性修补材料、无缝桥梁伸缩缝材料、热拌沥青混合料等材料。

以杭州市花蒋路为例。1 km的灌缝施工工程原先要5～6人进行灌缝，现在只需2～3人，而且作业时间也大大缩短，提高了养护作业的效率。

图8-14 路面智能熔料机

8.4.4　沥青路面基层损坏问题与处理措施

传统的沥青路面维修工艺多以面层维修为主，哪里破损修哪里。通过对日常养护大数据的积累、统计、分析，笔者发现，修复次数较多的，大都在同一点位。通过进一步分析发现，这些点位的路面病害大多是道路基层病害引发的，而修复却常常停留在面层，这并没有从根本上解决问题。

2017年，杭州市市政设施监管中心提出了"精细化养护管理工作"要求，从沥青路面修复着手，通过基础加固的方法，探索彻底解决道路面层多次维修弊端的养护工艺，由内而外深度修复，提升质量。

什么是基础加固法呢？简单来说，沥青路面由面层、基层、底基层、垫层组成。基层是沥青路面的承重层，起稳定路面的作用，它的好坏直接影响到路面的质量和使用性能。基层修复施工工艺可分为四类：钢筋混凝土结构替代松散基层工艺、大粒径沥青碎石替换原松散基层工艺、单层钢筋混凝土方包管线工艺、双层钢筋混凝土方包管线工艺。虽然单次施工成本投入较大，但实际返修率低等优势越来越明显。截至2017年12月底，杭州市拱墅区修复屡破屡修点位共计83处，维修面积783㎡，通过跟踪观察，其中61处完好，完好率达73.5%，并且随着时间推移，开挖点位增多及养护工艺的逐渐完善，完好率还在呈上升趋势，这种施工工艺可以广泛运用到市政养护施工中。

（1）基层松散病害处置方式——基础换填

基层是路面结构中的承重层，主要承受车辆荷载的竖向力，并把面层下传的应力扩散到路基，基层材料要满足强度大、扩散荷载的能力强以及水稳性和抗冻性好的要求。针对半刚性基层水泥稳定粒料松散，基层和底基层整体承载力不足等基础病害，杭州市政部门以换填基层修复为主，换填材料根据实际情况选择。主要材料有水泥稳定粒料、石灰粉煤灰稳定粒料、沥青稳定碎石等。其中沥青稳定碎石应考虑水位影响。

2017年10月初，拱墅区上塘路325号公交车道与快车道之间出现一处较明显的裂缝，裂缝产生的原因是公交车道长期被公交重车高频率碾压，道路因此破损。此次维修工作一改往日做法，把裂缝越挖越大，因为普通的裂缝维修只需要将缝隙内的杂质清理干净后用灌缝剂填充即可，而这次养护工人却将路面开挖至路面下70 cm处，将已经松散的水稳基层清除干净后用黑碎材料进行分层碾压加固作业，解决了半刚性混凝土基层破损后反复映射路面而造成路面屡修屡破的顽疾，确保了路面平整度（见图8-15）。经过近半年的跟踪观测，这个地方的"老毛病"到目前为止都没有再犯，运行状态良好。

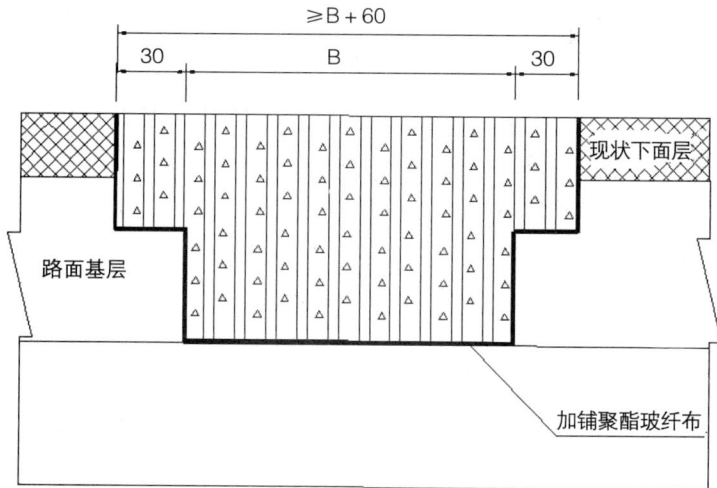

图8-15 坑槽、翻浆处理断面示意图

（2）横穿管线引起的破损处置方式——混凝土包方

城市道路部分管线由于种种原因，埋深控制较为困难，受周边环境限制，管线埋设过浅导致的路面破损尤为明显，反射裂缝是初期症状，水侵蚀后坑槽问题尤为严重。主要处置方法是采用钢筋混凝土包方工艺，加强基层整体强度、刚度、稳定性。按照图8-16所示规范作业可有效减少或减缓路面病害。

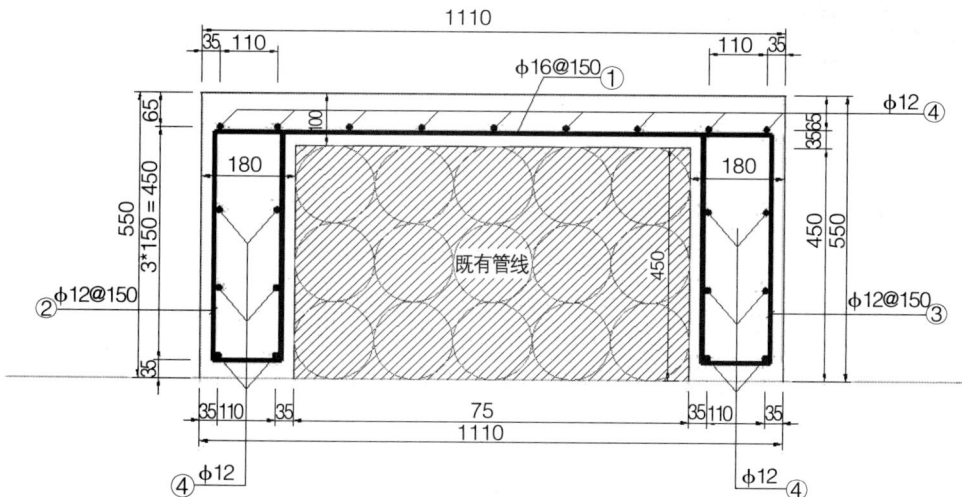

图8-16 钢筋混凝土方包结构图

单排管道埋深35 cm以内主要采用双层钢筋混凝土加固处置工艺。上塘路运河上街对面常出现坑洞，原因为HCTV管线埋深34 cm，管子上方混凝土保护层破损。主要处置工艺：开挖深度52 cm，管子下方掏空植入钢筋，上下两层钢筋网片整体包方管子。如交通受限，可采用快速混凝土恢复。

单排管道埋深35 cm以上或并排多根管道的，主要采用单层钢筋混凝土加固处置工艺。湖墅南路278号有多条纵向裂缝，城建弱电管线埋深52 cm，单排6根，宽65 cm。主要处置工艺：开挖最深深度68 cm，管道上部5 cm以上钢筋网片一层，采用倒"U"形包方管子，如交通受限，可采用快速混凝土恢复。

花园岗街莫干山路西侧路面的横穿管线也采取了混凝土包方加固工艺，并取得了不错的效果（见图8-17）。

图8-17 花园岗街莫干山路西南侧横穿管线包方加固作业

8.4.5 桥头跳车与处理措施

（1）桥头跳车原因分析

桥头跳车是桥头及伸缩缝（桥头引道）处的差异沉降或伸缩缝被破坏导致路面纵坡出现台阶而使车辆通过时产生跳跃的现象。

引起桥头跳车的主要原因有不均匀沉降、刚度突变和车速与车辆本身的抗震性能等。就城市道路路况而言，主要是柔性道路与刚性结构物之间的连接处发生不均匀沉降，产生错台所致。在车辆荷载、结构自重、自然因素的作用下，桥梁与道路同时发生沉降，但两者的沉降量有很大差异，道路的沉降量远大于桥梁的沉降量，形成错台，导致行车时发生桥头跳车。

（2）桥头跳车处理措施

一是采用柔性桥台。

二是做台背填料处理，如采用天然沙砾、水泥粉煤灰、气泡混合轻质填土技术、缓膨胀材料、土工合成材料等。

三是按照规范要求，对桥头地基，特别是高填方桥头地基进行处理，控制桥台与桥头地基间的差异沉降。

例如，杭州市的育英路（莫干山路—光明路）工程，规划道路沿线有1座桥梁，区块内地质情况较差，桥头区域道路回填比一般路段高，以及后期车辆荷载造成的附加荷载对桥头路基造成了不利影响。

道路施工工期按6个月计，工后沉降计算期为15年，采用分层总和法对道路路基的工后沉降进行计算。经计算，未处理情况下道路总沉降将达到65 cm，一般高填方路段为25～35 cm，若不进行处理将产生严重的跳车现象。该工程采用建立水泥搅拌桩地基处理办法，将水泥搅拌桩基本打至持力层，桩长约8～12 m，处理完后全路段工后沉降基本控制在10 cm以内，既满足了沉降要求又有效地避免了桥头跳车现象，大大增加了行车舒适度及安全性（见图8-18）。

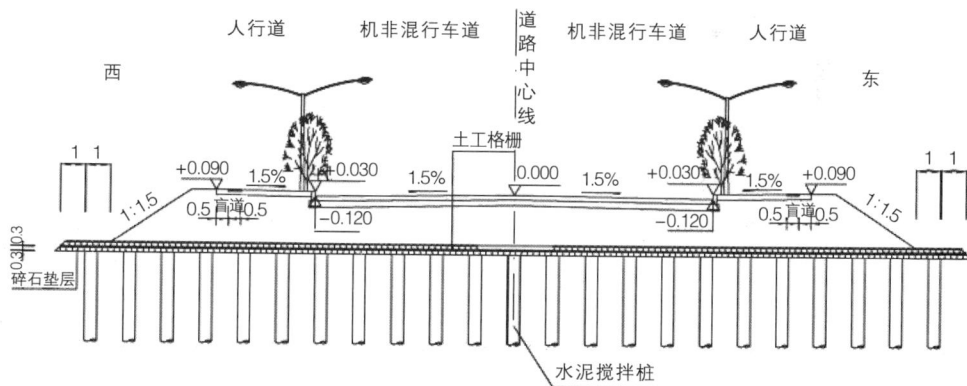

图8-18 桥头跳车路段的路基修复示意图

四是设置水泥混凝土砌块和条石的过渡路面。

五是设置桥头搭板，将桥面与路面间的沉降差分散至搭板的两端，从而减小两者之间的沉降差，以达到防止桥头跳车的目的。

8.4.6　其他问题的处理工艺

除以上几点外，近年来，杭州市政部门在沥青病害预防性养护、人行道养护等方面不断进行管理革新，把新材料、新工艺、新技术应用到市政设施的养护工作中，转变原有传统的、粗放的、应急性的养护方式，将精细化管理的理念渗透到整个市政设施养护的方方面面，以实现市政设施精细化养护。

（1）地下管网结构性缺陷治理——整体紫外线光固化工艺

杭州市德胜东路与友爱路交叉口向东100 m处出现路面塌陷，经过现场勘察及CCTV检测发现，坍塌原因是该处地下3 m处的雨水混凝土管线破裂。综合考虑该路段交通的特殊性，养护单位改变了常规的开挖修复方式，采用无须开挖的高科技管道修复技术——紫外线光固化修复技术，成功地修复了此处路面（见图8-19）。

紫外线光固化又称UV固化法，其工艺原理是将内衬材料紧密贴合在管道内壁上，然后使用紫外线专用固化灯具固化内衬，使之形成一层坚硬的"管中管"结构，从而使已发生破损或失去输送功能的地下管道在原位得到修复。相对于常规性管道开挖技术，UV固化法具有对交通影响小、施工可控性好，工期短、节约能源、安全度高，内衬管密封效果好、抗腐蚀性强、使用寿命长，抗弯弹性模量与抗弯、抗拉强度较高等优势。

修复作业开始前，先对管线进行疏通、冲洗，确保无任何泥沙杂物遗留在管道内，接着便开始UV紫外线光固化管道修复作业：第一步，拉入防护膜，防止内衬材料在拉入过程中被凸起物划伤；第二步，将滑动滚轮放置到适当的位置，把碾压好、预切好长度的SAERTEX玻纤内衬材料从检查井处拉进要修补的管道内，并在两端安装闭气扎头；第三步，连接压缩机与内衬材料间的空气供气管道，给内衬材料充气，依靠空气压力使内衬材料膨胀，通过管道扎头在软管（充气后）内拉入紫外线灯小车，调试小车及灯的运行，加压过程中应防止玻纤内衬过度膨胀及出现褶皱；第四步，设定紫外线灯小车爬行速度及软管内温度等控制参数，并结合小车上CCTV的监测，及时调整控制参数，使内衬树脂处于设定硬化条件，DN800 mm管内紫外线灯平均行走速度为0.43 m/min；第五步，开启紫外线灯，紫外线灯经过的地方，玻纤内衬便覆盖在旧管道内壁上，固化前在内衬材料两端、内衬外壁和旧管内壁间设置好1～2个密封圈防止两管间隙渗水；第六步，待固化后切除旧管外内衬材料，拆除扎头、通气管道、小车，对切除后两端的毛边进行修整处理；第七步，抽出内衬内膜，整体检测，清理固化作业现场，并采用德国专用亲水树脂进行管口处缝隙密封处理。以上就是运用紫外线光固化技术对破裂管道位置进行修复的整个过程。

一般一段五六十米长的管道，用紫外线灯组固化一个半小时就够了。固化修复后的管道，具有耐腐蚀、耐磨损的优点，可防地下水渗入，而且可以提高管道结构强度，延长使用寿命。

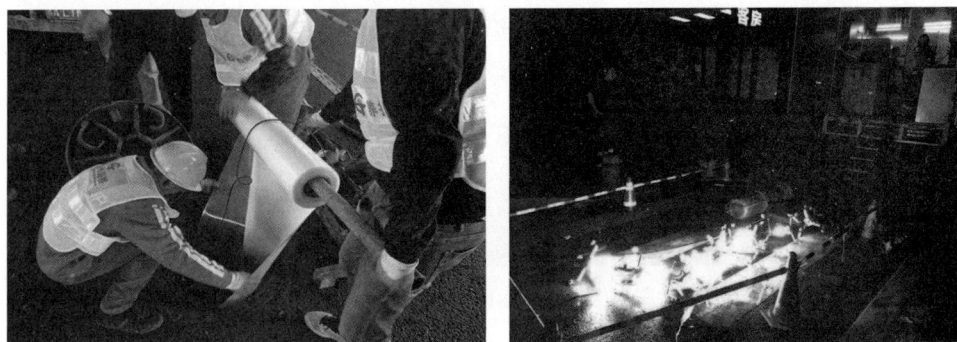

图8-19 德胜东路雨水管网整体紫外线光固化作业现场

（2）路面塌陷预防性监测——地下空洞快速探测系统

道路塌陷的原因是多方面的，城市化发展加快，地铁、地下管廊、深基坑开挖增多，地下管线漏水等使路面下部形成空洞、脱空、松散，导致道路强度不足，最终造成塌陷。地下空洞通过肉眼往往无法发现，目前杭州市率先使用了地下空洞快速探测系统给道路做"B超"，为道路排除安全隐患。

道路地下空洞快速探测系统可以客观判断路基情况，在问题出现之前发现引起道路变形和塌陷的地下空洞、脱空、松散等缺陷异常体。该系统由雷达系统、高精度定位系统、三维数据采集与管理分析系统组成，具有海量数据采集、多源数据一体化管理和快速分析、统计、预警等功能。它就像一套道路专用的B超设备，由电磁波遥感、摄影测量、多通道探地雷达、高精度定位设备、地理信息系统等部分组成。操作时，可以通过车载、手推等方式开展初检、复检，收集详细数据，对指定检测区域地表以下的空洞进行检测，并通过检测明确空洞的位置、大小及埋深等情况。

检测时无须开挖路面，检测速度快，检测时无噪声，对周边居民没有影响。采用地下空洞快速探测系统修复德胜路、富春路等道路路面病害，效果理想（见图8-20）。

图8-20 德胜路、富春路地下空洞快速探测系统检测现场

（3）沥青路面雨季养护——新型防水沥青

沥青路面怕强降雨，一旦发生持续强降雨，道路破损较严重。防水沥青不需要加热保温，也不怕水，水是它的催化剂，一遇水它反而粘得更牢了，降雨对道路的损害就会大大减小（见图8-21）。

对杭州市复兴大桥上层桥面南向北秋涛路下匝道不到200米处，道路一处设置有交通标志的约20平方米破损路面进行铣刨，然后使用引进的"新型防水沥青"材料对路面进行了重新摊铺的维修尝试，整个施工历时2小时。

此种新型沥青有别于需要高温加热的传统沥青，不是烧制成糊状，而是呈颗粒粉末状。施工时，

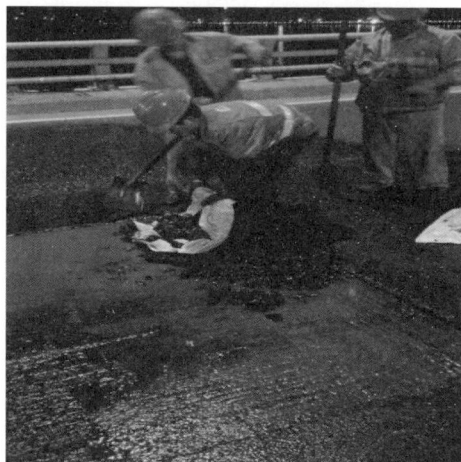

图8-21 雨天坑洞临时修补

只要摊铺在需要修补的地方，再在上面加入适量的水，沥青材料就会发生催化反应，达到最佳黏结效果。

有了这种新材料，养护工人不用再"挥汗如雨"，任何天气都能对路面进行浇筑修补，雨天也可以作业，有利于雨季坑洞修补。使用这种新材料可随时对路面进行维修，有利于路面破损抢修，避免道路维修造成的交通拥堵，同时施工便捷，还能避免沥青材料浪费。

（4）"水地雷"修复——人行道"粘贴王"

杭州地处江南，常年雨水偏多，雨水渗入松动的人行道地砖缝隙，形成了一个个暗藏的"水雷"，行人走在这样的人行道地砖上，经常被这暗藏的"水雷"溅起的污水弄脏裤子、鞋子和袜子，这给不少行人心里"添了堵"。

西湖景区环湖一侧人行道，特别是南山路沿湖一侧的游步道，旅游观光车日夜不停行驶，给人行道的修复及后期的保养带来了很大的难度，屡修屡松的情况屡见不鲜。为了解决反复修缮的难题，杭州市使用加大道板厚度、使用快速水泥等维修办法，但收效甚微。现尝试采用新型人行道修复材料"粘贴王"进行现场修复，市政工人们首先在施工区域周围放好小黄帽，然后开挖破损道板并对修复处基础进行清理，接着将掺水搅拌后的"粘贴王"倒入开挖处，当倒入深度超过1 cm时掺一些碎石，短短15分钟，原道板得到复原，工人们再在道板宽缝处进行灌浆处理，等灌浆凝固，工人们撤走小黄帽，重新开放交通，整个过程在1个小时左右。

"粘贴王"是一种新的道板黏合性修复材料，这种材料黏度高、初凝快，可通过基础处理让整个区域的道板黏合成一个整体，大大提高了人行道的抗碾压性，使道路达到了一次修复长时间使用的效果。与以前相比，不但"粘贴王"的修复牢固度增强了许多，而且修复道路的时间也节约了不少，修复好后就可以通车。"粘贴王"是作业后急需开放交通的市政养护工作中独具优势的养护材料。

参考文献

[1] 吴旷怀.道路工程[M].北京：中国建筑工业出版社，2008.

[2] 萨缪尔森.经济学[M].16版.北京：华夏出版社，1999.

[3] 苏志忠.道路与桥梁工程概论[M].北京：人民交通出版社，2009.

[4] 熊广忠.论道路美学[M].北京：人民交通出版社，2009.

[5] 尤晓晖，张恩杰，张青喜.现代道路交通工程学[M].北京：清华大学出版社有限公司，2008.

[6] 张金水.道路勘测与设计[M].2版.上海：同济大学出版社，2009.

[7] 温文富，王义海，杨旭.当前岩土工程勘察中的一些问题及改进建议[J].山西建筑，2009，35（7）：108-109.

[8] 董红彦，李慈，冯俊颖.城市道路平面交叉口渠化设计研究[J].中国科技信息，2012（05）：91-92.

[9] 邓昆.浅谈业主方如何在建设工程项目管理中进行质量控制[J].林业科技情报，2011（4）：76-77.

[10] 冯智华.浅论建设工程业主方项目管理的作用[J].城市建设理论研究，2014，4（19）：319-320.

[11] 孔卫国.建设工程中甲方管理的重要环节探讨[J].工程经济，2014（10）：7-9.

[12] 李彩凤.市政道路路面的结构设计和病害防治探讨[J].科技创新与应用，2015（6）：161.

[13] 兰华清.探究甲方在建筑工程项目管理中的策略[J].河南科技，2014（20）：210-211.

[14] 滕亮,刘达超,温迪.业主方在建设工程项目管理中的目标和任务[J].知识经济，2011（11）：112.

[15] 吴红丽.研究市政道路路面常见病害与防治措施[J].江西建材，2015（13）：205，212.

[16] 严晓安.市政工程项目管理中相关问题及措施[J].城市建设理论研究，2012（13）.

[17] 周利.市政道路路面的结构设计及病害防治策略[J].科技与创新，2015（12）：151-152.

[18] 福建省住房和城乡建设厅.关于加强全省勘察设计单位质量保证体系建设的通知[EB/OL].（2009-08-18）[2018-05-30]. http://laws.66law.cn/law-123973.aspx.

[19] 合肥市城乡建设委员会.关于加强合肥市建设工程勘察质量管理的规定（试行）[EB/OL].（2015-12-25）[2018-05-30].http://www.hfkcy.com/index.asp?hnews/1520.html.

[20] 贵州省建设厅.贵州省建设工程勘察、设计质量和市场管理办法[BE/OL].（2008-11-17）[2018-05-30].http://www.110.com/fagui/law_319602.html.

[21] 邱义军.略论岩土工程勘察问题及建议[J/OL].（2012-10-23）[2018-05-30].http:// www.wanfangdata.com.cn/details/detail.do?_type=perio&id=csjsllyj2011221014.

[22] 浙江省住房和城乡建设厅.关于加强城市步行和自行车交通系统建设的指导意见[EB/OL].（2013-11-11）[2018-5-30].http://www.zjjs.gov. cn/n71/n72/c178505/ con tent.html.

[23] 住房和城乡建设部.关于加强工程勘察质量管理工作的若干意见[EB/OL].（2009-01-05）[2018-05-30].http: //www.mohurd.gov.cn/wjfb/200901/t20090105_184453.html.

[24] 住房和城乡建设部关于印发《建设单位项目负责人质量安全责任八项规定（试行）》等四个规定的通知[EB/OL].（2015-03-06）[2018-05-30]. http://www.mohurd.gov. cn/wjfb/201503/t20150317_220497.html.

[25] 住房和城乡建设部.关于加强工程勘察质量管理工作的若干意见[EB/OL].（2009-01-05）[2018-05-30].http://www.mohurd.gov.cn/wjfb/200901/t20090105_184453.html.

[26] 住房和城乡建设部.市政工程勘察规范:CJJ 56—2012[S/OL].（2013-05-01）[2018-05-30].http://www.zzguifan.com/webarbs/book/10577/687932.shtml.

[27] 住房和城乡建设部.工程建设勘察企业质量管理规范:GB/T50379—2018[S/OL].（2018-08-21）[2018-10-12]. http: //www.mohurd.gov.

[28] 住房和城乡建设部.关于印发《工程勘察资质标准》的通知[EB/OL].（2013-06-18）[2018-05-30].http://www.mohurd.gov.cn/wjfb/201306/t20130618_214031.html.

[29] 住房和城乡建设部,发展改革委,财政部.关于加强城市步行和自行车交通系统建设的指导意见[EB/OL].（2012-09-17）[2018-05-30]. http://www.mohurd.gov.cn /wjfb/201209/ t20120917_211404.html.